ICH.
ERFOLG KOMMT VON INNEN.
OLIVER KAHN

ICH.
ERFOLG KOMMT VON INNEN.
OLIVER KAHN

2. Auflage 2008
© 2008 riva Verlag, München
Urheberrecht: Oliver Kahn
Alle Rechte vorbehalten.

Coverfoto: Andreas H. Bitesnich
www.bitesnich.com
middelburgstock.com
Umschlaggestaltung und Grafiken:
schlicht nilshon corporate,
München/Grünwald
Lektorat: Bernhard Schlicht
Korrektorat: Rainer Weber
Layout/Satz: satz & repro Grieb, München
Druck: Grafik + Druck GmbH, München

ISBN 978-3-936994-99-5

Bibliografische Information der Deutschen
Bibliothek: Die Deutsche Bibliothek ver-
zeichnet diese Publikation in der Deutschen
Nationalbibliothek; detaillierte bibliografische Daten sind im Internet über
http://dnb.ddb.de abrufbar.

Für Fragen an Oliver Kahn:
info@playce.de

Playce AG
Management Oliver Kahn
Osterwaldstraße 10
80805 München
www.playce.de

Für Fragen und Anregungen zum Buch:
ich@rivaverlag.de

Offizielle Oliver-Kahn-Website:
www.oliver-kahn.de

Gerne senden wir Ihnen unser
Verlagsprogramm:
vp@rivaverlag.de

riva Verlag
ein Imprint der FinanzBuch Verlag GmbH
Nymphenburger Straße 86
80636 München
Tel.: 089 651285-0
Fax: 089 652096
E-Mail: info@rivaverlag.de

www.rivaverlag.de
www.rivapremium.de

Für Katharina und David.

Es gibt solche Stationen im Leben. Alles läuft auf einen Punkt zu. Den Punkt, an dem die eine Entscheidung fällt. Und man es nicht selbst ist, der die Entscheidung trifft. Sondern sie einem anderen überlassen muss. Dabei ist es die Entscheidung, die einem selbst alles bedeutet. Das muss klappen, denkt man, oder es ist ...

Aus.

Die SMS kam Freitag, gegen neun Uhr morgens. Von Klins-mann. Ich bin gerade dabei, mich auf den Weg zum Ab-schlusstraining zu machen, morgen ist Spitzenspiel gegen Bremen. Klinsmann war über Nacht in München gewesen, und er bittet mich, zu ihm ins Hotel zu kommen. Es ist acht Wochen vor Beginn der Weltmeisterschaft 2006 in Deutsch-land. Zwei Jahre Hickhack um den Posten der Nummer eins im Tor der deutschen Nationalmannschaft lagen da bereits hinter mir, zwei Jahre Druck, zwei Jahre hoffen, zwei Jahre powern, taktieren, argumentieren, trainieren, spielen, mög-lichst keine Fehler machen, auf keiner Ebene. Mit allen Bandagen, mal hart, mal weich, mal fordernd, mal Ver-ständnis vermittelnd, mal angreifend, mal nachgebend, mal streichelnd und mal draufhauend. Keiner wusste mehr, wo er steht, keiner konnte sich mehr sicher sein, wer die Nase vorne hat. Und es war, immer wieder, 'ne gehörige Portion Gift in der Sache, eine Begleiterscheinung, wenn man wich-tige Entscheidungen über einen langen Zeitraum offenlässt, zumal Entscheidungen in »Personalfragen«.

Ich fuhr hin, als ginge es zu einem Spiel. Ohne dass es mir bewusst gewesen wäre. Ich konzentrierte mich, als gälte es gleich, mein Tor »sauber« zu halten, zu grätschen, zu schreien, zu kämpfen – ein Automatismus. Eine Kreuzung musste zum Mich-Aufbauen herhalten, indem ich sie unbe-dingt noch vor Rot schaffen wollte, und ich ertappte mich dabei, dass ich, weil ich es gerade noch bei Gelb schaffte, die Hand zur Faust ballte und dabei »Jaahh!« gegen die Wind-schutzscheibe plärrte, wie nach einer Parade im Spiel. Ich war also aufgeregter als sonst, denn normalerweise gehöre

7

ich nicht zu den Menschen, die morgens darauf achten, in welche Socke sie zuerst schlüpfen, damit es ein guter Tag wird.

Es war kein Heimspiel für mich. Es war ungewohntes Terrain. Dieses Spiel wurde nicht auf dem Platz, sondern im Konferenzsaal eines Hotels ausgetragen. Nicht mit Leistungen, sondern mit Argumenten, nicht mit Tatsachen, sondern mit Gefühlen, oder sagen wir: Einschätzungen. Anders konnte die Sache, die zur Entscheidung anstand, nicht geklärt werden. Klar hatte Klinsmann die Fakten zusammengetragen, sie analysiert, wieder und wieder. Aber die eigentliche Entscheidung musste eine Entscheidung aus dem Bauch heraus bleiben, wie so oft.

Als ich am Hotel ankam, war wenigstens keine Presse da. Ich hatte sie wohl an der gelbroten Kreuzung abgestreift, seit Tagen war sie mir auf den Fersen, alle spürten ja, dass eine Entscheidung in der Luft lag. Offensichtlich hatte auch sonst niemand der Presse etwas von dem Treffen im Hotel verraten – klar, ich sollte es schließlich als Erster erfahren, dass ich drin bin, die Nummer eins bleibe, oder wieder würde, je nach Standpunkt. Im Saal waren Klinsmann und Köpke, der Torwarttrainer der Nationalmannschaft, außerdem Joachim Löw, damals noch nicht als der Teamchef, sondern in seiner Rolle als Trainer der Nationalmannschaft, sowie Oliver Bierhoff, der Manager der Nationalmannschaft.

»Hallo Jürgen, servus Andi, grüß euch Jogi, Oliver ...«

»Tag Olli!« Komische Stimmung, bisschen steif. Quick Check: Irgendwelche Anzeichen, was die denken?

»Wie geht's? …«, »Alles klar? …« *Händedruck o.k., viel-leicht ein bisschen zu fest, zu entschlossen, macht's euch nicht so schwer, Jungs, ist doch keine Überraschung, dass ich drin bin, und Lehmann wird's verkraften.*

»Ja, äh, also Olli, du …« *Augencheck: Na, weiß nicht, eh nicht meine große Stärke, was zu lesen aus dem Blick eines Menschen, aber eigentlich auch o.k., zumindest nicht schlecht.*

»Äh, wie du ja weißt, haben wir uns die ganze Sache wirklich nicht leicht gemacht …« *Jaja, weiß ich, ich hör' gar nicht so genau hin, sagt schon, dass ich drin bin.*

»…und darum haben wir uns entschieden, …und es ist uns wirklich nicht leicht gefallen, …aber wir sind zu der Einsicht gelangt, dass …«

Ich war draußen.

Ich habe es mir nicht leicht gemacht mit dem Titel dieses Buches. »Jaahh!«, werden manche schreien, wie ich vorhin an der Kreuzung, nur vielleicht noch mal ein bisschen aggressiver: Da ist er wieder, der alte Egoist, Egomane, Kotzbrocken, A…, immer nur sich selbst sehen! Was anderes, jemanden anderes gibt es nicht für den! Wie sonst sollte dem sein Buch heißen …! Aber das ist es nicht. Oder ja, das ist es *auch*. Es ist das »Ich«, um das es hier geht. Ohne das es nicht geht, wenn man Erfolg haben möchte. Das heißt eben auch, sich selbst in den Mittelpunkt zu stellen.

So ist das eben, und ich habe es nicht erfunden: In hart umkämpften Märkten, wo das Interesse hoch und die Konkurrenz groß ist, muss man lernen, sich abzugrenzen und seine Persönlichkeit sichtbar zu machen. Man muss wissen, wo einem der Kopf steht. Man darf sich nicht verdrehen lassen. Man darf nicht die Orientierung verlieren. Man muss sich das Wissen oder auch die Intuition erhalten, wo oben ist. Man könnte sogar sagen, dass man zu einer echten »Marke« werden muss in seinem Markt, und dass man auch lernen sollte, diese Marke regelrecht zu schützen.

Das »Ich« dieses Buches ist aber nicht nur das »Der-Nabel-der-Welt-Ich«. Es ist auch das »Ich«, das man braucht, um teamfähig zu sein. Denn Team bedeutet für mich nicht, das »Ich«, das Eigene, die eigene Person, die eigenen Ansichten, die eigenen Interessen aufzugeben. Im Gegenteil, glaube ich, funktioniert ein Team nur dann, wenn jeder seinen Standpunkt hat, jeder seine Stärke, jeder seinen Willen. Das ist natürlich im Fußball so, aber wahrscheinlich auch überall anders. Individuen sind wir eh, auch ein Team besteht also immer aus Individuen. Das Beste, eine Spitzenleistung, kommt heraus, wenn es gelingt, ein Team zu formen aus Individualisten, bunte, starke, leistungsfähige, von mir aus schräge Typen. Natürlich muss jeder die Regeln kennen, die Fähigkeit besitzen sich einzuordnen, zu kooperieren. Oder die Bereitschaft dazu aufbringen, diese Fähigkeiten zu erwerben.

Und noch um eine dritte Dimension des »Ichs« geht es in diesem Buch. Und so wichtig das »Ich, die Marke« und das »Ich, der Teamplayer« auch sein mögen, ist dieses dritte »Ich« vielleicht das wichtigste, das nötigste: Es ist das »Ich in der Niederlage«. Eine absolute Notwendigkeit. Wer in der Niederlage nicht kaputtgehen will, der braucht dieses »Ich«. Wer wieder hochkommen will, braucht es. Wer der Überzeugung ist, dass es immer weitergeht, immer weitergehen muss, der

Wer also findet, dass wer »Ich« sagt, falsch liegt, oder wer es zumindest nicht verkraftet, dass ausgerechnet *ich* meinem Buch den Titel »Ich« gebe, der kann das Buch ja wieder weglegen. Wer sich über meine »Vermessenheit« ärgert, aber findet, dass was dran ist daran, wie ich es sehe: Würde mich freuen, wenn er – oder natürlich *sie* – dem Buch eine Chance gibt und darin weiterliest. Und wer findet, dass ich recht habe mit meiner Sichtweise vom »Ich«, der darf ab jetzt »Du« zu mir sagen. Wenn wir uns mal sehen.

Bis dahin: Viel Spaß beim Lesen und bei der Beschäftigung mit dem »Ich«, von mir aus mit dem meinen, vor allem aber mit dem Ihren.

O. K.

Inhalt

13

Einführung:

Was ich selbst wissen möchte.

Ich habe da so eine Angewohnheit. Wenn mich jemand etwas fragt, schaue ich – am Fragenden vorbei – ins Leere. Ich tue das nicht aus Überheblichkeit oder mangelndem Respekt, im Gegenteil. Ich tue es, weil ich finde, dass in fast jeder Frage etwas steckt, das mich selbst interessiert. Also mache ich mich auf die Suche: Was ist an dieser Frage dran, das ich selbst wissen möchte?

So bin ich auch dieses Buch angegangen. Was ist es, das mich am Erfolg interessiert? Wie kann ich dieses komplexe Thema zu fassen kriegen? Ohne dass es so aussieht, als wüsste ich selbst alles besser? Ohne dass es so aussieht, als würde ich den Erfolg als *meine* Privatangelegenheit auffassen, als *mein* Fachgebiet? Natürlich werde ich den Erfolg in diesem Buch so darstellen, wie *ich* ihn richtig finde. In den Aspekten, die *ich* für ausschlaggebend halte. Weil ich für mich die Erfahrung gemacht habe, dass sie direkt dorthin führen, hin zum Erfolg. Oder dorthin *zurück*. Und es wird sich dabei nicht verschleiern lassen – ich werde mir auch keine Mühe geben, dies zu versuchen – dass ich an sich kein perfekter Erfolgsmensch bin. Ich halte mich, was das anbelangt, für »durchschnittlich«. Ich habe meine Schwächen, meine Schattenseiten. Ich habe hie und da einen eingeengten Blick. Setze manchmal auch bewusst Scheuklappen auf. Das wird in diesem Buch nicht besser werden, vielleicht sogar noch stärker rüberkommen, als ich es in der Praxis tatsächlich tue. Für den Erfolg ist es erforderlich wegzulassen, zu vereinfachen, zu fokussieren. Bono (der Sänger von U2) hat gesagt: »*Die Leute können eine Melodie nur dann im Ohr behalten, wenn sie nicht zu kompliziert ist.*« Selbst wenn man das beherzigt, bleibt Erfolg ein komplexes Projekt.

Dieses Buch ist *kein* Fachbuch über Fußball. Obwohl es darin viel um Fußball gehen wird, ist schließlich mein Beruf (gewesen). Es wird darum gehen, was ich gemacht habe, um Erfolg zu haben, was ich falsch gemacht und was ich daraus gelernt habe. Ich habe meinen Beruf wirklich von sehr weit unten, genau genommen von ganz unten angefangen. Und obwohl ich sicher gewisse Anlagen mitgebracht habe, habe ich ihn vor allem »lernen« müssen. Das heißt, wichtiger als Talent war es, Schwächen zu haben. Und wichtiger, als Fehler zu vermeiden, war es, welche zu machen. Um zu lernen, um besser zu werden, um Stärken zu entwickeln und die Schwächen abzubauen. Und um daran zu wachsen.

Es soll in diesem Buch also nicht nur um den kontinuierlichen Aufstieg gehen, es kann gar nicht darum gehen. Es wird auch darum gehen müssen, dass es auch abwärts gehen kann, selbst dann, wenn man keine entscheidenden, vielleicht sogar *gar keine* Fehler gemacht hat. Und es wird darum gehen, wie man da wieder rauskommt. Und schließlich wird es darum gehen, wie man, um da wieder rauszukommen, da wieder rauskommen *wollen* muss.

Zugegebenermaßen wird für mich bei diesem Thema das Eis reichlich dünn. Ich habe es schon manchmal geschafft, Niederlagen in Siege umzuwandeln, manchmal umzubiegen, gelegentlich mit mehr oder weniger Gewalt. Aber ich fühle mich nicht wohl dabei, zu behaupten: »*Ich kann es!*« Ich hatte immer meine Fehler, Sie werden sich vielleicht an manchen Fehlgriff erinnern oder an manchen »Ausraster«. Das eine mag da »torwarttechnisch«, das andere »persönlichkeitstechnisch« keine Glanzleistung gewesen sein. Aber das gehört dazu. Niemand ist perfekt. Dem Gewinnen steht das nicht im Weg. Nicht zuletzt, weil es »*immer weiter geht*«, auch und vor allem das Lernen.

Ich freue mich deshalb, dieses Buch zu schreiben, und auch ich werde es noch mal lesen, wenn es fertig ist.

O.K.

1.

»*Es ist ein Privileg, im Leben man selbst sein zu können.*«
(JOSEPH CAMPBELL)

(Das Wichtigste zuerst)
1. Das Wissen, wer:

Das Ich.

Hier geht es darum, was Sie als Grundlage für den Erfolg brauchen. Nicht unbedingt für kleine Erfolge. Nicht unbedingt für den kurzen Erfolg. Nicht unbedingt für den kurzzeitig großen Erfolg. Hier geht es um die Grundlage für einen Erfolg, der ein Leben lang halten soll. Es geht um die »Authentizität«. Das heißt, es geht um Ihr »Ich«.

Erfolg gehabt: Abgerechnet wird zum Schluss.

Viele Menschen denken, Erfolg ist, wenn man erfolgreich ist. Ich denke anders. Erfolg ist *nicht*, wenn man *gerade* einen Erfolg zu verzeichnen hat. Eine Prüfung bestanden, ein Geschäft unter Dach und Fach gebracht, die Kohle dafür in der Tasche hat. Erfolg ist, bitte erschrecken Sie jetzt nicht, wenn jemand Ihren Nachruf verfasst und mit ruhigem Gewissen schreibt: »*Er hatte sein Leben lang Erfolg.*« Und sich niemand denkt, wenn er den Nachruf liest: »*Ist das nicht ein bisschen übertrieben?*«

Sie werden vielleicht sagen: »*Was habe ich dann davon, ich krieg' das dann ja nicht mehr mit?*« Und ich könnte erwidern: Was hätten Sie davon, wenn etwas anderes, vor allem wenn das Gegenteil drinstehen würde, etwa »*Er war nie erfolgreich*« oder so was wie »*Für kurze Zeit war er mal erfolgreich*«? Natürlich könnten auch ganz andere Dinge im Nachruf gesagt werden: ein guter Mensch, viele Kinder, angesehener Kollege, großes Herz und, und, und. Hier, in diesem Buch, geht es aber darum, die Welt aus dem Blickwinkel des Erfolgs zu betrachten, oder auch mal anders herum, den Erfolg aus dem Blickwinkel der Welt.

Erfolg ist also keine temporäre Sache. Erfolg muss ein ganzes Leben lang halten. Er ist etwas für jede Lebensphase. Und in jeder Lebensphase kann die Antwort darauf, was Erfolg ist, anders ausfallen. Selbst wer sich zur Ruhe gesetzt hat, braucht weiterhin Erfolg, auch wenn man Erfolg dann vielleicht völlig neu definiert.

Gerade, um zu verhindern, dass Erfolg aus den Fugen gerät, dass wir dem Erfolg alles unterordnen (was ich getan habe), dass unsere Welt unter die Räder des Erfolgs kommt (habe ich auch – fast – geschafft) und wir auf diesem Wege riskieren, sogar den Erfolg selbst zu verspielen, für all das benötigen wir eine besondere »Qualität«, dazu benötigen wir »Authentizität«. Sie, die Authentizität, kann uns dabei helfen, zu jedem Zeitpunkt Erfolg so zu definieren, dass er zu uns passt.

Falls ich also jemanden erschreckt haben sollte mit meinen ersten Sätzen: Es geht nicht um das Ende. Nirgends in diesem Buch. Es geht um das Jetzt. Das dafür überall.

Authentizität? Was soll das denn sein?

Woher kommt die Kraft, das, was man macht, so »aufzupowern«, damit das daraus wird, was man haben will? Ich will nicht lange fackeln – die Kraft kommt: *von innen!* Nehmen Sie den Dirigenten. Die Partitur ist immer dieselbe. Warum hängt die Qualität einer Aufführung davon ab, welcher Dirigent auf dem Pult steht? Nehmen Sie den (bildenden) Künstler. Wie schafft er es, seine Werke »aufzuladen«, wo er doch bloß, wie etwa Beuys, mit Fett und Filz arbeitet? Nehmen Sie den CEO eines Unternehmens: Warum schafft er es, ein Unternehmen aufblühen zu lassen, während ein anderer es nur so vor sich hin dümpeln ließ? Nehmen wir den Torwart: Warum schafft er es, seine Mannschaft anzutreiben, wenn es keiner der (mindestens) zehn anderen auf dem Platz mehr hinbekommt?

Ein Blick in Wikipedia zeigt: *»Angewendet auf Personen bedeutet Authentizität, dass das Handeln einer Person nicht durch externe Einflüsse bestimmt wird, sondern aus der Person selbst stammt.«* Besser noch gefällt mir die Wikipedia-Definition für die Authentizität von Gegenständen: *»Authentizität von [...] Gegenständen bedeutet, dass der [...] Gegenstand tatsächlich von der Person oder Quelle stammt, von der er vorgibt zu stammen, also keine Fälschung ist.«* Also keine Fälschung sein. Sein »Selbst« gefunden haben. Wissen, wer man ist. Was man will. Wohin. Auf welchem Weg und auf welche Weise. Alles das schauen wir uns in diesem Buch an. Das Ziel ist: eine Erfolgsstory aus dem Leben zu machen. Kein Strohfeuer. Wenn es sein muss eine Achterbahn, aber dann schon einen Hammer, eine Schau von einer Achterbahn. Oder nehmen Sie ein anderes Bild für Ihren Erfolgsweg.

Ich habe einmal einen Börsenanalysten gehört, als er den erfolgreichen CEO eines großen deutschen Unternehmens lobte: *»Die eigentliche Unternehmens-Story ist Herr…«* Und der so gelobte CEO bestätigte: *»Es ist schon so, dass ich das Unternehmen wesentlich geprägt habe.«* Das war es auch, was ich wollte. Auch ich würde sagen, dass ich den Verein, bei dem ich die längste Zeit meines Profilebens gespielt habe, prägen wollte. Ich wollte es nicht von Anfang an, aber schon ziemlich bald. Und mit der Zeit immer stärker.

Mein Wille und meine Überzeugung waren zeitweise so »stark«, dass ich mir sogar sagte: Notfalls auch *allein*. Das war natürlich übertrieben. Selbstverständlich macht man sowas nicht allein. Nicht der Torwart, nicht der Kapitän einer Mannschaft, nicht der Dirigent und nicht der CEO. Man braucht Leute, die richtigen Leute dazu. Man muss die richtigen Leute richtig zu motivieren verstehen. Das geht nicht von heute auf morgen. Man braucht Geduld. Einen langen Atem. Durchhaltevermögen.

Ich möchte sagen: In dieser Hinsicht ist es mir, zumindest zeitweise, gelungen, *authentisch* zu sein. Was war das, dieses *Authentischsein*, wie sah das aus, was war dafür nötig? Ich habe da etwas haben wollen. Ich habe etwas verkörpern wollen. Ich habe eine konkrete Vorstellung entwickelt, wie etwas sein soll. Und ich habe diese Vorstellung vollständig aufgesaugt, absorbiert. Ich habe mich immer und immer wieder hineinversetzt in das, was ich sein wollte, bis ich es schließlich vollständig verkörperte. Bis ich es *war*, was ich *sein wollte*.

Immer wieder mal kann man im Fernsehen beobachten, wie sich Torhüter im Eifer des Gefechts »daneben benehmen«. Der eine tobt und kann nur mit Mühe zur Vernunft gebracht werden; bei anderen hat man das Gefühl, sie wollten unter dem Druck einer Spielsituation den halben

Rasen des Fünfmeterraumes umgraben. Bekannte haben mir einmal erzählt, sie fänden es »*merkwürdig*«, wenn heute Torhüter zur Begründung ihrer Überreaktionen Argumente wie einen »ungeheueren Druck«, einen »Adrenalinüberschuss« oder ein »Im-Tunnel-gewesen-Sein« heranziehen. Natürlich ist es das, natürlich stimmt es, was die Torhüter zu ihrer Rechtfertigung anbringen. Meine Bekannten aber fanden: »*... irgendwie wirkt es nicht authentisch. Es klingt nicht nach ihnen selbst. Es klingt nicht wie ihre eigene Überzeugung, es klingt wie Kahn.*« Hierzu noch mal Wikipedia: »*Eine als authentisch bezeichnete Person wirkt besonders echt, [...] sie vermittelt ein Bild von sich, das beim Betrachter als real, urwüchsig, unverbogen, ungekünstelt wahrgenommen wird. [...] Ist die Inszenierung übertrieben, wirkt sie [...] klischeehaft.*«

Ich selbst sehe das gar nicht so, wie es meine Bekannten auffassen. Schließlich habe ich das nicht erfunden, Tunnelblick, Adrenalinüberschuss und Co. Viele Sportler haben mit den negativen Folgen dieser Geister zu kämpfen, die sie für den Wettkampf gerufen haben. Das Beispiel aber zeigt, dass es neben dem »Selbst« noch eine weitere Größe im »Spiel der Authentizität« gibt: den Betrachter.

Quick Check!

- *Die Kraft für den Erfolg ist eine »Kraft von innen«.*
- *Diese Kraft heißt: Authentizität, die Kraft des »Ichs«.*
- *Um das Ich bewusst zu leben, muss ich mir darüber klar werden, was ich selbst will.*
- *Authentisch handeln heißt, so zu handeln, dass es im Einklang mit den eigenen Überzeugungen steht.*

Selten kann einer etwas tun, ohne dass ein anderer ihm dabei zuschaut. Da gibt es eine nette Karikatur von F. K. Waechter: Eine Gans macht ein akrobatisches Kunststück; mit dem Kopf in einem Stiefel steckend schafft sie es, einen Kopfstand zu machen. Ganz stolz darauf, dass sie das hinkriegt, denkt sie enttäuscht: *» Wahrscheinlich guckt wieder kein Schwein.«* Und neben dem Stiefel mit der kopfstandmachenden Gans darin steht ein Schwein und denkt: *»Toll.«*

Ein Business-Modell: Das Ich und seine Zielgruppen.

Komplexe Sachverhalte versuche ich mir zu veranschaulichen, indem ich nach einfachen Modellen suche. Wer öfter mal seine Anspannung aus der Arbeit mit nach Hause nimmt und dort die erstbeste Person, etwa seinen Lebenspartner, anschnauzt, weiß, dass es nicht ohne Weiteres gelingen muss, beim Überschreiten der heimischen Türschwelle die scharfen Bügelfalten der Berufs-Persönlichkeit abzustreifen und in den weichen Pulli der Privat-Persönlichkeit zu schlüpfen. Der weiß auch, dass so ein Betragen auf erhebliches Unverständnis bei seinem Gegenüber stoßen kann: *» Wenn er/sie aus der Arbeit heimkommt, habe ich oft das Gefühl, das ist nicht die Person, die ich geheiratet habe ...«*, könnte Ihr Gegenüber, in diesem Fall Ihr Lebenspartner, etwa sagen.

Wirtschaft zum Beispiel funktioniert, so habe ich es verstanden, ungefähr so, dass es einerseits Waren gibt und auf der anderen Seite Zielgruppen. Zielgruppen, das sind Menschen, die etwas haben wollen, die Bedürfnisse haben. Waren hier, Zielgruppe da. Auf die Diskussion, wer zuerst da war, möchte ich mich hier lieber nicht einlassen. In meinen Augen lässt sich dieses Modell auch auf Menschen und ihre verschiedenen »Ich-Rollen« übertragen, also auf ihre verschiedenen »Facetten«, die sie ausfüllen: Menschen können – oder müssen – verschiedene Rollen verkörpern, je nachdem, mit welcher Zielgruppe sie es gerade zu tun haben. Wenn Sie Psychologe sind und jetzt schon mit dem Kopf schütteln, dann bin ich gespannt, was erst passiert, wenn ich mit folgender Definition fertig bin, die ich hier wagen möchte: »*Je weniger Rollen Sie brauchen, um alle Ihre Zielgruppen zu erreichen oder zu ›bedienen‹, umso ›authentischer‹ sind Sie.*«

Ich weiß nicht, wie komplex *Sie* sind, wie viele Ich-Rollen Sie also brauchen, um alle Ihre Zielgruppen zu bedienen. Ich sehe bei mir im Wesentlichen drei Ich-Rollen. Hier meine drei Ichs:

- Ich bin das »private Ich«. *Meines ist nicht ganz frei von Fehlern. Und Ihres?*

- Ich bin das »Wettkampf-Ich«. *Bisher immer gewesen, und ich bleibe es natürlich auch weiterhin; passen Sie also auf, wenn Sie mir mal geschäftlich begegnen.*

- Und ich bin die »Ware Ich«. *Das ist eine Folgeerscheinung meines Berufes; ich nenne es der Einfachheit und Kürze halber mal »Celebrity«. Sie selbst haben übrigens auch ein »Waren-Ich«.*

Alle Ich-Rollen einer Persönlichkeit stehen nicht wie Säulen eines griechischen Tempels unverrückbar nebeneinander herum. Sie stehen in heftiger Interaktion. Das kann sich positiv auswirken, wenn die Ich-Rollen harmonieren. Und es kann schlecht sein, wenn sie sich ins Gehege kommen, sich widersprechen, sich nicht miteinander vereinbaren lassen und sich gegenseitig schwächen. Mit zunehmendem Durcheinander in der »Ich-Struktur« wird es, das ist die Konsequenz, immer schwieriger, ein harmonisches Leben zu führen, Fehler zu vermeiden und Erfolg zu haben.

Fazit: Um erfolgreich zu sein, halte ich es *erstens* für unumgänglich, über verschiedene Ich-Rollen zu verfügen, *zweitens* für noch wichtiger, sich Mühe zu geben, die Ich-Rollen sauber auseinanderzuhalten, und *drittens* für unabdingbar, Ich-Rollen, die sich ineinander verheddert haben, immer wieder mal auseinanderzudröseln, bevor ihre Verstrickungen zum Problem für den eigenen Erfolg und das eigene Leben werden.

Erde antwortet nicht:
Nützliches aus dem Science-Fiction-Genre.

Gegen Ende des vergangenen Jahrtausends gab es eine sehr erfolgreiche Reihe von Science-Fiction-Filmen im Kino: »Star Trek«, in Deutschland »Raumschiff Enterprise«. Sie erinnern sich vielleicht: die Reihe mit »Spock«, dem Mann mit den spitzen Ohren. Einer der Filme ging so: Ein eigentlich harmloser Satellit, der von der Menschheit in den 70er-Jahren des 20. Jahrhunderts mit dem Auftrag in den Weltraum geschickt wurde, Erkenntnisse über einen Planeten unseres Sonnensystems zu gewinnen und zur Erde zu funken, tut dies auch im 23. Jahrhundert noch unverdrossen. Allerdings haben die Menschen auf der Erde inzwischen aufgehört, auf seine Funksprüche zu antworten, aus Mangel an Interesse, aber auch, weil sie inzwischen die »Sprache« des alten Satelliten verlernt haben. Den armen Satelliten, der draußen in den Tiefen des Alls inzwischen zu einiger Macht gekommen ist, macht das so fuchsig, dass er droht, die »Zielgruppe« seiner Funksprüche – die Menschheit – zu vernichten. Die Sache geht natürlich gut aus – wir geben ihm am Ende die Antwort, die er so sehnlich erwartet.

Zwei Akteure gibt es in diesem Beispiel: einen Sender (den Satelliten), der einen Code sendet, und die »Zielgruppe« seiner Signale (uns), die den Code nicht versteht.

Es ist schnell passiert, dass wir Signale senden, die unsere Zielgruppe nicht verstehen kann. Nehmen wir als Beispiel einen Staatspräsidenten, der seine berufliche Ich-Rolle und seine private Ich-Rolle nicht auseinanderhalten kann oder will. Sagen wir, er wäre gerade frisch geschieden, lacht sich eine neue Liebe an und fährt mit ihr heftig in den Urlaub. Das wird sich vor den Augen seiner »Zielgruppen«, etwa seiner »Nation«, schwer zu einem runden, homogenen Bild zusammenfügen. Oder nehmen wir eine Gruppe von Betriebsräten, die auf Geschäftskosten »Lustreisen« unternehmen und deren berufliche Ich-Rollen und Ich-weiß-nicht-was-für-ein-Ich-Rollen sich bei diesen Gelegenheiten ineinander verheddern: Ob sich da alle »Zielgruppen« adäquat vertreten fühlen?

Oder, um nicht selbstgerecht zu wirken, lassen Sie mich vor meiner eigenen Haustüre kehren: Nehmen Sie den Kapitän einer Mannschaft, der seine spielführende Ich-Rolle und seine private Ich-Rolle verwurschtelt, die Weihnachtsfeier seines Vereins unzulässig verkürzt und sich dafür eine Suspendierung vom nächsten Spiel, eine saftige Geldstrafe vom Verein und jede Menge Ballyhoo von der Presse einhandelt – von möglichen Verwerfungen in der Teamchemie mal ganz abgesehen.

Daneben benommen: Gut gemacht?

Wir alle wollen unsere eigene, eine markante Persönlichkeit finden, und unseren eigenen Stil für das, was wir tun. Aber wir müssen auch dafür sorgen, dass die verschiedenen Ich-Rollen, die diesen eigenen Stil verkörpern und interpretieren müssen, sich gegenseitig energetisieren und unser Potenzial zum Erfolgreichsein steigern. Es gibt wunderbare Beispiele dafür, dass dies klappen kann, und nicht immer muss es dabei um Erfolg im Sinne vom »großen Geld« gehen. Der Schiedsrichter, der klassische Konzerte am Flügel gibt. Der Bankier, der nebenher den Papst chauffiert. Der

Topmanager, der eine karitative Einrichtung betreibt. Der Pfarrer, der in seinen Ferien auf dem Volksfest kellnert. Hier haben die Akteure verschiedene Rollen für sich erfunden, aus denen sie Kraft schöpfen. In den genannten Beispielen klappt aber nicht nur der nach innen gerichtete Effekt gut – es entsteht auch eine Wirkung nach außen: Das positive Tun stärkt das positive Bild der Person in der Öffentlichkeit.

Lässt sich da ein Muster erkennen? *»Tue Gutes, sei korrekt, und es ist gut für dich, tue schlecht, und du hast es nicht anders verdient, als dass...?«* Nein! Dazu ein letztes Mal das Beispiel des Staatspräsidenten. Die Dinge liegen hier nicht so eindeutig, wie man glauben könnte. Zwar wurden ihm protokollarische Grenzen gesetzt – er musste seine neue Liebe zu Hause lassen, weil das Ziel seines nächsten Staatsbesuches das Mitbringen von Lebenspartnern, ohne mit ihnen verheiratet zu sein, nicht vorsieht. Eine protokollarische Schlappe, eine diplomatische Ohrfeige, gewiss. Aber eine, die nicht zwangsläufig und überall negativ ausgelegt werden muss, also auch eine Chance darstellt: ein toller Hecht, ein Draufgänger, einer der lebt, der jung ist, der anders ist, sich nicht unterkriegen lässt, ein Nonkonformist – lauter mögliche positive Interpretationen einer Sache, die zunächst nicht zwingend gut aussah. Tony Blair, der frühere Premierminister Englands, kommentierte genau diese Sache mit dem Staatspräsidenten übrigens tatsächlich in positiver Weise: *»Ihr Präsident ist überaus energiegeladen. Und das auf allen Gebieten«,* meinte er britisch vieldeutig.[1]

Es muss also nicht unbedingt ein *gutes* oder *korrektes* Verhalten sein, oder ein Verhalten, das alle als passend empfinden, um zu einem guten oder gewünschten Effekt zu gelangen. Ich habe als Torhüter, also in der Rolle meines Wettkampf-Ichs, klare Aufgaben zu erfüllen. Zur Erfüllung dieser Aufgaben ist zunächst jedes Mittel recht – solange es innerhalb des vereinbarten Regelwerkes liegt. Allerdings habe ich mir schon gelegentlich die Freiheit genommen, dieses Regelwerk zu »interpretieren«, also eine eigene Auslegung zu finden, in der Absicht, das Ergebnis in meinem Sinne zu maximieren.

»*Ja, genau so ist er*...«, sagen die Menschen, wenn sich jemand genau so verhält, wie sie es erwartet haben. Sie meinen es im Guten, also anerkennend, oder vorwurfsvoll, als Kritik. Ich kann das ganz gut, den Leuten diesen Eindruck geben, dass *ich* es bin, den sie da sehen. Dabei zeige ich ihnen »nur« ein perfektes Wettkampf-Ich. »*Ja, genau so ist er*...!«, haben die Leute mich dann in meinem Wettkampf-Ich erkannt, und obwohl sie es nicht immer freundlich, also »gut« meinten, konnte ich trotzdem etwas Gutes daraus machen, im Sinne meines Vereins, im Sinne der Aufgabe meines Wettkampf-Ichs.

Der gegnerische Angriff kommt über links. Bixente Liza- razu, in dieser Partie unser linker Verteidiger, sieht nicht richtig gut aus bei seinem Abwehrversuch, was selten genug vorkommt. »Liza« bekommt aber noch irgendwie den Hauch einer Fußspitze an den Ball. Das verkompliziert den als Flanke geplanten Schuss des Gegners zu einem verhunzten Direktschuss auf mein Tor. Ich krieg den Ball trotzdem, ob- wohl ich mich schon ein bisschen strecken muss, und als ich mich wieder aufrichte, gönne ich mir ein halbes Sekündchen oder etwas mehr, in der ich mir den gegnerischen Stürmer »optisch zurechtlege«, schließlich hatte er noch versucht, mir den Ball aus den Händen zu stochern. Plop, plop, plop, macht es da um mich herum.

Der nächste Angriff des Gegners läuft ähnlich, aber von der anderen Seite, diesmal ist keiner meiner Leute beteiligt, was so auch wieder nicht ganz richtig ist. Und obwohl der Gegner Vollspann und in vollem Lauf draufhaut, ist der Ball kein echtes Problem für mich. Ich stehe wieder auf, gönne mir und dem Schützen einen weiteren tiefen Blick, kaum länger als vorhin, aber mit noch weniger Grund, weil schießen ja an sich erlaubt ist, und er sonst ja nichts getan hat. Plop, plop, plop, plop.

Und auch der nächste Angriff kommt schneller, als es hätte sein müssen, und weil meine Leute das wohl auch so sehen, sind sie leider vorn geblieben. Für mich heißt das: Ich muss raus, dem Ball entgegen. Natürlich ohne jeden Ton, aber mit einer Mimik und Motorik, als würde ich urwaldmäßig brüllen, rase ich auf den ebenfalls rasenden gegnerischen Spieler zu, der mir zwar den Ball nicht mit Schleife und tiefer Verbeugung überreicht, aber verglichen mit dem, was er hätte machen können aus der Situation, war seine Lösung nicht weit entfernt von einer freiwilligen Ballübergabe. Ich nehme mir Zeit, den Ball wieder herzugeben, und natürlich macht es auf meinem Weg zurück ins Tor wie immer: plop, plop, plop – von den Bananen, die die gegnerischen Fans in den Rasen um mich herum plumpsen lassen.

Okay, ich hatte ein bisschen provoziert, mit kleinen Verzögerungen des Spiels und mit den tiefen Blicken in die Augen des Gegners. Das war vielleicht nicht ganz korrekt. Aber es hat etwas bewirkt, obwohl ich gar nicht viel dazu getan habe. Die Leute haben mich sofort »erkannt« – sie haben gesehen, was sie sehen wollten. Sie haben die Gelegenheit ergriffen, sich an mir »zu rächen«. Die Bananen flogen. Das hätten sie lieber nicht gemacht. Nicht meinetwegen, sondern in ihrem *eigenen* Interesse, im Interesse ihrer Mannschaft. Ignorieren hätten sie mich sollen. So aber haben sie mich stärker gemacht. Nicht mich selbst, nicht meinen Willen, nicht meine Leistung, dazu brauche ich keine Bananen. Aber sie haben dazu beigetragen, mich ins Bewusstsein ihrer eigenen Spieler zu graben:

Hier ist er, der Kahn, wir müssen versuchen, ihn zu demütigen, weil wir ihn fürchten! Plop-plop-plop-der-Bananen-Kahn. Plop-plop-plop-der-Wilde. Plop-plop-plop-der-Unüberwindbare. So ist es dann auch passiert. Sie sind nicht vorbeigekommen an mir.

Die geschilderten Spielszenen haben einen inneren Zusammenhang. Sie folgen einer inneren Logik, einer Automatik, die vom *»Ja, genau so ist er ...«* ausgelöst wird. Das ist wie beim Stierkampf: Der Torero wedelt mit dem roten Tuch, und der Stier beginnt, magisch angezogen, darauf zuzustürzen. Oder wie bei den Versuchen des berühmten Herrn Pawlow: Dem Hund zeigt man das Schnitzel, und der Speichel fängt an zu tropfen.

Spiele gewinnt man eben nicht nur, indem man selbst Tore schießt. Sondern auch, indem man die des Gegners verhindert. Oder, wie es im Beispiel oben zutreffender lauten müsste: Indem der Gegner sich selbst daran hindert. Neuer, in jedem Fall aber wichtiger ist die Erkenntnis daraus, dass jeder Mensch in jeder Rolle, hier ich in meinem Wettkampf-Ich, etwas machen kann, was an sich nicht direkt »lupenrein« sein muss und doch in seiner Wirkung auf etwas Positives hinausläuft. Ich meine damit nicht nur, dass wir dieses Spiel gewannen.

Da es hier um das Wettkampf-Ich und nicht um Stilfragen geht, will ich Ihnen noch einige Beispiele geben, in denen ich meine Rollen etwas »intensiver« ausgelegt habe.

> **Dortmund – Bayern, 3. April 1999.**
> *Etwa einen Meter vor der Torlinie hole ich einen Ball aus der Luft. Wieder auf dem Boden angekommen, rempelt mich der Dortmunder Stürmer Heiko Herrlich – leicht, muss ich zugeben. Wie ein Tier setze ich mich »zur Wehr« – und hätte zu diesem Zweck den Herrlich um ein Haar in den Hals gebissen. Es bleibt aber Gott sei Dank bei einer »leich-*

ten« Berührung. Im gleichen Spiel stürze ich aus meinem Tor, um außerhalb des Sechzehnmeterraumes einen Ball zu erlaufen. In vollem Lauf hebe ich ab und fliege wie ein Kung-Fu-Kämpfer – dass der Schiedsrichter bereits Abseits gepfiffen hatte, war mir in diesem Moment egal – knapp am Dortmunder Spieler Stephane Chapuisat vorbei.

Leverkusen – Bayern, 28. September 2002.
Das Spiel ist unterbrochen. Trotzdem schiebt der Leverkusener Thomas Brdaric den Ball noch an mir vorbei ins Tor. Ich packe ihn mit meiner rechten Hand am Nacken, weil ich sauer darüber bin, dass er es nötig fand, trotz des Pfiffs des Schiedsrichters den Ball noch ins Tor zu schießen.

Bremen – Bayern, 2. Oktober 2004.
Nach einem Luftkampf spüre ich einen Tritt des Bremer Spielers Miroslav Klose. Daraufhin drehe ich mich betont aggressiv um und halte ihm meinen Zeigefinger recht kampfeslustig direkt unter die Nase. Es kommt zu einem nicht publizierbaren Wortgefecht. Miroslav sollte später zu Bayern wechseln.

Bayern – Schalke, 31. März 2007.
Nach einer Ecke werde ich vom Gegner in der Luft angegangen, woraufhin ich ihn zu Boden schubse – im Affekt zwar, aber das war natürlich nicht mehr nach dem Regelbuch.

Uerdingen – Bayern, 5. November 1994.
Wir sind in Führung, das ganze Spiel lang im Prinzip ungefährdet, schließlich sind wir der FC Bayern München. Dann fällt doch noch der Ausgleich, unglücklich, und kurz vor

Ende des Spiels. Nach dem Schlusspfiff stürze ich vom Feld, schnurgerade in die Kabine, und trete so gegen die Kabinentür, dass sie hin ist.

Beim letztgenannten Beispiel werden Sie vielleicht sagen: Was soll *das* denn bringen? Wo das Spiel ja schon vorbei war? Um einen platten Spruch zu bemühen: *Nach* dem Spiel ist *vor* dem Spiel. Da kann es manchmal nicht schaden, eine Partie mit einem Paukenschlag zu beenden. Natürlich bin ich nicht der Einzige, der das Trommeln in dieser Art beherrscht. Vielleicht kennen Sie noch die Bilder von Jürgen Klinsmann, wie er, damals noch als Stürmer des FC Bayern, einmal eine Werbetonne eintrat – und sich dabei in der Tonne verhedderte. An einem letzten Beispiel will ich

Quick Check!

- *Wir leben verschiedene Ich-Rollen.*

- *Jeder Lebensbereich hat seine eigene Ich-Rolle.*

- *Jede Ich-Rolle hat eine spezifische Zielgruppe: die Menschen, mit denen wir es in dem jeweiligen Lebensbereich zu tun haben.*

- *Das Verhalten, das wir in der einen Ich-Rolle gut gebrauchen können, muss von der Zielgruppe einer anderen Ich-Rolle nicht ebenfalls »gut« gefunden werden.*

- *Ich-Rollen, die miteinander harmonieren, bereichern unser Leben und können auch zu unserem beruflichen Erfolg beitragen.*

Ihnen noch zeigen, dass ich meine persönlichen Rolleninterpretationen auch dazu verwendet habe, meine Mannschaft wachzurütteln.

> *Stuttgart – Bayern, 13. April 1996.*
> *Stuttgart kommt. Schießt. Knapp zischt der Ball an meinem Tor vorbei. Wutentbrannt trample ich aus meinem Tor, packe mir meinen eigenen Mitspieler, den »armen« Andreas Herzog, und schüttle ihn kräftig durch, weil er es war, der im Mittelfeld durch einen Fehlpass diese gefährliche Situation zugelassen hatte, durch die es leicht hätte zu einem Gegentor kommen können.*

Zum Glück ist bei allen meinen freieren Interpretationen der Rolle des Wettkämpfer-Ichs niemals etwas wirklich Gravierendes passiert. Erübrigt sich fast zu sagen, dass alle meine »Rollenspiel-Partner« aus eigener Kraft von der Bühne gehen konnten. Nur ganz selten einmal hat mich deswegen ein Schiedsrichter »gebeten«, den Platz zu verlassen.

Mit dem Elefanten quer durchs Porzellan: Wie alltagstauglich ist Ihr Wettkampf-Ich?

Mein Wettkampf-Ich besitzt alle Eigenschaften, die ich für meine Arbeit auf dem Spielfeld brauche. Hier sind diese Eigenschaften goldrichtig – manchmal sogar fast überlebensnotwendig. Wenn Sie schon einmal im Stadion waren, werden Sie vielleicht verstehen, dass ich einen so martialisch klingenden Begriff wie »überlebensnotwendig« verwende. Selbst Ottmar Hitzfeld, mit Sicherheit der besonnenste Trainer, dem ich in meiner Profilaufbahn begegnet bin, sagte über seine letzten Monate als Trainer des FC Bayern: »*Da muss alles passen, auch das Schlachtenglück.*«

Bedenken Sie etwa, was mit meinem Berufskollegen Peter Czech im Tor einer der englischen Topmannschaften, des FC Chelsea, passiert ist! Er erlitt eine lebensbedrohliche Kopfverletzung, als ein Spieler des Gegners Czechs Kopf mit dem Ball verwechselte; seit seiner Genesung und seiner Rückkehr ins Team spielt Czech mit einer Art Helm aus Carbonfaser, vielleicht haben Sie es schon mal gesehen. Tief drinnen erschrecke ich jedes Mal von Neuem, wenn ich Peter Czech in seinem schwarzen Kopfschutz sehe. Da scheint es mir nicht einmal übertrieben, davon zu sprechen, dass das Wettkampf-Ich *auch* Fähigkeiten mit ein-schließt, die dabei helfen können, einen »überleben« zu lassen. Da drängt sich auch der Eindruck auf, dass das Wettkampf-Ich weitgehend aus Fähigkeiten und Eigenschaften besteht, die für ein privates Ich kaum von Nutzen sind. Jedenfalls sollten Sie privat auch ohne Ihre Wettkampf-Fähigkeiten ganz gut durchkommen, wenn nicht sogar besser.

Mein Wettkampf-Ich braucht also durchaus einige spezielle Fähigkei-ten, die in anderen Kontexten wenig Sinn haben. Es braucht Fähigkei-ten, die mir in anderen Kontexten sogar im Wege stehen können. Also ist es wichtig, sich bewusst zu machen, wann die Kontexte wechseln. Wenn das Spiel vorbei ist, kann das Wettkampf-Ich eine Pause machen. Das muss aber nicht immer gelingen, gerade in Phasen großer Anspannung.

Kennen Sie nicht auch solche Schwierigkeiten, sich zu »akklimatisie-ren«? Ihr Wettkampf-Ich abzulegen und gegen ein privates Ich zu tau-schen? Kennen Sie es nicht, dass Sie zu Hause, gegenüber den Kindern, die gleiche Akkuratesse an den Tag legen, als ginge es darum, in der Firma nur ja keine Marotten einreißen zu lassen? Kennen Sie es nicht, dass Sie abends, beim Wein mit Freunden, Ihre Meinung mit der gleichen unerbittlichen Konsequenz durchdrücken, als ginge es um das neue Con-trolling-Konzept oder die Optimierung der Geschäftsprozesse? Oder selbst wenn keine anderen Menschen im Spiel sind: Kennen Sie es nicht, dass Sie weit über das Büro hinaus versuchen, immer und in jedem

Augenblick hundertprozentig diszipliniert zu sein? Meine Erfahrung ist: Wer es nicht schafft, sein Wettkampf-Ich abzulegen und gegen eine für die jeweilige Situation besser geeignete Ich-Rolle zu tauschen, wer nie loslassen und *entspannen* kann, der tut dies nur deshalb, weil er Angst davor hat, nicht wieder *anspannen* zu können, wenn es erforderlich ist.

Diese Fähigkeit, zwischen den verschiedenen Ich-Rollen zu trennen, ist nicht deshalb so wichtig, damit zum Beispiel ein perfektes »Familientier« aus Ihnen wird. Oder ein allzeit umgänglicher Zeitgenosse. Sondern damit Sie den Rücken freihaben. Damit Sie Ihre Welt in Ordnung haben. Damit Sie, wenn Sie in der Arbeit sind, sich hundertprozentig auf diese konzentrieren können, ohne dass es in Ihnen rumort, weil »zu Hause« der Haussegen schief hängt. Damit Sie eben frei sind im Kopf, frei für Ihren Erfolg.

Wenn das Wettkampf-Ich k. o. geht: Schauspiel-Ich – übernehmen Sie.

Am besten fange ich dieses Thema mit einem Zitat an, einem Spruch von jemandem Bedeutenden. Jemandem, der es wissen muss. Weil auch er Sportler war, und was für einer. Der Spruch lautet:

> *»Um ein großer Champion zu werden, musst du auch daran glauben, der Beste zu sein. Wenn du nicht das Gefühl hast, der Beste zu sein, dann überzeuge trotzdem die anderen davon.«*

Der Spruch stammt von Muhammad Ali, dem größten Boxer – und manche sagen: dem größten Großmaul – aller Zeiten, und ich könnte jetzt sagen, wie immer, wenn man große Leute zitiert: »*Wie wahr …!*« Aber der Spruch birgt ein erhebliches Risiko. Der zweite Teil davon jedenfalls: »*... dann überzeuge trotzdem die anderen davon.*« Das führt, konsequent umgesetzt, direkt in den Abgrund. Und wenn nicht direkt dorthin, dann über den Umweg des Größenwahns. Andere von etwas zu überzeugen, von dem Sie selbst wissen, dass Sie es nicht haben oder sind, das ist, für bare Münze genommen, das Gegenteil von Authentizität und damit eine Gefahr für Ihren Erfolg.

Aber Ali hat natürlich auch recht, nicht umsonst war er als Sportler einer der Größten – auch in Sachen Täuschung. Wenn wir seinen Spruch wörtlich nehmen, haben wir uns auch schon von ihm verladen lassen. Links angetäuscht und rechts reingehauen, sozusagen. Beides konnte er perfekt, das Zuschlagen wie das Schauspielern. Den Schwinger wie den Haken. Das Trennen der verschiedenen Ich-Rollen, die es zum erfolgreichen Profi braucht, egal in welchem Geschäft.

> *Endlich Halbzeit. Bleischwer, müde und abgekämpft komme ich in die Kabine. Wir sind 0:2 hinten. Draußen im Stadion ist es irgendwie viel zu warm heute, richtig stickig, schwül, ich habe das Gefühl, ich bekomme keine Luft. Ich habe auch keine richtige Power. Und, was viel schlimmer ist, keine Hoffnung, dass wir dieses Spiel noch drehen können.*
>
> *Mutlos und resigniert lasse ich mich in der Kabine auf meine Bank fallen ... meiner Tochter geht's nicht gut, sie ist krank, liegt im Bett ... meine Leistung ist nicht gerade berauschend ... ich habe keine Ausstrahlung, keine Präsenz auf dem Platz ... meine Mitspieler sind das Gegenteil von optimistisch. Hoffentlich ist das alles bald vorbei hier.*

Das dürfte ziemlich genau die Situation sein, die auch Muhammad Ali meint. Jetzt geht es nicht darum, wirklich was zu verbessern, es *kann* nicht darum gehen. Es ist nicht mehr möglich, nicht für *dieses* Spiel, nicht für *diesen* Kampf. Wir können, *ich* kann heute nicht anders, nicht besser, nicht mehr. Was sollen wir tun? Gar nicht mehr rausgehen? Uns gegenseitig zugestehen: Wir sind schlecht heute, mies, fertig, wir gehen jetzt raus, sagen's dem Gegner, und hoffen, dass er's gut sein lässt? Oder uns vermöbeln lassen?

Bevor Sie hier einen Fehler machen, kann ich Ihnen empfehlen: Gehen Sie nicht mehr »raus«. Gehen Sie nicht mehr raus, wenn Sie in einer Branche oder einer spezifischen Situation sind, die das zulässt. Setzen Sie sich keiner Situation aus, der Sie sich nicht gewachsen fühlen. Laufen Sie dem Gegner *nicht* sehenden Auges ins Messer, aus lauter falsch verstandenem Pflichtgefühl. Und wenn Sie doch »rausgehen« und weitermachen müssen: Setzen Sie alles daran, Ihre Schwächen zu umgehen – klug, geschickt, besonnen, umsichtig.

Genau betrachtet sind Business und Fußball gar nicht so weit auseinander. Natürlich gibt es im Fußball, wie bei den meisten Sportarten, nicht die Möglichkeit, nicht mehr rauszugehen, wenn man sich überfordert fühlt. Wenn man nicht mehr weiterweiß. Schach ist da eine rühmliche Ausnahme: In Situationen ohne Ausweg legen Sie einfach den König um – Sie wissen schon, wie ich's meine. Aber auch *wir* können versuchen rauszugehen und unsere Schwächen zu umgehen. Also all die Punkte, in denen wir heute einfach schlecht vorbereitet sind. In denen wir schlechter sind als der Gegner.

Das Umgehen von Schwächen reicht aber noch nicht ganz aus, und auch das will Muhammad Ali sagen. Gerade dann nicht, wenn es wirklich heiß hergeht, wenn es um Kampf geht. Dann braucht es noch ein kleines bisschen mehr.

Ich stehe auf und feuere die Trinkflaschen vom Tisch. Überrascht schauen mich meine Mitspieler an. »Männer! So lassen wir uns hier nicht abschlachten. Wir sind der FC Bayern München! Was wir hier abliefern, ist nicht das, was wir können. Wir schaffen das noch, wenn wir jetzt Vollgas geben. Wir sind zu stark. Keiner kann uns schlagen. Wir reißen uns jetzt den [Sie wissen schon] auf. Egal was passiert, wir gehen noch als Sieger vom Platz. Ich will keinen sehen, der den Kopf hängen lässt. Wir brauchen volle Überzeugung, volle Präsenz und volle Ausstrahlung! Los jetzt! Wir fegen die jetzt weg! ...«

Das mit dem »als Sieger vom Platz gehen« wäre in der geschilderten Situation nicht nötig gewesen. Nicht immer braucht es unbedingt den Sieg. Insofern war es schon ein bisschen verwegen, gerade angesichts unseres Zustandes. Andererseits ist Fußball nicht Verhandlungssache, und eine Haltung wie »*Nur noch ein bisschen durchhalten und wir haben das Unentschieden sicher in der Tasche*« kann böse ins Auge gehen. Weil es im Fußball ein »sicher« nicht gibt. Und selbst wenn es für dieses eine Spiel reicht und die Rechnung des Auf-Unentschieden-Spielens tatsächlich aufgeht, können sich zwei auf diese Weise verschenkte Punkte am Ende der Saison als unaufholbar erweisen.

Wenn Sie sich also nicht fit fühlen und auch nicht »rausmüssen«, lassen Sie's unbedingt. Wenn Sie aber rausmüssen, pumpen Sie sich auf. Verkaufen Sie sich so teuer wie möglich. Überzeugen Sie sich selbst, dass es die einzige Möglichkeit ist. Weil es die Möglichkeit zu verlieren nicht gibt. Wenn es auch noch andere gibt, die mit in der Sache drinhängen, machen Sie auch die scharf. Und jetzt das Wichtigste: Machen Sie sich im Voraus klar, dass es solche Situationen geben kann. Dass Sie mal nicht gut drauf sind. Dass Sie mal nicht zurückkönnen. Dass Sie dann durchmüssen. Überlegen Sie im Voraus, was Sie in einem solchen Fall brauchen. Üben Sie es. Für sich. Gemeinsam mit anderen, falls Sie eine solche Situation nicht alleine zu bestehen brauchen. Leben Sie es. Für sich. Und auch hier wieder: gemeinsam mit den anderen, die Ihnen in einer solchen Situation zur Seite stehen können.

Bresche schlagen: Wettkampf-Ich und Schauspiel-Ich Hand in Hand.

Manchmal kommt es im Fußball vor, dass Wettkampf und Schauspiel miteinander verschmelzen. Es entsteht dann so etwas wie »Fußball-Kunst«, oder besser: Es entsteht ein »Fußball-Monument«. Ich war bei so einem Augenblick dabei, ich habe daran »mitgebaut«. Es ist eine der unglaublichsten, eine der verrücktesten, eine der aufreibendsten und gleichzeitig eine der schönsten und begeisterndsten Szenen, die ich je erlebt habe in meinem Leben als Profifußballer. Es ist eine der Situationen, in denen es nur eine Richtung geben kann, die nach vorne. In denen es nicht mehr um Feinheiten geht. Es geht ums Brescheschlagen. Es ist eine der Situationen, in denen der kleinste mentale Wackler das Aus bedeuten kann. Sicher gibt es Brücken aus dieser Szene hinüber ins Wirtschaftsleben, ins private, ins tägliche Leben. Vermutlich fällt Ihnen selbst einiges dazu ein.

Hamburg, im Mai 2001. Das letzte, alles entscheidende Bundesligaspiel der Saison. Wir spielen auswärts, in Hamburg. Die Situation ist klar: Ein Unentschieden reicht uns zum Gewinn der deutschen Meisterschaft. Unser Konkurrent um die Meisterschaft in dieser Saison ist nicht Hamburg, sondern Schalke 04. Die spielen, zur gleichen Zeit wie wir, gegen Unterhaching. Ein doppelter Vorteil für Schalke, denn erstens spielen sie zu Hause, in Gelsenkirchen, und zweitens gegen Unterhaching. Und die sind schlagbar, das zeigt schon ihr Stand in der Tabelle. Alles spricht also dafür, dass Schalke sein letztes Spiel gewinnen wird, davon müssen wir ausgehen. Für uns heißt das: Wir brauchen unbedingt diesen einen Punkt in Hamburg, oder alles ist aus.

Eine enorme Drucksituation von Anfang an. Keiner im Stadion gönnt uns den erneuten Titelgewinn, unsere mit uns nach Hamburg gereisten Fans natürlich ausgenommen. Die Fans sollten an diesem 34. Spieltag ein Bundesligafinale sehen, so dramatisch, wie es wohl noch nie eines in der Geschichte des deutschen Fußballs gegeben hat.

Das Spiel hat seine Endphase erreicht. Es steht tatsächlich 0:0, und die letzten Minuten sind angebrochen. Schalke führt gegen Unterhaching. Wir brauchen also diesen einen Punkt. Wir müssen das 0:0 über die Zeit retten. Der kleinste Fehler kann jetzt entscheidend sein. Der kleinste Fehler kann uns die Meisterschaft, das ganze Jahr kosten. Die ganze Plackerei, das ganze Schuften wäre umsonst gewesen. Die Hamburger spüren genau, dass uns die Nerven zu flattern beginnen. Vielleicht ist sogar schon so etwas wie Angst zu spüren bei uns. Hamburg wirft alles nach vorne, sie wollen ja an sich schon gewinnen gegen uns, gegen die Bayern. Und jetzt erst recht, wo sie uns den Titel entreißen können. Mit aller Macht wollen sie Schalke zum Meister machen.

Ich spiele wie in Trance. Ich habe hart damit zu kämpfen, meine Gedanken und Gefühle im Zaum zu halten. Ich versuche, auf »Automatik« zu schalten. Nicht nachdenken! Im Spiel bleiben. Jedes Gegentor zerstört den Traum von der Meisterschaft. Mein Gehirn arbeitet auf der allerhöchsten Konzentrationsstufe. Mehr Konzentration ist nicht mehr vorstellbar. Völliges Ausblenden jeglicher Störfaktoren. Zuschauer: weg! Alle äußeren Einflüsse: weg! Ich habe das Gefühl, statt Blut pumpe ich nur noch Adrenalin durch meinen Körper, um mit dieser absoluten Extremsituation fertig zu werden. Ich spüre: Hier bahnt sich ein Drama an. Ein Nervenzerfetzer. Der vermutlich nicht einmal mehr denen, die das Spiel verfolgen »dürfen«, Spaß macht, den Zuschauern im Stadion, an den Fernsehgeräten, an den Radios, was weiß ich wo.

Der HSV kommt noch mal über die linke Seite. Wie lange noch – die 90. Spielminute muss doch längst angebrochen sein! Wann ist denn endlich Schluss! Marek Heinz setzt sich durch und flankt, perfekt, mitten in meinen Strafraum. Sergej Barbarez steigt hoch, nur 7 Meter vor meinem Tor, köpft scharf, der Ball geht knallhart … oh Gott, ich komme nicht ran … an den linken Innenpfosten … metallenes Dengg … ist er weg? … und prallt von dort ins Tor! Schock. Der Kopfball war zu gut gesetzt. Ich habe keine Chance. Entsetzen macht sich in mir breit und in meiner Mannschaft. Ich kann das nicht beschreiben, wie man in solch einer Situation empfindet. Es ist, wie wenn du mental stirbst, wenn man so sterben kann. Wie wenn dir jemand deine Eingeweide rausreißt. Noch nie habe ich Zuschauer so gellen, plärren und jubeln gehört. Dumpf wie ein Hammer und gleichzeitig rasierklingenscharf, es drischt auf meinen Kopf und schneidet in ihn gleichzeitig. Das Adrenalin schwappt nur so.

1:0 für den HSV! Schalke ist Meister! Nur der Pfiff fehlt – noch. Meine Mitspieler lassen sich, wie vom Blitz getroffen, auf den Rasen fallen. Die Meisterschaft in der letzten Minute verloren.

Plötzlich geschieht etwas in mir. Ich laufe zum Schiedsrichter, Markus Merk. Frage ihn, wie lange das Spiel noch geht. Ich höre kaum, was er sagt, aber ich verstehe doch: 4 Minuten Nachspielzeit. Wegen des langen Jubels der Hamburger Spieler. 4 Minuten! 4 verdammte Minuten Zeit, denke ich. Ich laufe zu Sammy Kuffour, dem ersten unserer Spieler, den ich kriegen kann. Packe ihn am Arm und schiebe ihn mit Macht nach vorne. Verdutzt schauen mich meine Mitspieler an. »4 Minuten! 4 Minuten Zeit haben wir noch!!!«, brülle ich über den Rasen. Stefan Effenberg versteht mich sofort, schnappt den Ball und signalisiert der Mannschaft: Es ist noch nicht vorbei!

91. Minute: In Gelsenkirchen ist das Spiel vorbei. Die Schalker Fans jubeln, feiern, Meister! Vielleicht wissen sie nicht, dass in Hamburg noch gespielt wird, oder sie wissen, dass hier nichts mehr passieren kann, dass es unmöglich ist.

92. Minute: Ich stehe jetzt nicht mehr in meinem Tor. Ich bin weit aufgerückt, so weit, als müsste ich den Ball selbst zum 1:1 ins Tor schießen. Ich bin jetzt nur noch Wille, komplett beherrscht vom »Das kann nicht sein! Das darf nicht sein!«. Ich will dieses Spiel noch drehen. Ich bin bereit, dafür alles zu geben und jeden Preis zu zahlen.

93. Minute: Wir tragen wütende Angriffe vor. Gerade hätten wir um ein Haar das 1:1 erzielt. Die Mannschaft ist jetzt vom gleichen unfassbaren Willen beflügelt wie ich selbst. Ein Hamburger Spieler haut den Ball zu seinem Torwart zurück ... der nimmt ihn mit den Händen auf ... Schiedsrichter Markus Merk erkennt den Regelverstoß sofort und entscheidet: indirekter Freistoß für uns. Kein Zweifel mehr, die letzte Aktion des Spiels! Ein indirekter Freistoß aus

14 Metern Entfernung zum Hamburger Tor. Ich laufe nach vorne zu meinen Spielern. Zu Effenberg, der den Ball auf den Hamburger Rasen legt. Das ist sie, die wirklich letzte Chance, dieses Spiel noch zu drehen. Die allerletzte Chance dieser Saison. Die endgültige Entscheidung über Meisterschaft oder alles aus. »Lass mich schießen!«, sage ich zu Effenberg. Der schaut mich verdutzt an. »Du bist wohl verrückt ... der Anderson soll schießen ... der hat den härtesten Schuss!«, zischt er mich an.

94. Minute: Fast alle Hamburger stehen auf der Tor-linie ... sie bilden eine Wand aus Menschen, unüberwindbar. Es gibt nicht die kleinste Lücke. Ich laufe zurück, bin etwa 25 Meter entfernt vom Hamburger Tor. »Dieser Ball wird reingehen«, denke ich ..., »es wird passieren ... es muss pas-sieren ... ich will, dass dieser Ball reingeht!« Jetzt! Merk gibt den Freistoß frei ... indirekt! ... um Gottes willen nicht direkt aufs Tor schießen ... Effenberg legt den Ball quer ... Ander-son kommt von hinten an ... schießt ... mit voller Wucht ... der Ball fetzt wie von Geisterhand geführt ... an allen Ham-burgern vorbei ... durch sie hindurch und ... schlägt links unten ein. Der Ball ist im Tor!

1:1! Eins:eins!! Eins-zu-eins!!! 94. Minute! Merk pfeift ab! Das Spiel ist aus! Wir sind Deutscher Meister 2001! Unfass-bare Jubelszenen spielen sich ab. Ich laufe zur Eckfahne. Reiße sie aus. Umarme sie. Schalke ist entsetzt. Sie schreien. Sie wollen nicht glauben, was sie am Stadionmonitor sehen! Sie weinen, über die unglaublichen Szenen in Hamburg.

Da war alles drin, das Hochgefühl, die Spitzenleistung, die Sicherheit, die Selbstgewissheit, die Unsicherheit, die Angst, die Panik, die Resignation, die Scham, die Wut, die reine Energie, die totale Überzeugung ... was Sie wollen. Was wollen Sie? Vor dem Spiel hätte ich es nicht wollen, mittendrin auch nicht, gegen Ende des Spiels schon. Sekunden später dann wieder nicht. Und schließlich: Total!

Es ist ein Privileg, im Leben man selbst sein zu können. Mit dem Satz des amerikanischen Schriftstellers und Mythologen Joseph Campbell habe ich dieses Kapitel begonnen. *Das* Kapitel, von dem ich behaupte, dass es das wichtigste ist. Dies ist das Feld, auf dem das wahre Spiel um den Erfolg stattfindet. Wer zu sich findet und auf das hört, was ihm sein Ich sagt, wird Erfolg haben – fast hätte ich gesagt: ob er will oder nicht.

Nicht man selbst sein zu können, das kann wohl viele Ursachen haben; die beiden, die mir auf Anhieb einfallen, sind:

- *Wir fühlen uns gezwungen, anders sein zu müssen als wir sind und uns nicht ausleben zu können in unserem Ich.*

- *Wir finden erst gar nicht zu uns selbst und bleiben ein Leben lang auf der Suche nach unserem Ich.*

Am wahrscheinlichsten scheint mir, dass etwas von beiden Möglichkeiten in jedem von uns steckt. So, wie es selbst dem, der glaubt sich gefunden zu haben, passieren kann, dass er sich auch mal aus den Augen verliert, so kann es passieren, dass man – im vollen Bewusstsein seiner Bedürfnisse – doch einmal nicht zu sich steht, sich verbiegen lässt und sich schließlich selbst verrät.

Die Suche nach dem Ich, das klingt nach Arbeit. Nach Arbeit an sich selbst und mit sich selbst. Sich suchen, sich finden und jeden Tag aufs Neue dafür zu sorgen, dass man »bei sich« bleibt.

Die Authentizität
(Ich-Rollen im Kreis der eigenen Überzeugungen).

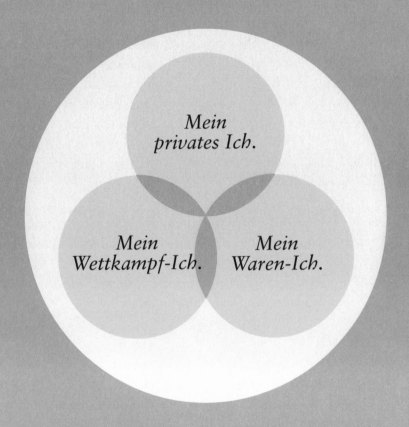

Authentisch handeln heißt so zu handeln, dass das Handeln im Einklang mit den eigenen Überzeugungen steht – nicht mit dem, was jemand anderes von uns erwartet. Wenn es gelingt, alle Rollen, die man im Leben verkörpert, innerhalb des »Kreises« der eigenen Überzeugungen zu halten, ist es geschafft: Man ist und man handelt »authentisch«. Gleichzeitig ist es wichtig, die eigenen Überzeugungen immer wieder mal auf den Prüfstand zu stellen. Das ist Lernen, das ist persönliche Weiterentwicklung.

2.

*»Alle Träume können wahr werden,
wenn wir den Mut haben, ihnen zu folgen.«*
(WALT DISNEY)

2. Das Wissen, wohin:

Ziele setzen.

*Zukunft wird nicht »für uns«, sondern »von uns«
geschrieben. Deshalb sollten wir uns eine konkrete Vorstellung davon machen, wie sie aussehen soll, die Zukunft.
Nichts, auch nicht das Geringste, sollen wir ohne Ziel
angehen, habe ich bei einem aktuellen Philosophen gelesen.
Er hat das vor zweitausend Jahren geschrieben. Das war
Aristoteles.*

Wie, Ziele? Ja, fehlt Ihnen denn was?

»*Alles rennet, rettet, flüchtet...*« Hinter was eigentlich her? Ich glaube, jeder kennt das. Oder, falls Sie sich hier nicht vereinnahmen lassen wollen, dann sage ich: *Ich* kenne das. Diese Momente, in denen man sich fragt: »*Was tu' ich da eigentlich und warum?*«, »*Wo will ich hin?*«, »*Wem oder was jage ich hinterher?*«, »*Warum ist es nicht gut so, wie es ist?*«, »*Brauche ich mehr, als ich jetzt habe?*«, »*Ist es das wert?*«.

Ich wusste immer, wo ich hinwill. Aber es wäre glatt gelogen, zu behaupten, dass es nicht auch Momente des Zweifelns in mir gab. Ich habe das sogar oft getan. Aber immer habe ich eine eindeutige Antwort auf die Fragen des Zweifels gefunden, nämlich: Natürlich brauche ich *mehr*. Und ich sage: Natürlich brauchen auch *Sie* mehr. Sie brauchen vielleicht nicht mehr *Geld*, mehr *Ruhm*, mehr *Anerkennung*. Aber eines brauchen Sie immer: Sie brauchen mehr Wachstum. Oder richtiger: Sie brauchen *weiteres* Wachstum. Denn: Man kann nicht *nichtwachsen*. Sie haben schon recht, wenn Sie protestieren. Natürlich kann man auch »schrumpfen«. Was ich meine, ist: Man sollte nicht schrumpfen *wollen*. Man sollte nicht mal »auf der Stelle treten« wollen. Denn bereits »Nullwachstum« zähle ich dem Schrumpfen zu. Nur wer sich bewegt, kann auch wachsen.

Jeder von uns sollte wachsen wollen, etwas erreichen wollen, in irgendetwas besser werden wollen. Wir sollten darauf bestehen, dass unsere Zukunft nicht *für uns* geschrieben wird, sondern *von uns* selbst geschaffen und gestaltet wird. Ich glaube, es ist mir gelungen, drei Motive für das Wachsenwollen, das Zukunftgestalten, das Zielesetzen zu isolieren. Sie sind natürlich nicht von mir selbst im »Kahn-Labor« gezüchtet, sondern einfach vom Leben abgeschaut. Ich nenne die drei Motive das Modell »Missing Piece«, das Modell »Horizonte« und das Modell »Weil er da ist«. Falls Sie weitere Motive kennen, die nicht in eine meiner drei Modelle passen, gut! Schreiben Sie sie auf. Und wachsen Sie!

1. Das Modell »Missing Piece«.

Das Modell Missing Piece ist eigentlich eine Idee des Künstlers Shel Silverstein (1932–1999). Für das Modell Missing Piece stellen Sie sich bitte etwas Rundes vor, zum Beispiel einen Kuchen. Irgendwo an Ihrem Kuchen fehlt ein Stück. Das ist das Missing Piece, das Ihnen fehlt, und das möchten Sie haben, um sich als Kuchen, ich meine: als Persönlichkeit, »rund« zu fühlen.

2. Das Modell »Horizonte«.

Das Modell Horizonte ist das Forscher-Modell. Es ist der Drang, etwas Neues zu schaffen, etwas Unbekanntes zu entdecken, sich zu neuen Horizonten aufzumachen. Bei Neil Armstrong, dem Astronauten und ersten Menschen, der einen Fuß auf die Oberfläche des Mondes gesetzt hat, habe ich den Satz gefunden: »Ohne Horizonte richtet der Mensch den Blick nach innen und beschäftigt sich zu sehr mit sich selbst. Mit ihnen denkt er mehr an morgen als an heute, mehr an die Gesellschaft als Ganzes als nur an sich.« Wenn Ihnen das zu idealistisch klingt, will ich versuchen, es ein bisschen zu »brechen«. Auch ich habe das zu Beginn meiner Laufbahn so empfunden, dass ich mich zu neuen Horizonten aufmachte, zu einer für mich fernen Zukunft, zu etwas für mich sehr Unvorstellbarem (was ich aber trotzdem oder gerade deswegen versuchte, mir konkret vorzustellen).

Im Zusammenhang mit dem Erreichen von Zielen habe ich automatisch die Melodie von »The Good Life« im Ohr, vorzugsweise gesungen von Tony Bennett, und ich finde den Song insgesamt und eine Textstelle im Be-

sonderen ausgesprochen anregend. Sie geht: »It's the good life, to be free and explore the unkown...«

3. Das Modell »Weil er da ist«.
Das Modell »Weil er da ist« klingt lapidar, aber ich finde es wunderbar. Die Motivation liegt in der Sache an sich. »Weil halt«, könnte man auch sagen, und ich finde das ehrlicher, als müsste man umständlich Ersatzargumente herankarren, wenn es einfach keine gibt. Ich habe das Modell »Weil er da ist« von Sir Edmund Hillary (1919–2008) geborgt, dem Erstbesteiger des Mount Everest. Und natürlich kann man Sir Edmund nicht ohne seinen Sherpa Norgay Tensing nennen, denn ohne den jeweils anderen wäre keiner von beiden auf den Everest gekommen. Beiden gebührt der Ruhm, nur Norgay

Quick Check!

- *Erfolg muss nicht zwangsläufig »monetärer« Erfolg sein.*

- *Erfolg kann auch ideeller Erfolg sein – man kann zum Beispiel etwas erfolgreich aufgebaut haben, das einem keine monetären Gewinne einbringt.*

- *Ziele müssen also nicht zwangsläufig wirtschaftliche Ziele sein. Auch Ziele können »ideeller Natur« sein.*

- *Sich ein Ziel setzen heißt: besser werden wollen, wachsen wollen, seine eigene Zukunft schreiben.*

Tensing bekommt immer ein bisschen weniger davon ab. Ich glaube, Edmund Hillary hat das genauso gesehen. »Because it's there«, sagte Sir Edmund, als er gefragt wurde, warum er unbedingt hoch musste auf den Everest. Weil er eben da ist.[2]

Zu weit weg: Wollen Sie denn überhaupt aufbrechen?

Barack Obama hat es in einem seiner Auftritte um die Kandidatur zu den US-Präsidentschaftswahlen 2008 perfekt illustriert, was die »Alternative« dazu ist, sich klare und ambitionierte Ziele zu setzen. Er fragte: *»Hat John F. Kennedy etwa gesagt, oh, Moment, der Mond sieht zu weit weg aus? Dahin zu kommen ist unrealistisch? Das schaffen wir nicht?«[3]* John F. Kennedy war es, der im Jahr 1961 als Präsident der Vereinigten Staaten von Amerika sagte: *»Noch bevor dieses Jahrzehnt zu Ende geht, werden wir unseren Fuß auf die Oberfläche des Mondes setzen.«*

Quick Check!

- *Wollen Sie also los?*

- *Wollen Sie wachsen?*

- *Wollen Sie besser werden?*

- *Machen Sie sich auf!*

- *Machen Sie sich auf die Suche nach Ihrer eigenen Vision!*

Was ist eine Vision?
Kein wabernder Blick in die Kristallkugel.

Der Begriff der Vision hat ein wenig an Glanz verloren, wirkt irgendwie abgenützt und aus der Mode. Dabei war er mal so wichtig, in den 90er-Jahren des vergangenen Jahrhunderts. Wenn man das *so* sagt, klingt der Begriff automatisch angestaubt. Ich glaube zu wissen, wer Schuld ist an seinem Niedergang: Es ist Helmut Schmidt, der Exbundeskanzler. Fast hat er ihm den Todesstoß verpasst, und zwar mit seinem Satz: »*Wenn ich Visionen habe, gehe ich zum Arzt.*« Wumm. Ich glaube nicht, dass er den Begriff kaputt machen wollte. Ich fasse seinen Satz mehr als einen Hinweis auf die Schwächen des Begriffs Vision auf. Als ein Warnen vor dem Nebulösen, das dem Begriff innewohnt. Und als eine Aufforderung, sich's mit dem Begriff nicht zu leicht zu machen und alles und jedes zur »Vision« zu erklären. Der Begriff war und bleibt wichtig. Denn er meint eben gerade *nicht*, sich ins Nebulöse zu verlieren, sondern etwas klar Sichtbares in der Ferne anzupeilen und darauf loszumarschieren. Eine Art Über-Ziel.

Ich sage Ihnen das gleich mal konkret. Meine Vision, und sie stand schon sehr früh für mich fest, war folgende: Ich wollte der beste Torhüter der Welt werden. Der beste Torhüter der Welt! Der beste! Eine gewaltige Vision, gewaltig weit weg damals, ein Über-Über-Ziel. Irgendwie gar nicht nebulös, sondern sehr konkret. Ein gewaltiger Anspruch an mich selbst, den ich mir mit dieser Vision auflud.

Also der beste Torhüter der Welt. Also auf den Mount Everest. Also auf den Mond. Ob es möglich war, auf den Mond zu kommen, wusste zu der Zeit, als das Ziel gefasst wurde, wahrscheinlich niemand ganz genau. Nicht einmal die Hindernisse waren bekannt, die sich dem Traum in den Weg stellen würden. Aber zuerst wollte es *einer* (Kennedy), und dann wollten es *viele* unbedingt wahr machen. Ich habe gelesen, es sollen mehr als vierhunderttausend Menschen gewesen sein, die am Mondprogramm gearbeitet haben. Auch den höchsten Berg der Welt zu besteigen galt als unmöglich. Zu wenig Luft zum Atmen da, zu kalt, zu unberechenbares Wetter, oder simpel: Geht einfach nicht! Und ob es möglich war, der beste Torhüter der Welt zu werden, war für einen Jungen aus Karlsruhe auch nicht wirklich zu beantworten. *Eine* sehr klare Antwort konnte ich aber schon liefern, wie Kennedy, wie die Forscher des Mondprogramms, und wie Sir Edmund Hillary. Es war die Antwort auf die Frage, ob man es wagen sollte. Die Antwort war: Ja.

Quick Check!

- *Eine Vision ist nichts »Nebulöses«.*

- *Eine Vision ist ein Über-Ziel.*

- *Eine Vision muss konkret auszudrücken sein.*

- *Eine Vision ist eine Art allgegenwärtiger Wegweiser, der einem dabei hilft, sich nicht zu verlaufen.*

Schon mal Probe liegen:
Das Vorwegnehmen von Zielen.

Als junger Steppke war ich nahezu ständig auf den Sportplätzen des KSC unterwegs. Regelmäßig fanden »parallel zu meinen Trainings« die Begegnungen der »Großen«, also die Spiele der Profis des KSC statt. In Wirklichkeit war es natürlich genau andersherum: Wenn die »Großen« spielten, und das nicht selten vor vierzigtausend Zuschauern, schnappte ich mir meinen Ball, marschierte auf einen Nebenplatz und begann »*mein großes Spiel*«. Das empfand ich als enorm erhebend, schließlich bewegte ich mich hier unten, auf dem Nebenplatz, »auf einem Niveau« mit den Profis von nebenan. Richtig gut wurde es immer dann, wenn auf dem Hauptplatz etwas passierte und das Publikum zu jubeln und zu klatschen begann. Dann habe ich bewusst den Beifall »einkassiert«: Ich liebte es, mir vorzustellen, das Jubeln gelte *mir*.

Auch später noch, als ich schon selbst beklatscht wurde, hatte ich eine ähnliche Angewohnheit: Ich versuchte mir vorzustellen, wie es sein würde, wenn ich das, was ich als Nächstes erreichen wollte, bereits erreicht hätte. Es war meine Ambition, ein möglichst realistisches Bild davon zu malen, mit so vielen Details, in so kräftigen Farben, mit so konkreten Geräuschen und sogar Gerüchen wie möglich. Ein »Holo-deck« quasi, wie es in der Science-Fiction heißt (bei Star Trek jedenfalls), ein exaktes Abbild der Realität – bevor sie überhaupt eingetreten war. Und wie bei einem »echten Holodeck« auch konnte ich es natürlich betreten. Ich war mittendrin. Wo auch sonst, denn es sollte ja *mein* Erfolg werden!

Sitzt perfekt: Ziel, maßgeschneidert.

Es gibt da einen Satz, Sie haben ihn so oder ähnlich vielleicht auch schon gehört: »*Wer alle seine Ziele erreicht, hat sie nur zu tief angesetzt.*« Wie finden Sie den? Ich halte nichts davon. Warum? Weil das Wichtigste, das Tollste, ja geradezu der Witz am *Zielesetzen* eben gerade der Effekt ist, die Ziele auch zu erreichen. Die ganze Befriedigung, den Schwung daraus mitzunehmen und sich damit auf den Weg zu neuen Zielen zu machen.

Gibt es eigentlich unerreichbare Ziele? Ja. Alle Ziele, die nicht zu Ihnen passen, sind unerreichbar. Lassen Sie es mich erklären. Für mich wäre es ein völlig unerreichbares Ziel gewesen, hätte ich Gerd Müller oder irgendeinen anderen Stürmer in der Rangliste der besten Torschützen verdrängen wollen. Für mich ist das ein klassisches unerreichbares Ziel, so wie es für Gerd unmöglich gewesen wäre, Welttorhüter zu werden. Es gibt also keine zu großen, sondern nur unerreichbare Ziele.

Ziele müssen genau zu dem passen, was man wirklich kann oder können will. Ich stelle es mir wie einen Radarkegel vor. Der Radarkegel entspricht dem, was ich kann oder was ich lernen will, was also im Bereich meiner grundsätzlichen Fähigkeiten liegt. Alle Ziele, egal wie ambitioniert, müssen innerhalb des Radarkegels liegen. Dann sind sie erreichbar, und ich behaupte: selbst die allergrößten Ziele.

Bleiben wir aber der Einfachheit halber noch einmal bei kleinen Beispielen von kleinen Zielen. Sagen wir, Sie setzen sich das Ziel: Spätestens Anfang nächster Woche habe ich einen neuen Wagen gekauft. Wenn Sie dieses Ziel Anfang nächster Woche nicht erreicht haben sollten, kann das mehrere Gründe haben: Erstens: Sie hatten nicht die Zeit, das Ziel umzusetzen. Dann haben Sie die Präferenzen falsch verteilt, also in Wahrheit nicht »können gewollt«. Oder zweitens – ist ja nur ein Beispiel – nicht das Geld. Dann haben Sie – wie gesagt, nur ein Beispiel – nicht gekonnt. Ach ja, ein halber dritter Grund könnte sein, dass Ihr Lebenspartner gesagt hat: *»Spinnst du?«*

Große Ziele? Kleine Schritte!

Der kluge »Wettkämpfer« sollte sich auf dem Weg zu einem hochgesteckten Ziel eine Menge an Zwischenzielen setzen. Sonst kann es frustrierend werden, wenn das, was wir uns vorgenommen haben, nicht und nicht näherrückt. »Babyschritte zum Erfolg«, heißt dieses Rezept in einer amerikanischen Komödie, die ich mal im Kino gesehen habe

(»Was ist mit Bob?«, mit Bill Murray und Richard Dreyfuss in den Hauptrollen). Bei mir heißt diese Technik die »Zielsetzungskette«. Das ist etwas nüchterner, ich weiß. Aber wie Sie wissen, komme ich aus dem Fußballgeschäft. Stellen Sie sich vor, ich stehe in der Kabine, um mich herum schwitzende Mannsbilder in nicht mehr ganz lupenrein sauberen Klamotten, und ich sage: »*Hey, Männer, reißt euch zusammen, ich weiß wo's langgeht, was wir jetzt brauchen sind Babyschritte zum Erfolg!*«

Stellen Sie es sich vor wie beim Fliegen – ohnehin ein schönes Bild, wenn Sie nicht unter Flugangst leiden. Beim Flugverkehr gibt es für jeden Flug einen Flugplan, der gibt die Destination an (also das Ziel, wo die Reise hingeht). Die Destination ein und desselben Flugs bleibt immer gleich. Der Flug XYZ nach Paris geht immer nach Paris, nicht plötzlich mal nach London. Und es gibt die Flugroute, das ist der Weg, den das Flugzeug nimmt, um an seinem Ziel anzukommen. Die Route hängt von verschiedenen Einflussfaktoren ab, Wind, Wetter, was weiß ich.

Die Destination bleibt also gleich, aber die Route kann sich ändern, je nach Erfordernis. Umgekehrt muss beim Festlegen der Route und beim Setzen von Zwischenzielen die Vision, das Ziel, der große Traum bestehen bleiben. Wir dürfen uns nicht verzetteln, wir haben ja nicht ewig Zeit und Sprit. Das Ziel darf nicht aus den Augen verloren werden. Denn es ist die Idee davon, wo die Reise hingehen soll, die uns die beste Orientierung gibt – gerade dann, wenn mal was nicht klappt, in Momenten der Niederlage und des Misserfolgs. Hier als Beispiel meine Zielsetzungskette.

- *Es mit 18 Jahren zu den Amateuren beim Karlsruher Sport-Club schaffen.*
- *Profi werden und einmal ein Bundesligaspiel bestreiten.*
- *Die Nummer eins beim Karlsruher Sport-Club werden.*

- *Mit dem Karlsruher Sport-Club international spielen.*
- *Zum FC Bayern München wechseln und Deutscher Meister werden.*
- *Torwart der deutschen Nationalmannschaft werden.*
- *Destination (Vision): bester Torwart der Welt werden.*

Das ist meine Kette in groben Zügen. Ich könnte sie Ihnen weiter aufdröseln, aber das lenkt nur vom Wesentlichen ab. Das Wichtige ist: Ich hatte

Quick Check!

- *Ein zu kleines Ziel ist eines, das Sie nicht fordert.*

- *Ein zu kleines Ziel ist eines, das Sie nicht wirklich weiterbringt.*

- *Ein zu kleines Ziel ist eines, das Ihnen keine neuen Perspektiven erschließt.*

- *Ein zu großes Ziel ist eines, das Sie gar nicht erst aktiv werden lässt oder wovor Sie sogar zurückschrecken.*

- *Ein zu großes Ziel ist eines, das Sie lähmt.*

- *Ein zu großes Ziel ist eines, das Sie nicht erreichen können – also eines, das buchstäblich unmöglich zu erreichen ist.*

- *Ein zu großes Ziel ist eines, das einfach nicht zu Ihnen passt.*

immer eine klare Vorstellung davon, was ich erreichen wollte, und ich entwickelte mir einen klaren Plan, wie ich jedes noch so kleine Zwischenziel erreichen konnte. Ich muss Ihnen nicht erklären, was für einen Mordsschub es entfachte, wenn ich ein Zwischenziel erreichte. »Momentum« sagt man auf Neudeutsch: die Schwungmasse, die Stoßkraft, die Wucht. *Das* ist der Witz der Sache, das Momentum, das »Empowerment«, das »Erfolg auf Erfolg bauen«. Und das unglaubliche Selbstvertrauen, das sich so regelrecht »aufschichtet«.

Zusätzlich setzte ich mir für jedes Glied der Zielsetzungskette ein ungefähres zeitliches Limit. Auch das gehört zu jedem Flugplan. Man muss schon wissen, wann man an seinem Zwischenziel ankommen will. Es fördert die Zielstrebigkeit, verhindert das Schlendern und Vor-sich-Herschieben, und macht es den Freunden leichter, mit Blumen in der Hand dazustehen, wenn man am Ziel angekommen ist.

Der Weg zu den Zielen: *Anders denken als die anderen.*

Natürlich scheint mein Fall einfach gewesen zu sein. *»Was blieb ihm schon anderes, als der Beste werden zu wollen? Ist doch immer so, im Sport«*, könnte man in leichter Verkennung des Schwierigkeitsgrades sagen. Aber das dürfen Sie ruhig, sicher würde es mir ebenfalls schwerfallen, die Fallstricke Ihrer Arbeit richtig einzuschätzen. Selbst für meinen »einfachen« Beruf war es aber keineswegs so klar, so zwingend, wo die Reise hingehen würde. Ich meine: *Mir* war es schon klar, aber nicht jeder Spieler, nicht jeder Torhüter muss zwangsläufig auf dasselbe hinauswollen, wie ich es wollte.

Beim Ersinnen von Visionen, beim Setzen von Zielen, beim Entwerfen der Wege dorthin geht es immer darum, anders zu denken. Anders als üblich. Anders als andere. In einem Artikel über den Journalisten,

61

Schriftsteller und Historiker Sebastian Haffner fand ich eine Art Leitlinie in Haffners Denken: »*Was alle denken, kann nicht richtig sein.*«[4] Das ist ein gutes Motto. Es bewahrt uns davor, einfach nur dazustehen, gemächlich wiederzukäuen und gelegentlich »*Muh*« zu sagen. Versuchen Sie's. Selbst wenn das, was Sie sagen, gelegentlich in die Hosen geht und alle den Kopf schütteln. »*War das daneben …!*«, »*Ist der aggressiv …!*«, »*Der hat ja gaar keine Ahnung …!*«. Seien Sie froh, wenn Sie auf solche Antworten stoßen, denn sie zeigen Ihnen wenigstens, dass Sie anders dachten als die anderen. Es ist ein erster Schritt in die richtige Richtung. Abraham Lincoln sagte einmal – ich sage es Ihnen zuerst in Englisch, weil es so kraftvoll klingt: »*Towering genius disdains a beaten path. It seeks regions hitherto unexplored. It thirsts and burns for distinction, and, if possible, it will have it.*« Das heißt, frei übersetzt: Ein großer Geist spart sich ausgetrampelte Pfade. Er sucht unerforschtes Neuland. Er will unbedingt jemand Besonderes sein. Und er will, wenn es irgendwie möglich ist, auch etwas Besonderes erreichen.

Ich habe immer versucht, so ziemlich in jeder Hinsicht anders zu sein als das, was für meinen Beruf und für meine Rolle, meine Aufgabe und meine Zielsetzung »üblich« war. Schon immer war mir klar, dass das Prädikat »der Beste« nicht *nur* von der Leistung abhängt. Natürlich fast nur, sagen wir zu 99 Prozent. Aber ich wusste instinktiv, was das letzte Prozent sein würde, das den Unterschied macht: Es ist die Sichtbarkeit auf dem Feld. Die Sichtbarkeit auf dem Feld ist nicht zu haben durch das reine »*Da*-Sein«. Es brauchte auch das »*Anders*-Sein«. Und damit das »*Gesehen*-Werden«. Ich habe mein Ich gefunden, und ich habe es zu hundert Prozent gelebt. Nicht dass Sie mich falsch verstehen: Das hat nichts mit Show zu tun. Es hat ausschließlich mit Leistung zu tun. Mit Kahn-Leistung eben.

Aber ich habe auch alles daran gesetzt, durch eine völlig andere Auffassung vom Besserwerden eben dieses Leistungsversprechen auch einzulösen. Und zwar jedes Prozent davon und so oft es ging möglichst hundert Prozent davon.

Manche Unternehmen machen das übrigens genauso. Wenn Sie so wollen, habe ich es dort abgeschaut. »*Think Different!*« (das ist Englisch und heißt »*Denke anders!*«) und »*Tänk annorlunda!*« (das ist Schwedisch und heißt: »*Denke anders!*«) lauteten lange Zeit die Mottos zweier Unternehmen, die damit extrem erfolgreich wurden. Das eine Unternehmen stellt Computer, kleine Musikabspielgeräte und jetzt auch Mobiltelefone her. Und das andere ist mit kostengünstigen Möbeln steinreich geworden, die sie noch nicht einmal zusammenschrauben, bevor sie sie verkaufen. Aber das ist ja gerade das »andere«.

»*Auch andere Mütter haben schöne Töchter*«, heißt ein Spruch, und natürlich haben auch andere Unternehmen kluge Köpfe, die gute Produkte entwickeln können – oder könnten. Aber es ist gerade die unbedingte Verpflichtung zum Andersdenken, was die genannten Unternehmen so anders macht, sie zu so völlig anderen Ergebnissen kommen lässt und sie damit so erfolgreich macht.

Neues Spiel? Neues Ziel!

Augen und Ohren auf. Immer abgleichen: »*Ist das noch dasselbe ›Spiel‹, für das ich mir meine Ziele gesetzt habe?*« – »*Haben die Ziele so, wie ich sie gefasst habe, noch ihre Gültigkeit?*« Es nützt ja nichts, voll Stoff weiterzubrettern auf einem alten Kurs, wenn das Ziel sich mittlerweile woandershin verschoben hat. Würden Sie hart bleiben und auf Frankfurt zuhalten, wenn Ihr Kollege Sie eben im Wagen angerufen hat, dass das Meeting gerade nach Stuttgart verlegt wurde?

Haben Sie also keine Scheu davor, Ihre Ziele zu aktualisieren, sie anzupassen, ja sie sogar gegen neue auszutauschen. Mut zum Kurswechsel.

Und nicht übertrieben konsequent sein. Oder sagen wir richtiger: nicht pseudo-konsequent sein. Ziele nicht in Stein meißeln. Natürlich sich auch nicht von jedem Windhauch umpusten lassen. »Goal in Progress« wäre ein gutes Motto in Anlehnung an den Begriff »Work in Progress«. Von Konrad Adenauer kennt man den – wie ich finde ziemlich überraschenden – Satz: »*Was schert mich mein Geschwätz von gestern?*« Und von Haffner, ich zitierte ihn gerade schon mal, ist bekannt, dass er seine Ansichten mehr als einmal in seinem Leben grundsätzlich revidierte und neu ausrichtete.[5]

In Deutschland gibt es ein Unternehmen, Sie kennen es sicher alle, das stellte früher Metallrohre her. Heute ist es ein großes Mobilfunkunternehmen. Mittlerweile ist es von einem englischen Anbieter geschluckt, also übernommen worden, aber es ist weiterhin ein Mobilfunkunternehmen. In allen diesen Fällen wurde erkannt, dass die alten Ziele, die alten Ideen, die alten Geschäftsmodelle nicht mehr taugten, und es wurden neue dafür ausgegeben. Das finde ich gut, fast besser noch, als schnurgerade und unbeirrt auf seinem Weg durchzuziehen.

Auch im Fußball, und gerade beim FC Bayern, gibt es Beispiele dafür, dass Spieler erst durch ein »Nachjustieren« ihrer Ziele erfolgreich wurden. Die Ziele des FC Bayern sind jedes Jahr so hochgesteckt, dass es nicht einfach ist, mit den Anforderungen des Vereins zurechtzukommen. So mancher Spieler ist hier gescheitert – und bei seinem nächsten Verein groß rausgekommen. Das liegt nicht etwa daran, dass das Leistungsniveau bei ihrem nächsten Arbeitgeber niedriger gewesen wäre und die Spieler so mehr auffallen konnten. Es hat etwas damit zu tun, dass diese Spieler unter den extremen Anforderungen des FC Bayern einfach ihr Potenzial nicht nutzen konnten. Die wahre Leistung dieser Spieler liegt dann aber darin, dass sie in der Lage waren, ihre Ziele anzupassen. Das ist nicht selbstverständlich, denn das Scheitern bei einem Verein wie dem FC Bayern kann sich zu einem solchen Schlag auswachsen, besonders dann, wenn sie ultraambitioniert waren, dass sie sich davon nicht mehr erholen. Es gelingt dem Spieler dann nicht mehr, seine Ziele neu auszurichten, und die Karriere in diesem Berufsfeld ist passé.

Ich könnte hier nun munter so weitermachen, denn selbst dann, im soeben besprochenen Fall, ist es natürlich möglich, sich neue Ziele zu setzen, und es ist natürlich möglich, auch aus dieser Position eine umso glanzvollere Karriere zu beginnen.

Goal! Tor! Ziel!

Jeder Fußballer wird es Ihnen bestätigen: Das Tor ist das Ziel, der Ball muss da hinein. Jeder Engländer wird es Ihnen erst recht bestätigen, denn die englische Sprache kennt dafür nur einen Begriff: The Goal – das Tor – *das Ziel*. Ich als Torhüter sehe das natürlich anders. Ich muss Ihnen nicht erklären, dass es mein Ziel ist, das Ziel des gegnerischen Feldspielers zu vereiteln. Aber trotzdem ist die Analogie *Tor – Ziel* eine super Sache. Ich als Torhüter werde mich in diesem Fall zwingen, es genauso zu sehen. Zeichnen Sie sich das Tor-Rechteck auf ein Blatt Papier, und schreiben Sie mitten in das Tor hinein: *Ihr Ziel*. Hängen Sie es sich vor die Nase. Überall. So oft Sie wollen. So oft, wie Sie glauben, dass Sie es brauchen. So oft, wie Sie glauben, dass es Ihnen guttut und Ihnen dabei hilft, Ihr Ziel zu erreichen.

Nur nicht zimperlich: *Feldzüge zum Ziel.*

Ich will Sie nicht entmutigen, Sie wissen es ja selbst: Es kann gelegentlich schweißtreibend und beschwerlich werden auf dem Weg zum Ziel. Erst zieht es sich. Dann gibt es Schwierigkeiten. Dann ungeahnte

(Ihr

The Goal – das Tor – *das Ziel.*

Ziel.)

Der Begriff »the goal« bedeutet in der englischen Sprache
sowohl »das Fußballtor« wie auch »das Ziel«. Malen Sie sich ein
Fußballtor auf, schreiben Sie Ihr Ziel hinein, das Sie
als Nächstes erreichen wollen, und geben Sie nicht auf, bis Ihr
»Ball im Tor«, Ihr Ziel erreicht ist. Sie werden staunen,
was es bringt, Ziele schriftlich festzuhalten!

Hindernisse, es klappt was nicht. Und schließlich kommt auch noch Pech dazu. Bei mir war alles viel leichter, geradezu reibungslos. Ich zeig' Ihnen mal einen Ausschnitt davon, der zeigt, wie alles »geflutscht« ist.

- *Mit 15 Jahren schied ich aus der Kreisauswahl Karlsruhe aus: Ich wurde als zu klein und körperlich zu schwach befunden.*
- *Mit 16 Jahren wurde ich in die B3-Jugendmannschaft des Karlsruher SC versetzt, also »degradiert«, weil in der B1-Jugend ein »Supertalent« spielte, das man eigens aus Stuttgart geholt hatte.*
- *Mit 17 Jahren spielte ich in der A2-Jugend, weil ich für die A1 nicht gut genug war.*
- *Bei meinem ersten Bundesligaspiel kassierte ich vier Tore; es ging mit 0:4 verloren.*
- *Mein zweites Bundesligaspiel verloren wir mit 1:3.*
- *1994, in meinem ersten Jahr beim FC Bayern München, erlitt ich einen Kreuzbandriss. Ich war für fünf Monate außer Gefecht.*
- *Fünf Jahre lang war ich die Nummer zwei der Deutschen Nationalmannschaft – immerhin, aber absolut nicht das, was ich wollte.*

Hier unterbreche ich, bevor Sie zu Tränen gerührt sind. Ich weiß, alles ist relativ, auch das, was wir als Härten und Niederlagen empfinden. Bei meinen »relativ« hochgesteckten Zielen empfand ich die Fallhöhe bei jedem Rückschlag eben auch als »relativ« hoch. Und ob Sie's glauben oder nicht: Es gab über meine ganze Laufbahn hinweg immer Leute um mich herum, die besser oder mindestens gleich gut waren, und die trotzdem ausgeschieden oder ausgestiegen sind aus dem Rennen. Glauben

Sie's: Das wird auch bei Ihnen so sein. Und es ist wichtig zu wissen, dass es nicht den Besten braucht, um zu gewinnen, sondern den Hartnäckigsten. Denn es ist eine weit verbreitete Unart, aus dem Scheitern eines anderen auf sich selbst zu schließen: *»Ja, wenn der das nicht geschafft hat, wo der soo gut ist, wie soll ich es dann hinkriegen ...?«* Lassen Sie das, denken Sie's nicht. Weil es einfach nicht relevant ist.

Damit Sie mir aber nicht doch ins Grübeln kommen, hier ganz schnell ein Beleg dafür, dass es nicht schaden kann, niemals aufzugeben. Und erst recht nicht, sein Ziel nicht aus den Augen zu verlieren.

1831   *Geschäftlicher Misserfolg*

1832   *Niederlage bei den Wahlen für die Legislative*

1833   *Zweiter misslungener Versuch als Geschäftsmann*

1836   *Nervenzusammenbruch*

1838   *Niederlage bei der Wahl zum Vorsitzenden des Repräsentantenhauses*

1840   *Niederlage als Wahlmann*

1843   *Niederlage bei den Wahlen zum Kongress*

1848   *Zweite Niederlage bei den Wahlen zum Kongress*

1855   *Niederlage bei den Wahlen zum Senat*

1856   *Niederlage bei den Wahlen zum Vizepräsidenten*

1858   *Zweite Niederlage bei den Wahlen zum Senat*

Ich hätte die Nase voll gehabt von den ständigen Niederlagen und den damit einhergehenden seelischen Schmerzen und persönlichen Verletzungen. Da ist es dann doch viel bequemer, einfach hinzuschmeißen, als sich diese Tortur weiter anzutun. Nicht jedoch dieser Mann. Immer und immer wieder ist er aufgestanden und hat sich in den Konkurrenzkampf gestürzt. Fast 20 Jahre vergingen, gepflastert mit Niederlagen. Und dann kam das Jahr 1860:

.

1860   *Sieg bei den Wahlen zum Präsidenten der Vereinigten Staaten von Amerika*

Unglaublich. Aber das ist die Geschichte von Abraham Lincoln, dem 12. Präsidenten der Vereinigten Staaten von Amerika. Von einem Mann, der einfach immer weiterkämpfte, bis er schließlich gewann.

Lincoln machte übrigens weiter so, er gab tatsächlich *nie* auf. Mit unglaublicher Konsequenz, aber auch mit unerbittlicher Härte durchfocht er den Amerikanischen Bürgerkrieg, und mit beispielloser Milde begann er, das vom Krieg geteilte Land wieder zu einen. Die Geschichte geht nicht gut aus – Lincoln wurde 1865, gerade zum zweiten Mal zum Präsidenten gewählt, ermordet.

Nun noch ein kleiner Schwank aus meinem Leben. Es ist wirklich nur eine ganz kleine und harmlose Geschichte. Sie handelt davon, dass man nicht früh genug damit anfangen kann, Hartnäckigkeit zu entwickeln.

Im Alter von 8 Jahren nahm ich regelmäßig an einer Verlosung teil. Es gab den Traum von einer Fotokamera zu gewinnen. Immer wieder marschierte ich in das Kaufhaus, wo die Verlosung stattfand. Ich schrieb meinen Namen auf eine Karte und warf sie in die mordsgroße Lostrommel.

Jede Woche ging ich erwartungsvoll zur Ziehung des Siegers, jede Woche war die Wahrscheinlichkeit, dass mein Los aus der Trommel gezogen würde, verschwindend gering, und jede Woche zog ich enttäuscht von dannen, weil ich natürlich nicht gewonnen hatte. Wochenlang ging das so. Ständig gewann jemand eine Fotokamera, nur ich nicht. Immer wieder füllte ich die Karte aus und warf sie hoffnungsvoll in die Lostrommel. Doch ich gewann einfach nicht.

Nach x Monaten und was weiß ich wie vielen Siegern, die mir eine dieser Kameras wegschnappten, begann der Mann, der die Verlosung durchführte, auf mich aufmerksam zu werden. Gelegentlich sprach er mich an und lobte mich ob meiner Hartnäckigkeit. Lob, naja, die Kamera wäre mir lieber gewesen. Irgendwann bekam er aber wohl Mitleid mit mir – und schenkte mir völlig überraschend eine dieser Kameras. Ich weiß nicht mehr genau, ob ich das überhaupt wollte, sie geschenkt zu bekommen. Aber genommen habe ich sie. Die Verpackung fest in den Händen sauste ich glücklich nach Hause. Ich hatte sie. Zwar über einen anderen Weg, aber ich hatte sie. Kaum zu Hause machte ich mich daran, die Kamera auszupacken – aber zu meiner maßlosen Enttäuschung war gar keine Kamera in der Schachtel, sondern nur Papier. Ich platzte fast vor Wut und Enttäuschung.

Der Typ hatte sich einen Spaß daraus gemacht, einen kleinen Jungen zu veräppeln, der sich so sehr gewünscht hatte, etwas zu gewinnen. Er fand das sicher lustig. Ich dafür überhaupt nicht. Ich kann mich heute noch gut daran erinnern, wie enttäuscht ich damals war. Was sollte ich tun? Die meisten Mütter wären wohl wutentbrannt mit ihrem Sohn in das Kaufhaus gerannt und hätten dem Verkäufer die Meinung gesagt. Nicht jedoch meine Mutter. Sie machte mir klar, dass es keine andere Möglichkeit gab, an die Kamera zu kommen, als weiter an der Verlosung teilzunehmen, es erneut zu versuchen. Irgendwann musste es einfach funktionieren.

Ich fing also wieder an, in das Kaufhaus zu laufen und an der Verlosung teilzunehmen. Den Mann, der mich so bitter enttäuscht hatte, versuchte ich so gut ich konnte zu ignorieren. Ich versuchte, mir nichts anmerken zu lassen. Ich war ja nun schon ein »alter Hase« in Sachen Losziehung, und mir war aufgefallen, dass die Lostrommel vor der Ziehung nicht mehr durchgemischt wurde. Wenn ich als einer der letzten meine Teilnahmekarte in die Trommel werfen würde, musste ich einfach höhere Gewinnchancen haben. Also möglichst als einer der Letzten die Karte reinschmeißen. Ich konnte es schier nicht erwarten, dass der Spaßvogel endlich mit der Ziehung begann. Als er endlich anfing, wurde die Trommel tatsächlich nicht mehr gemischt. Ausladend und feierlich wie immer griff der Losheini, der mir das wertlose Papier geschenkt hatte, in die Trommel und zog eine Karte. Gespannt schauten die Leute dem Mann bei seinen umständlich-theatralischen Bewegungen zu. »Unser heutiger Gewinner heißt …«, fing er an, machte seine übliche Pause, schaute wie jedes Mal über die Köpfe der Menschen weg, dann auf die Karte hinunter und sagte: »Oliver Kahn.« Keine Angst: Nicht die Faust, nicht das »Jaaa!«, sondern einfache, irre, glückselige Freude, wie sich Kinder halt so freuen, wenn sie etwas kriegen, was sie sich so lange gewünscht haben. Aber schon auch ein bisschen Triumph, Stolz und Genugtuung, das war es, was ich fühlte. Endlich geschafft! Monatelang hatte ich versucht, diese Fotokamera zu gewinnen. Meine Hartnäckigkeit hatte sich ausgezahlt. Der Losmensch, der mich so enttäuscht hatte, übergab mir die Kamera, er schien ein bisschen verdattert. Er brachte es aber über sich, mir zu meinem Gewinn zu gratulieren. Ich versuchte, mir wieder nichts anmerken zu lassen.

Oder besser doch kein Ziel? Ein paar Zeilen »anti-Kahn«.

Im Herbst 2006 hatte ich das Glück und das Vergnügen, den argentini-schen Schriftsteller Paolo Coelho in Paris zu treffen. Ich glaube, auch er hatte ein »Vergnügen«, nämlich das, mir eine Lektion zu erteilen. Er sagte im Laufe unseres Gesprächs vieles, was ich auch denke, etwa: *»Es ist richtig, wenn wir uns im Leben Ziele setzen, aber die Wege, die zu unseren Zielen führen, können manchmal erheblich von dem abwei-chen, wie wir uns das vorgestellt haben.«*

Vor allem aber sagte er, und das ausgerechnet *mir* und kaum, dass wir unsere Unterhaltung begonnen hatten: dass es nicht immer sinnvoll sei, so viele Pläne zu machen. Manchmal solle man den Dingen des Lebens einfach ihren Lauf lassen.

Ich muss zugeben: Das saß. Es war eine Anti-Lektion zu allem, was ich bisher gemacht hatte. Es ist auch eine Anti-Lektion zu allem, was ich versucht habe, Ihnen in diesem Kapitel zu vermitteln. Es ist so »anti«, dass ich es schon wieder gut finde – und es Ihnen nicht verheimlichen möchte. Mal kein Ziel setzen, sich mal treiben lassen. Ich weiß es nicht. Ich habe es schon mal versucht, seitdem. Ich habe es aber noch nicht geschafft. Aus Gewohnheit. Aus Training. Aus Überzeugung. Aber es spukt mir im Kopf herum. Was sagen Sie dazu?

3.

»Fragt nicht, was ihr könnt oder nicht könnt.
Fragt euch, was ihr wirklich wollt – follow your dreams.«
(SABRIYE TENBERKEN)

3. Das Wissen, dass:

Motivation.

*Motivation ist der Antrieb, etwas zu tun und etwas errei-
chen zu wollen. Sie kann von innen, aus uns selbst kommen.
Das ist die »intrinsische« Motivation – wir folgen einem
eigenen Interesse. Oder sie kommt von außen, etwa in Form
von Belohnung, Noten, Ranglisten, Anerkennung. Das ist
die »extrinsische Motivation«. Immer ist die Motivation
ein Feuer, das in uns brennt. Ein Feuer, das erlöschen kann.
Von innen, wenn wir keinen Spaß mehr haben, oder von
außen, weil uns jemand den Spaß verdirbt.*

Fußball? Ich liebe es!

Kein Zweifel: Ich hatte das besondere Glück, mein Hobby zum Beruf machen zu können. Das tun zu dürfen, was ich schon als kleiner Junge mit Leidenschaft und Begeisterung machte: Torhüter sein. Es macht einfach »saumäßig« viel Spaß, sich nach dem Ball in den Matsch zu werfen. Das ist der »Nukleus«, die Urzelle des Ganzen. Der Atomkern, um den alle anderen »Freuden« meines Berufes wie Elektronen oder Satelliten kreisen: das Trainieren, das Spielen, das Zusammen-mit-mei-ner-Mannschaft-Siege-Erringen.

Was für mich, wenn Sie so wollen, der »Matsch« war, muss, um Ihnen ein anderes Beispiel zu geben, für Sir Edmund Hillary – den Everest-Bezwinger – die Begeisterung für den Schnee gewesen sein. Mit 14 Jahren erkletterte er bei einem Schulausflug den Gipfel eines Vulkans auf der Nordinsel seiner neuseeländischen Heimat. Da war es um ihn geschehen: »*Der Anblick der schneebedeckten Berge war das Schönste, was ich bis dahin gesehen hatte*«, sagte er, und: »*Diese Erfahrung hat mein Leben völlig verändert.*« Von da an kam er nicht mehr davon los, und schon vier Jahre später war es für ihn abgemacht, einmal den Mount Everest zu besteigen.[6]

Was ich Ihnen hier nahebringen möchte, ist nicht so sehr die Einsicht, dass Leidenschaft und Begeisterung die Voraussetzung dafür sind, etwas erfolgreich zu tun. Es ist die Idee, dass Leidenschaft und Begeisterung von einem Nukleus gespeist sind, der aus etwas sehr Einfachem, etwas ganz Elementarem bestehen kann. Ein Nukleus, der nicht im »Hirn«, sondern eher aus der »Chemie« heraus entsteht. Nicht aus rationalen Überlegungen, sondern aus ganz persönlichen Empfindungen, die niemand anderes so fühlt und niemand anderes nachvollziehen kann. Geben Sie's zu: Haben Sie vorhin etwa gedacht »*Au ja! Mensch! Im Matsch suhlen! Versteh' ich! Muss toll sein!*«? Ich will hier ja keine Gerüchte in die Welt setzen, aber könnte es nicht auch der eigentümliche Geschmack des Radiergummis am Ende seines Bleistifts oder das wohlig-schauerliche Kratzen der Kreide auf der Schiefertafel gewesen sein, was Albert Einstein »in den Erfolg getrieben« hat?

Natürlich hat sich meine ursprüngliche und kindlich-ungestüme Begeisterung mit der Zeit etwas gewandelt. Selbstverständlich hat mit der Professionalisierung meines Sports eine Ernsthaftigkeit und eine Ernstheit Einzug gehalten, die durchaus an der Begeisterung und der Leidenschaft nagen können. Und ohne Zweifel sind mit Geld, Macht und Erfolg neben sehr angenehmen Aspekten auch erhebliche Lasten dazugekommen. Außerdem ist in der Position des Torwarts an sich schon etwas angelegt, was das Potenzial hat, permanent am Spaß und an der Freude zu knabbern. Ein Tor zu kassieren ist grundsätzlich die Höchststrafe für den Torhüter, kein Feldspieler kennt das, und keinem Feldspieler kann das passieren. Wenn ein Stürmer den Ball nicht trifft und der Ball »ungenutzt« an ihm vorbeirauscht, na und? Schade ist es schon, manchmal vielleicht auch ein wenig peinlich für den Stürmer. Und natürlich kann er unter Druck kommen, besonders beim FC Bayern wartet ja immer eine ganze Bank weiterer Spieler ehrgeizig darauf, eingewechselt zu werden. Der nächste Ball aber kommt bestimmt, und mit dem Ball eine neue Chance. Die Presse hat mir immer zugeschrieben, ich empfände es als eine Art »persönliche Beleidigung«, wenn man mir einen Ball ins Netz gehauen hat, und ganz verkehrt lag sie mit dieser Einschätzung sicher nicht. An diesem Gefühl änderte sich seltsamerweise selbst dann nichts Wesentliches, wenn meine Mannschaft trotz meines »Fehlers« gewinnen konnte.

Wie lange die Strahlkraft des »Elementarkerns« also hält, ob ein Leben lang, ob ein Berufsleben lang oder »nur« einen Lebensabschnitt lang, das lässt sich für meine Begriffe so wenig vorhersagen wie die Frage, wie lange eine Liebe hält. Eine ganze Menge von Faktoren kann dazu beitragen, einem die Freude an der Sache nachhaltig zu vermiesen. Und wenn ich hier die Leidenschaft für eine Tätigkeit, für einen Beruf, mit der Liebe, also der Liebe zu einem Menschen vergleiche, dann deshalb, weil ich der Meinung bin, dass sich in beiden Fällen nicht kategorisch sagen lässt, wie lange die Sache hält, und dass es in beiden Fällen möglich und nötig ist, etwas dafür zu tun, gerade *damit* es (länger) hält. Zu beidem wird es in diesem Kapitel etwas zu sagen geben: dazu, was alles einem die Freude an der Sache vermiesen kann, und dazu, wie wir uns motivieren können, »bei der Stange« zu bleiben und die Leidenschaft und Begeisterung wachzuhalten.

Begeisterung? *Vorsicht, ansteckend!*

Kennen Sie Inspektor Columbo? Für alle, die ihn nicht kennen: eine amerikanische Krimiserie über einen Polizeiinspektor in Los Angeles, der stets einen alten Zigarrenstummel raucht, einen noch älteren Trenchcoat trägt und einen noch viel älteren Peugeot fährt. Columbo löst seine Fälle auf unnachahmlich schrullige, aber ebenso beharrlich-trickreichgeniale Weise. Eine der Folgen endet so: Columbo steht dem Mörder gegenüber, den er soeben überführt hat. Der Mörder, ein Psychologieprofessor, macht dem Inspektor ein Kompliment: »*Sie sind mit allen Wassern gewaschen! Gibt es eigentlich irgendetwas, was Sie nicht wissen und nicht können?*« Columbo erwidert: »*Es gibt vieles, was ich nicht weiß, Sir. Aber dass ich Sie überführen konnte, Sir, liegt daran, dass ich meine Arbeit einfach liebe.*« Ist ja nur eine Fernsehserie, also keine Realität, und was schreiben die in Hollywood nicht alles. Aber ich ziehe Anregungen aus allem. Und hier, in diesem Fall, haben die Drehbuchautoren in Hollywood mir aus dem Herzen geschrieben. Es ist nicht etwa die Tatsache, dass wir alles wüssten, alles am besten könnten, perfekt in jeder Hinsicht wären – es ist die Liebe zu einer Sache, es ist die Intensität, mit der wir uns der Sache widmen, und es ist der Grad, wie sehr wir uns mit dem identifizieren, was wir tun, der uns erfolgreich werden lässt.

Das Perfekte wirkt kalt, und in der Regel lässt es die Menschen auch kalt. Manchmal sogar wirkt es abstoßend. Die Leidenschaft aber zieht an. Natürlich war es immer mein Ehrgeiz, so gut wie irgend möglich zu sein, das steht außer Frage. Aber der Wunsch, perfekt zu sein, kommt aus der Liebe oder der Leidenschaft für die Sache, und auf diese Weise ist es sogar möglich, dass etwas Perfektes entsteht. Umgekehrt aber wird es schwer, dass etwas Perfektes entsteht, wenn die Leidenschaft für die Sache fehlt.

Anders als Columbo, der ein ausgesprochener Eigenbrötler ist, stehen wir im richtigen Leben in heftiger Interaktion mit anderen Menschen. Wir

Quick Check!

- *Begeistert Sie das, was Sie tun?*

- *Es kann eine ganz kleine Sache sein, die ein ziemlich großes Rad am Drehen hält.*

- *Die Begeisterung, mit der Sie etwas tun, ist wichtiger als die Perfektion, mit der Sie es tun.*

- *Je mehr Begeisterung Sie für eine Sache aufbringen, umso besser – und perfekter – können Sie darin werden.*

- *Ihre Begeisterung wirkt nicht nur auf die Qualität Ihrer eigenen Arbeit, sie steckt auch andere an.*

arbeiten mit anderen Menschen zusammen. Wir brauchen ihre Unterstützung. Wir unterstützen andere bei dem, was *sie* tun. Das ist der zweite wichtige Aspekt, wo Leidenschaft wirksam wird: Leidenschaft steckt an. Sie können Ihr ganzes Arbeitsumfeld mit Ihrer Leidenschaft infizieren, und es wird Ihnen leichter fallen, andere Menschen für Ihre Ziele zu begeistern, wenn Sie selbst davon begeistert sind.

Ich wollte auch nach sieben Deutschen Meisterschaften noch die achte gewinnen. Es hat mir nie gereicht, nur *einmal* etwas zu gewinnen. Es fiel mir selten schwer, mich immer und immer wieder anzutreiben und den Gewinn großer Titel wiederholen zu wollen. Es tatsächlich zu schaffen war ungleich schwieriger. Trotzdem weiß ich aber auch, dass im Erreichen von Zielen und im Erringen von Erfolgen immer auch die Gefahr (oder neutraler ausgedrückt: die Möglichkeit) liegt, die Leidenschaft zu verlieren. Das gibt es: Plötzlich ist das Feuer aus – und es war noch nicht einmal ein Zischen zu hören.

Gefährliche Leidenschaften: Demotivation.

Es ist nicht leicht, die Leidenschaft und die Begeisterung für das, was man tut, aufrechtzuerhalten. Zumindest dürfen wir uns nicht wundern, wenn beides sich nicht von selbst auf immer demselben hohen Niveau hält. Jeder, der etwas mit Begeisterung tut, und jeder, der auf dem Erfolgsweg ist, wird diesem Problem begegnen. Wahrscheinlich sogar immer wieder. Wer leugnet, schwindelt. Oder er traut sich's nicht einzugestehen. Sollte er aber – weil es ziemlich weitgehende, wenn nicht sogar katastrophale Konsequenzen zeitigen kann. Man täte gut daran, gerüstet zu sein.

Jede Liebe, selbst die ganz große, kann erlöschen. Das Gefühl, dass etwas nicht mehr stimmt, dass etwas zu Ende geht oder zu Ende ist, kann schleichend kommen oder mit einem riesen Wumms plötzlich da sein.

Geht die Leidenschaft verloren – das ist meine Meinung und meine Erfahrung –, werden Spitzenleistungen nicht mehr möglich sein. Damit Sie mich nicht missverstehen, ich will nicht behaupten, dass man in seinem Beruf nicht auch ohne Leidenschaft weitermachen könnte, wenngleich man sich überlegen sollte, ob es richtig ist, in diesem Falle weiterzumachen. Aber die einmal gesteckten Ziele sind so nicht mehr zu erreichen.

Aber der Reihe nach. Es ist keine bahnbrechende Erkenntnis, wenn ich Ihnen sage, dass – wie fast immer – das Problem aus verschiedenen Richtungen kommen kann. Zum Beispiel von innen: Ich lese ein Buch, finde es mit der Zeit langweilig, mein Interesse erschöpft sich, und ich begeistere mich für ein neues Buch zu einem neuen Thema. Oder von außen: Ich lese ein Buch, jemand anderes kommt und behauptet, dass dieses Buch typischerweise von Schwachköpfen gelesen wird, und mir vergeht die rechte Freude daran. Auf den Beruf bezogen hieße das: Entweder mein »intrinsisches«, also mein eigenes inneres Interesse an meinem Beruf erlahmt. Oder mein Umfeld macht es mir so schwer in meinem Beruf, dass ich das »Interesse an meinem Interesse« verliere.

Die Richter-Skala der möglichen Erschütterungen ist nach oben offen. In meinem Beruf habe ich es erlebt, dass super Talente den Fußball völlig aufgegeben haben, weil sie mit irgendetwas nicht zurechtgekommen sind. Oder auch: weil sie nicht darauf vorbereitet waren, was alles auf sie zukommen könnte. Ottmar Hitzfeld hat einmal etwas Unglaubliches aus seiner Anfangszeit als Trainer verraten. Sein erster Verein, ein Schweizer Club, hatte einen arg »hemdsärmeligen« Typen zum Präsidenten, der sich vom Akkordarbeiter zum Bauunternehmer hochgearbeitet hatte. Entsprechend rau waren seine Umgangsformen. Es gab zahllose Auseinandersetzungen über Spiel- und Trainingsstile. Am Rande einer der Auseinandersetzungen packte der Präsident Hitzfeld an der Gurgel – Hitzfeld musste sich vom Bauunternehmer/Präsidenten würgen lassen! Das muss man sich vorstellen! Ein Mann, der zu einem der erfolgreichsten Fußballtrainer aller Zeiten werden sollte, musste sich in seinem Anfangsjahr so demütigen lassen. Ottmar Hitzfeld sagte selbst, es sei sein schwierigstes Jahr als Trainer gewesen.[7]

Eine noch absurdere Geschichte habe ich selbst erlebt. Auch bei mir war es die Anfangszeit, ich war achtzehn und gerade von der Jugendmannschaft in den Profibereich des Karlsruher SC gewechselt. Das waren grobe Zeiten – ich muss zugeben, ich hatte schon gelegentlich Bammel vor den Trainings mit den Profis.

Es geschah an einem ganz normalen Trainingstag. Ich hatte hart gearbeitet und war froh, endlich unter die Dusche zu kommen. Von den Profis waren ebenfalls einige Männer mit dem Training fertig geworden, und auch sie waren im Duschraum. Nicht selten wurde ich beim Training von den älteren Spielern übel beschimpft. »*Hau wieder ab, wo du hergekommen bist*«, soll nur ein Platzhalter sein für alles das, was hier nicht gedruckt werden kann. Ich drehte das kalte Wasser an, um mich erst mal abzukühlen, schloss die Augen, um die anderen Typen auszublenden, und versuchte, die Beschimpfungen einfach zu ignorieren. Langsam kühlte mein Körper wieder auf Normaltemperatur ab, es war wunderbar, wie das kalte Wasser an mir runterlief. Doch plötzlich spürte ich, wie es an meinem linken Oberschenkel wieder anfing, warm zu werden, das Wasser rieselte dort nicht kalt, sondern sogar ziemlich warm. Erschrocken riss ich die Augen auf: Einer der Spieler hatte sich in die Dusche neben mich gestellt – und damit begonnen, mich im hohen Bogen anzupinkeln!

Zwar wird es sich kaum vermeiden lassen, dass wir auf dem Weg zum Erfolg mit Schwierigkeiten konfrontiert werden – auch wenn Ihnen hoffentlich so drastische Erlebnisse erspart bleiben, wie ich sie gerade geschildert habe. Aber bildlich hat die Unmöglichkeit, die mir passiert ist, ja sogar Einzug in den allgemeinen Sprachgebrauch gefunden. Sehr wohl kann es selbst im seriösen Businessleben passieren, dass jemand versucht, einen Kollegen »anzupinkeln«. Egal wie groß die Begeisterung einmal war, ein unangenehmes Ereignis, auf das man nicht vorbereitet war, kann einem jede Begeisterung rauben.

Gelegentlich kommt es mir so vor, als stünde die Höhe der Begeisterung sogar in einem zwingenden Zusammenhang mit der Tiefe des Falls. Die Leute rumpeln übermotiviert »in den Ring«, voll von Euphorie, blind vor Begeisterung, vielleicht sogar *zu sicher* ihrer eigenen Kräfte, ihrer Wirksamkeit, ihrer Ausdauer. Völlig naiv rennen sie los, ohne jede Deckung, »*Ich doch nicht, mir doch nicht, die können ruhig kommen!*«. Und sie kommen. Dann kann es blitzschnell gehen, ein Schlag, »patsch«, k. o.!

Wer die Begeisterung für seine Sache verloren hat, wer innerlich nicht mehr »brennt«, muss sich fragen, wo die Gründe für das Erlöschen der Leidenschaft liegen. Liegen sie in mir oder eher außerhalb, in meinem Umfeld? Da gibt es Vorfälle, die einen selber treffen: Niederlagen und Konkurrenzkämpfe; nicht lösbare Konflikte; nicht überwindbare Hindernisse und Widerstände, man kommt einfach nicht weiter, nicht an die Position, an die man eigentlich will; Intrigen, Neid, Missgunst, Mobbing; auch die Darstellung der eigenen Person, durch die Medien oder einfach durch andere Menschen, durch Kollegen etwa. Aber auch Ereignisse, die das große Ganze auf eine Weise verzerren und entstellen, die einem derart gegen den Strich geht, dass man nichts mehr damit zu tun haben will: »... *wenn das die Art ist, wie der Job heute funktioniert, dann ist das nicht mehr meine Welt ...*«

Ich gebe Ihnen mal einige Beispiele dafür, was mir im Laufe meiner Profizeit immer wieder mal die Begeisterung und Leidenschaft rauben wollte:

- *Niederlagen: Mein erstes Spiel als Profitorhüter, ich war gerade achtzehn Jahre alt, ging mit 0:4 verloren. Es war mit dem Karlsruher Sport-Club und ging auswärts gegen Köln. Mein zweites verloren wir mit 1:3, diesmal zu Hause, gegen Bochum. War ich wirklich der Richtige für diesen Sport?*

- *Intrige: Ein Münchner Stadtpolitiker versuchte einmal, mir eine üble Sache »anzuhängen«; ich hatte während eines Spiels meine Verteidiger – lautstark, wie man das halt so macht – angewiesen, enger an den Gegner ranzugehen. »Enger, enger ...«, schrie ich bei jedem Angriff des Gegners. Der Politiker wollte mir daraufhin eine Rassismusaffäre anhängen, »Nigger ...!«, sagte er, hätte ich gerufen, und fing an, eine üble Kampagne gegen mich vom Zaun zu brechen.*

- *Die mediale Darstellung meiner Person: Ich bin ja gewiss nicht aus Zucker. Aber keiner soll glauben, dass es einen völlig unberührt lässt, wenn man über Jahre hinweg zum Affen, Gorilla, zum bananenfressenden Monster, ja, zum Verrückten gemacht wird, der nicht auf ein Spielfeld gehört.*

Vielleicht ist es Ihnen aufgefallen: Es finden sich keine *inneren* Ursachen der Demotivation in dieser Liste. Es gab aber welche, ich komme später dazu. Aber auch ohne hier schon auf die inneren Ursachen *meiner* Demotivation zu kommen, kann ich Ihnen einige Aspekte geben, die zu einem Problem für die Motivation werden können.

- *Überforderung: Rein leistungsmäßig war ich immer Herr der Lage. Die verschiedenen Aspekte meines Berufs, der psychische, der physische Druck, eben alles, wovon dieses Buch handelt, waren natürlich eine erhebliche Belastung. Aber etwas im Sinne von »Ich kann es einfach nicht« dachte ich wirklich nie.*

- *Verletzungen: Auch ich hatte Verletzungen, aber nicht in dem Maße, dass sie für mich zermürbend geworden wären, wie es bei anderen Spielern der Fall war – ich habe es oben beschrieben; auch ich musste, wenn ich verletzt war, wieder Anschluss finden, und vielleicht am schwierigsten war dies ganz zu Beginn meines Engagements beim FC Bayern, als ich bereits im ersten Jahr für fünf Monate ausfiel. Aber in diesem Punkt war bei mir das Wollen immer stärker als jeder Rückschlag, und ich kämpfte mich wieder heran.*

- *Psychische Probleme: Natürlich hatte auch ich erhebliche psychische Belastungen auszuhalten – und zu verarbeiten.*

Wer sich einer Sache intensiv widmet, muss also mit Rückschlägen rechnen – ein Spiel geht verloren oder eine Meisterschaft, ein Projekt scheitert, ein Auftrag wird nicht erteilt oder geht an ein anderes Unternehmen. Und, wie die Beispiele oben gezeigt haben, sogar auf Tiefschläge muss man gefasst sein – wenn jemand versucht, einen bewusst und absichtlich in die Pfanne zu hauen. Sicher ist es Ihnen nicht aufgefallen, aber das entscheidende Wort ist eben gefallen. Man muss, das ist meine Erfahrung, darauf »gefasst« sein. Man muss mögliche Enttäuschungen »antizipieren«. Man muss »wissen lernen«, dass einem die Luft ausgehen kann.

Ich habe für diese Fälle einen »Erste-Hilfe-Koffer« gepackt. Keinen echten, sondern einen »mentalen«. Aber ich habe gelernt, ihn mir so konkret vorzustellen, dass ich ihn greifen könnte. Er steht immer parat, mit allem drin, was mir die Luft zurückgibt. In *meinen* Koffer gehört Folgendes rein:

- *Etwas, das ich schon immer unbedingt haben wollte.*
- *Die Vorstellung, dass ich es schon habe.*
- *Das Gefühl, wie es sich anfühlt, wenn ich es habe.*
- *Das Gefühl, »untouchable«, also unberührbar zu sein.*
- *Das Entemotionalisierungsspray; ich versprühe es in meiner Vorstellung überall um mich herum, um wieder einen kühlen Kopf zu bekommen. Keine Angst: So ein Spray gibt es natürlich nicht wirklich. Es ist nur so eine gedankliche Hilfskonstruktion, aber eine sehr wirksame.*
- *Das Entdämonisierungsmittel, das mit dabei hilft, Leute, die versuchen mich »anzupinkeln«, nicht länger wie den »Leibhaftigen« zu sehen – sondern als gaaanz kleine Lichtchen. Auch das ist, wie oben, eine gedankliche Hilfskonstruktion.*

Motivationskannibalismus:
Außen frisst Innen.

Einerseits möchte ich Sie nicht mit Theorie strapazieren, das sollen andere Bücher machen. Andererseits kann ich Ihnen einen wichtigen Punkt nicht vorenthalten. Das ist die Tatsache, dass die Motivation von außen und diejenige von innen »sich in die Haare kriegen« können. Oder einen Hauch wissenschaftlicher ausgedrückt:

Der *Erste-Hilfe-Koffer* gegen Demotivation
(Machen Sie's wie ich – packen Sie Ihren Erste-Hilfe-Koffer).

*Die Demotivation ist eine große Gefahr für das »Projekt Erfolg«.
Stellen Sie sich Ihren persönlichen Erste-Hilfe-Koffer gegen die
Demotivation zusammen – schreiben Sie sich eine Liste, was Ihnen
geeignet erscheint, Sie »im Notfall« neu zu motivieren. Fragen Sie sich
zum Beispiel: »Was ist es, was mich hungrig macht?«*

In meinen Koffer gehört Folgendes rein:

*Etwas, das ich schon immer unbedingt haben wollte.
Die Vorstellung, dass ich es schon habe.
Das Gefühl, wie es sich anfühlt, wenn ich es habe.
Das Gefühl, »untouchable«, also unberührbar zu sein.
Das Entemotionalisierungsspray.
Das Entdämonisierungsmittel.*

- *Der innere Antrieb (die intrinsische Motivation) nimmt ab, wenn man äußere Anreize (die extrinsische Motivation) eingelöst bekommt, man also etwa Belohnungen, Auszeichnungen, Titel, Geld einheimst.*

- *Das, was in der Lage ist, uns extrinsisch zu motivieren, kann die »Regie« über unser Tun übernehmen, selbst dann, wenn es sich bei dem, was wir tun, eigentlich um eine intrinsisch motivierte Tätigkeit handelt.*

Was heißt das? Stellen Sie sich vor, Sie haben einmal etwas gemacht, weil Sie es unbedingt machen wollten, und weil es gut geworden ist, hat Sie jemand dafür gelobt (oder bezahlt, oder geküsst …). Von diesem Zeitpunkt an laufen Sie Gefahr, dasselbe wieder und wieder zu machen, ohne es überhaupt (intrinsisch) noch zu wollen, weil Sie auf das (extrinsische) Lob scharf sind. Das ist das Schlechte daran: Die extrinsische Motivation unterminiert unser Tun und damit das Gefühl der Selbstbestimmung. Wir beginnen, die Orientierung zu verlieren. Wir hören auf, zu wissen, warum wir das tun, was wir tun. Wir hören auf, mit dem, was wir tun, infiziert und identifiziert zu sein. Wir hören auf – wie könnte es anders sein – gut zu sein in dem, was wir tun.

Alle fünfe: Ein Fünf-Motivationen-Modell.

Die Theorie der intrinsischen und extrinsischen Motivation dürfen Sie mir aber nicht auf die Formel *»intrinsisch – gut, extrinsisch – schlecht«* reduzieren. Beides ist gut, und jedes kann ohne das andere nicht sein. Es gibt aber noch ein anderes Modell, das die Motivation nicht an dem Gegensatz *innen–außen* festmacht, sondern an unseren Bedürfnissen.

Der amerikanische Psychologe Abraham Maslow hat das allgemein anerkannte Modell der fünf Grundmotivationen des Menschen entwickelt und alle fünf in die Form einer Pyramide gestapelt. Die »Maslow'sche Bedürfnispyramide« ist natürlich über jeden Zweifel erhaben. Und doch möchte ich sie Ihnen hier in einer meinen »Bedürfnissen« angepassten Form vorstellen, nämlich in der Form einer Hand. Was bei Maslow das Grundbedürfnis und die Basis (das Erdgeschoss) seiner Pyramide ist, ist bei mir der erste Finger, der Daumen. Dann zähle ich die Finger – und die Bedürfnisse – einfach durch, vom zweiten Finger (der Zeigefinger – die Sicherheit) bis zum fünften (der kleine Finger – die Selbstverwirklichung).

Auf diese Weise habe ich sie – wie meine Hand – immer bei mir, alle meine Bedürfnisse und alle meine »Motivationen«. Hier die Maslow'schen Bedürfnisebenen, alle in (m)einer Hand:

- *Selbstverwirklichung*
- *Soziale Anerkennung*
- *Soziale Beziehungen*
- *Sicherheit*
- *Physiologische (biologische) Grundbedürfnisse*

Wichtig am Bedürfnismodell nach Maslow ist, dass jeden Menschen permanent und gleichzeitig Bedürfnisse aus allen fünf Kategorien »plagen«, und dass jeder Mensch auch motiviert sein sollte, sie »parallel« zu befriedigen. »Parallel« heißt nicht unbedingt gleichzeitig, aber sagen wir »zeitnah«.

Am einfachsten lässt sich das am Beispiel des Hungers, eines Grundbedürfnisses, belegen. Es hat keinen Sinn, nur in den höchsten Bedürfnis-Sphären der Selbstverwirklichung zu schweben, wenn man darüber das Essen vergisst. Sagen Sie jetzt nicht, *»Das würde doch nie jemand*

Die Hand der Bedürfnisse *(frei nach Maslow)*.

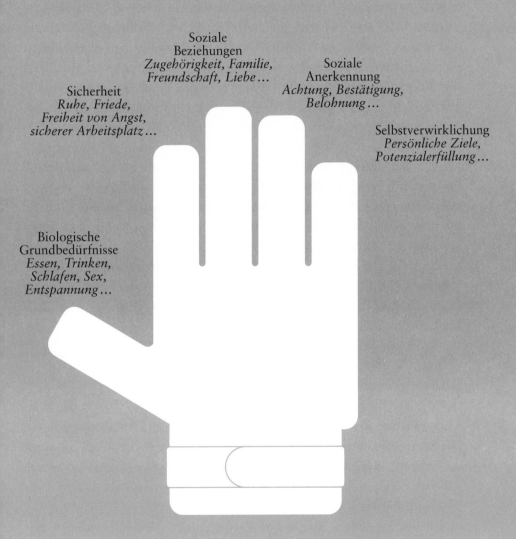

Soziale
Beziehungen
*Zugehörigkeit, Familie,
Freundschaft, Liebe...*

Soziale
Anerkennung
*Achtung, Bestätigung,
Belohnung...*

Sicherheit
*Ruhe, Friede,
Freiheit von Angst,
sicherer Arbeitsplatz...*

Selbstverwirklichung
*Persönliche Ziele,
Potenzialerfüllung...*

Biologische
Grundbedürfnisse
*Essen, Trinken,
Schlafen, Sex,
Entspannung...*

*Befriedigen Sie Ihre Bedürfnisse, und zwar Ihre Bedürfnisse aus
allen fünf Bedürfniskategorien – nicht unbedingt alle gleichzeitig,
aber schon möglichst »zeitnah«.*

vergessen...« oder *»...ist doch sonnenklar, Küche kommt vor Kunst!«.* Es gab da mal einen französischen Künstler, der lebte in seiner Malerei ganz und gar seinen »intrinsischen« Drang nach Selbstverwirklichung (der kleine, letzte Finger!). Alles Obst, Fleisch und was er eben kriegen konnte, malte er nur, anstatt es sich auch gelegentlich schmecken zu lassen. Bis er mit dem Malen fertig war, war das Zeug, das er mit seinem letzten Geld gekauft hatte, verdorben und nicht mehr essbar. Er verhungerte. Seine Bilder sollen heute übrigens ein Vermögen wert sein.

Nun aber noch mal zu etwas Praktischem. Wie kann ich mich grundsätzlich motivieren? Wie kann ich die Motivation aufrechterhalten – und das möglichst auf Dauer? Was ist zu tun, wenn die Begeisterung einmal flöten geht? Wie schafft man das, sie schwinden zu lassen? Und wie schafft man es, sie wieder zurückzugewinnen? Was ist zu tun, was ist zu unterlassen? Öfter mal (den Arbeitgeber) wechseln? Oder die Branche? Viel in Urlaub fahren? Die ganze Sache nicht so ernst nehmen? Abstand gewinnen? Den »Dampf« rausnehmen? Eine echte Auszeit nehmen, also mehr als nur Urlaub, eher ein Sabbatical? Oder ganz »aussteigen«? Meine Antwort auf diese Fragen lautet: »Ja.«

Alle neune: Meine wichtigsten Motivatoren.

Ich sage: Jeder Sprint ist immer auch ein Marathon. Das klingt paradox. Die Schwierigkeit liegt im Durchhalten, bei der Vorbereitung, bei allem was dauert, sich zieht, zur Gewohnheit oder Routine wird. Und natürlich bei allem, was auf Dauer auch noch anstrengend ist. Da geht die Motivation schnell mal in den Keller.

Ich verrate Ihnen, was *meine* liebsten neun Motivatoren sind. Die Reihenfolge ist zufällig, nicht hierarchisch geordnet. Vielleicht helfen Ihnen meine ja als Anregung – aber sicher sind Ihre genauso gut.

Erstens:
Ich motiviere mich durch das Bild, dass alles, was ich tue,
wie Pfeile in dieselbe Richtung zeigt – Pfeile, die alle aufei-
nander aufbauen; alles, was ich tue, verstärkt sich auf diese
Weise automatisch; eine Hebelwirkung also: Je größer der
Aufwand, desto größer der Effekt.

Zweitens:
Ich motiviere mich durch das Bild, dass mich alles, was ich
tue, reicher macht – ideell wie monetär.

Drittens:
Ich motiviere mich durch das Bild, dass ich »ich bin« und
alles tun kann, was ich will und wie ich es will.

Viertens:
Ich motiviere mich durch das Bild, dass ich frei bin.

Fünftens:
Ich motiviere mich durch das Bild, dass ich stark bin.

Sechstens:
Ich motiviere mich durch das Bild, dass ich geliebt werde.

Siebtens:
Ich motiviere mich durch das Bild, dass ich immer wachse.

Achtens:
Ich motiviere mich durch das Bild, dass ich Freunde habe,
die zu mir halten.

Neuntens:
Ich motiviere mich durch das Bild, dass ich nichts falsch machen kann.

Zehntens:
Ich motiviere mich durch das Bild, dass dieses Buch super wird – streichen Sie das, ich wollte Ihnen ja nur neun Motivatoren verraten.

Bewusstsein unbewusst: Ans Denken denken.

Es bedarf nicht unbedingt fremder Hilfe, um sich die Leidenschaft versauen zu lassen. Das können wir auch selbst ganz gut hinkriegen. Wenn wir nicht aufpassen, können wir eine ganze Menge unternehmen, um mit vielen kleinen und steten Nadelstichen unser Denken zu löchern und uns so zu schwächen. Klar, wir tun das nicht absichtlich. Wir tun es unbewusst. Wir sollten uns dieses Treiben aber unbedingt bewusst machen.

Ich finde den Begriff »Bewusstsein« irreführend. Ist Ihnen denn Ihr Bewusstsein bewusst? Sind Sie sich über alles im Klaren, was Sie so tun und vor sich hin denken, immerzu, den ganzen Tag? Sind Sie sich zum Beispiel gerade jetzt, in diesem Augenblick, dessen bewusst, was Sie gerade denken? Oder dass Sie gerade atmen? Kennen Sie nicht die Situation, dass Sie sich fragen, ob Sie in der Bäckerei das Wechselgeld zurückbekommen haben? Habe ich wirklich auch den Fünfeuroschein bekommen oder nur das Kleingeld? Wo waren Sie denn in dem Augenblick, als Sie das Geld bekommen haben? Was oder woran haben Sie da gedacht? War die Ampel an der Kreuzung, über die Sie gerade gefahren sind, eigentlich grün? War die Ampel überhaupt an? Oder morgens vor dem Spiegel: Wie lange gelingt es Ihnen, sich alle Gedanken bewusst zu machen, die Ihnen durch den Kopf gehen, während Sie all die kleinen Tätigkeiten verrichten, ganz automatisch vor sich hin?

Das ist das Problem, die Automatismen. Die kleinen und sogar auch manche großen Handgriffe und Denkmuster, die man häufig macht. Die wie von selbst ablaufen. Bei denen man sich nicht zu konzentrieren braucht, weil man sie »aus dem Effeff« beherrscht. Das ist die beste Gelegenheit für eingeschliffene Routinen, sich noch tiefer einzufräsen in unsere automatisierten Muster des Handelns und des Denkens.

Wenn wir immer genau wüssten, was wir gerade denken, müsste das nicht schlecht sein. Wir müssten dann nur das Richtige denken. Es *ist* aber schlecht, weil wir es eben nicht genau wissen, weil wir es nicht unter Kontrolle haben. Oder weil wir es nur jeweils ganz kurz unter Kontrolle halten können, und dann macht der Kopf doch wieder, was er will. Glückwunsch, wenn Sie sich sicher sind, dass Ihr Kopf auch in unkontrollierten Augenblicken sich nur mit positiven Dingen beschäftigt. Dann sind Sie auch voller positiver »Affirmationen«, also guter und konstruktiver Bekräftigungen Ihrer Person, Ihres Tuns, Ihrer Ziele und Ihrer Wege, auf denen Sie diese Ziele zu erreichen planen. Dann gehören Sie aber auch ausgestopft und ins Museum, weil Sie dann etwas ganz Besonderes sind.

Normaler ist das Gegenteil. Von allen Seiten prasseln Informationen auf uns ein, unbewusst, vor allem ungefiltert, obwohl sie dringend gefiltert und reflektiert gehörten. Das schauen wir uns mal etwas genauer an. Denn das Denken wird sonst nicht freier, unsere Motivation wird untergraben und unser Handeln nicht erfolgreicher.

Change a Winning Team:
Neues Denken durch neues Sprechen.

Natürlich nicht nur der Sport, das ganze Leben ist ein Biotop für schlaue Sprüche darüber, was alles man tun sollte oder gefälligst besser zu unterlassen hätte. Aber der Sport verfügt mit »*Never change a winning team*« schon über ein besonderes Beispiel dafür. Weil es einfach nicht stimmt, jedenfalls nicht in der Absolutheit, die der Satz vorgibt: »Never!« Ich weiß nicht, warum wir so erpicht darauf sind, Binsenweisheiten zu erfinden, die gar nichts anderes bewirken können, als uns zu behindern, uns zu begrenzen und uns zu bremsen.

Ich finde es wichtig, sich im Klaren zu sein über die Potenziale solcher Killerphrasen. Noch wichtiger finde ich es, ein Sensorium dafür zu entwickeln, wo sie überall lauern, was alles also eine Killerphrase ist. Am wichtigsten finde ich, sie aktiv aus dem eigenen Sprachgebrauch, aus der individuellen Sprachgewohnheit zu verbannen.

Grundsätzlich, würde ich sagen, gibt es zwei, sagen wir zweieinhalb Arten »verbaler Killer«. *Erstens:* die Redensarten. Sie stecken sozusagen im Kollektivbewusstsein der Menschen. Aus ihnen hat sich jeder Mensch einen mehr oder weniger umfangreichen Fundus zusammengestellt – kann man ja immer und überall brauchen, sind schnell angewandt und (seltsamerweise) gern gehört, und gelten nicht selten sogar als kulturelle Errungenschaft oder individuelle Leistung (»*Jaja, unser Peter, der weiß für alles einen weisen(!) Spruch ...*«).

Zweitens: die verbale Watsch'n gegen sich selbst (Watsch'n ist bayrisch und heißt Ohrfeige). Man könnte auch sagen: Maso-Watsch'n. Das ist natürlich kein eingeführter Begriff, wenig wissenschaftlich. Aber ich erkläre Ihnen, was ich damit meine. Es sind die vielen kleinen Schläge gegen sich selbst. Selbstverurteilungen, Selbstvorwürfe, Selbstzermarterungen. »*Du Trottel!*«, »*Du Flasche!*«, »*Wenn du das jetzt versiebst ...!*«,

»Du bist doch das größte Rindvieh, das ich je …!«. Haben Sie so noch nie mit sich selbst gesprochen? Dann sind Sie da schon weiter.

Die *zweieinhalbte* Art der »verbalen Killer« sind bildhafte Begriffe. Bilder, die wir zur Beschreibung verwenden, um etwas erklärlich zu machen, uns selbst oder anderen. Erstmals fiel mir diese Halbgattung in einem Zeitungsartikel über die Naturwissenschaften und die Deutung ihrer Erkenntnisse auf. Darin hieß es: *»Fast all unser Wissen ist metaphorisch. Ein schwarzes Loch [ein Begriff aus der Astronomie] ist aber weder ›schwarz‹ noch ein ›Loch‹.«*[8] Das finde ich interessant. Denn viele Dinge beschreiben wir, indem wir ihnen Begriffe zuweisen, die nicht wertfrei sind. Mit denen wir eigentlich etwas anderes assoziieren, also etwas anderes verbinden. Und oft eben etwas Negatives.

Ein schönes und praxisnahes Beispiel aus meiner zweieinhalbten Kategorie der »verbalen Killer« habe ich in einem Interview aufgeschnappt.[9] Ein echtes Unding. Es stammt vom CEO der weltweit größten »Softwareschmiede«. Der CEO ist bestimmt ein super Mann, muss er ja sein in seiner Position, und ich habe im selben Interview gelesen, man könne von ihm in einer Woche so viel lernen wie sonst nur in einem ganzen Studium. Sein verbaler Killer lautet: *»Get shit done«*, auf Deutsch soll das wohl ungefähr heißen *»Mach den verdammten Job!«*.

Man stelle sich vor, wie die Mitarbeiter des Unternehmens, hochidentifiziert mit den Sprüchen ihres Leitwolfs, sich gegenseitig ins Gesicht bellen: Erledige den Scheißjob! Mach das verdammte Ding! Der Spruch wird im Unternehmen übrigens parallel zu seiner Langform auch in abgekürzter Form als *»G. S. D.«* verwendet. Das ist praktisch. Ein auch unter Zeitdruck fast verzögerungsfrei anwendbares Leitmotiv: *»Dschieh-ess-dieh!«*, *»Dschieh-ess-dieh!«*, können sich die Mitarbeiter des Unternehmens zuschreien – auch dann, wenn es mal wirklich schnell gehen muss.

»Shit« heißt nun mal »Sch...e«, egal in welche Sprache man es übersetzt. Ich kann mir einfach nicht vorstellen, dass dieser Begriff Wertvolles zu einer konstruktiven Unternehmenskultur beiträgt, wie »sozialisiert« die Mitarbeiter auch immer sein mögen. Natürlich wird auch in meinem beruflichen Umfeld nicht jedes Wort auf die Waagschale gelegt. Aber machen Sie sich bitte keine falschen Vorstellungen – es ist nicht grundsätzlich so, dass im Fußball ausschließlich ein rauer Umgangston herrscht. Und in jedem Fall kennen und können selbst wir mehr als Fäkalsprache.

Ich habe mir mal den Spaß gemacht, eine Kategorisierung unsinniger Redensarten und Phrasen zu versuchen. Die Kategorisierung ist natürlich streng unwissenschaftlich. Sie verfolgt allein den Zweck, mir klar zu machen, was alles in der Lage ist, mich gehirnzuwaschen, und das so gut wie permanent, wenn ich es nur zulasse. Immer sind es verbale Warnschüsse vor unseren Bug, damit hier ja keiner »sich was einbildet« oder gar »macht, was er will und wie er es will«. Fangen Sie mir aber bloß nicht an, Freude an diesen Sprüchen zu finden.

1. Sprüche, die einfach nicht stimmen:
   »Man kann nicht alles haben.« Dieser Spruch ist so abstrakt, so unüberprüfbar und dadurch so unzutreffend, dass genauso gut auch das Gegenteil stimmen könnte: Man kann alles haben. Warum sagen wir es dann nicht? Warum sich selbst runterziehen, jaja stimmt, schlimm, schade, aber wahr, und dass du mir ja nicht über die Stränge schlägst und glaubst, die Welt wäre ein Selbstbedienungsladen, oder wenn schon das, dann jedenfalls keinesfalls ein Paradies? Weiter gehört für mich in diese Kategorie: »Früher war alles besser.«

2. Sprüche, die unüberprüfbar sind:
   » Wer nicht hören will, muss fühlen.« Ist das so? Es ist schwer zu überprüfen, wer jeweils gerade alles nicht hören will und warum nicht. Um bei mir mit dem Prüfen anzufangen: Als ich das letzte Mal nicht hören wollte, war es, weil ich fand, dass ich nicht hören wollen muss. Ich habe also auch nicht angefangen, zu hören, nur weil ich sonst hätte fühlen müssen. Weiter gehört für mich in diese Kategorie: »Ein Unglück kommt selten allein.«

3. Sprüche, die unzulässig verallgemeinern:
   » Ohne Fleiß kein Preis.« Da möchte ich gerne die Statistik dazu sehen. Wenn das jemand zu Ihnen sagt, fragen Sie doch nach den Zahlen, die das belegen. Die liefert dann natürlich wieder keiner, denn sicher müsste auch der eine oder andere Fall in einer solchen Statistik dabei sein, wo jemand etwas bekommen hat, obwohl er gar nichts dazu getan hat. »Trotz Faulheit: Preis« wäre demnach die Regel. Und es geht doch gar nicht darum, dass wir nichts tun würden für unseren Erfolg. Also keine Sorge, wir sind ja fleißig, wollen immer besser werden, aber wir wollen uns nicht per negativer Affirmation verarschen lassen. Weitere Beispiele: »Nichts ist umsonst.« – »Alles hat seinen Preis.«

4. Sprüche, die so wenig Relevanz haben für einen selbst, dass sie genauso gut umgekehrt lauten könnten:
   » Ja, das wollen ja alle!« Mag ja sein, dass das alle wollen. Ich verstehe nur nicht, warum das für mich, für meinen Wunsch ein Ausschlusskriterium sein soll. Also her damit! Selbe Kategorie: »Ja, wenn das jeder machen würde!«

Bahnsteigdenken:
Wann bitte kommt hier die nächste Motivation durch?

Es ist jedes Jahr dasselbe. Die Sommerferien sind vorbei. Der erste Trainingstag beginnt. Der Körper ächzt, der Kopf brummt, die Muskeln scheinen fast zu reißen. Tagelang. Und dann wird es langsam anstrengend. Ab ins Trainingslager. Noch einmal eine Schippe draufgelegt auf das Programm, das schon vorher nicht mehr steigerbar schien. Jetzt geht es mit den Testspielen los. Gegen Regionalmannschaften zuerst, ohne großen Druck. Dann gegen Topmannschaften, schon wieder unter erheblichem Druck – es gehört sich einfach nicht, gegen Mannschaften wie Real Madrid oder Barça zu verlieren, selbst in einem Freundschafts-Vorbereitungs-Spiel.

In Ihrem Feld ist es sicher genauso. Alles, selbst das Außergewöhnlichste, kann einmal zur Routine werden. Dann muss neue Motivation her. Oder ein neues Ziel, das eine neue Attraktion mit sich bringt.

Ich schöpfe meine Motivation in dieser Beziehung aus dem Gedanken des »Kai Zen« und seiner eigentlich einfachen Frage: Was kann ich *jetzt* besser machen? Diese Frage faszinierte mich von Anfang an – ohne dass ich natürlich gewusst hätte, dass sie der japanischen Kai-Zen-Philosophie entspricht. Das Potenzial dieser Frage kann niemals ausgehen, denn es gibt immer etwas zu verbessern. Denn jedes neue Leistungsniveau erschließt neue Verbesserungspotenziale. Und erst recht gibt es etwas zu verbessern, wenn ich in einer Saison stagniert habe oder – auch das kann schließlich vorkommen – sogar mein altes Leistungsniveau nicht halten konnte.

Ich gebe zu: Das mit dem »Was kann ich *jetzt* besser machen?« muss nicht jedermanns Sache sein, es muss auch *Ihnen* nicht liegen. Aber man kann die Frage ja leicht variieren. Versuchen Sie es zum Beispiel mal mit der Frage: »*Wie kann ich jetzt ›innovativ‹ sein?*« Klingt doch gleich viel *weniger* nach Maloche und viel *mehr* nach Zukunft, nach Aufbruch, nach neuen Zielen und nach neuer Leidenschaft, finden Sie nicht?

Niemals die leichte Schulter: Die Step-Motivation.

»Das vergangene Spiel war eine mittlere Katastrophe. Ich habe Fehler gemacht. Vor allem den einen, der das Spiel entschied – gegen uns. Die Medien haben mich hart kritisiert, eigentlich sogar kleingemacht. Schon seit Tagen ziehen sie mich durch den Kakao. Manche machen mich richtig fertig.

Ich konnte die letzten zwei Tage nicht richtig trainieren, eine schmerzhafte Rückenverletzung. Ich fühle mich leer, kaputt, alles, nicht nur mein Rücken, tut mir weh. Draußen warten 80 000 Zuschauer und Millionen vor dem Fernseher. Es regnet auch noch. Der Ball wird nass und glitschig sein, der Rasen eine Rutschbahn. Die Zuschauer mögen mich hier nicht. Sie werden mir einen entsprechenden Empfang bereiten, wüste Beschimpfungen, hoffentlich gehen sie wenigstens im tosenden Pfeifkonzert unter.

Wir dürfen hier auf keinen Fall verlieren, sonst sind wir aus dem Wettbewerb draußen. Das würde den Verein Millionen kosten. Schon beim Aufwärmen vorhin war ich sehr unsicher. Ich darf mir jetzt keine Fehler mehr leisten. Die Konkurrenz lauert nur darauf ...!«

Wenn ich auf dem Feld stehe, macht es »klack!« – und ich bin zu hundert Prozent da, ich bin zu hundert Prozent konzentriert. Jedes Spiel ist dann ein kleines Endspiel. *»Ja was denn sonst ..., das kann man auch erwarten ...!«* Stimmt! Aber ist das bei Ihnen auch so? Gehen Sie nicht gelegentlich auch »unsortiert« in ein Meeting? Weil's nur ein kleines Meeting ist? Weil es da nur um Nebensachen geht? » *Wie, äh, die Dingsbums-Unterlagen, nee, die hab ich jetzt nicht dabei. Ich schicke Sie Ihnen später rüber ...* «

Ich will hier nicht den Vorbildlichen markieren. Natürlich gibt es auch in meinem Beruf Dinge, die ich mit Halbgas machen kann. Ich könnte es sogar besonders leicht haben, wenn sich eine einfache Regel aufstellen ließe: » *Alles, was Spiel ist, heißt hundert Prozent da sein. Bei allem anderen darf's auch ein bisschen weniger sein.* « Das lässt sich so aber nicht machen. Denn natürlich lässt sich auf diese Weise nicht sicherstellen, dass mir die hundert Prozent fürs Spiel dann auch wirklich zur Verfügung stehen. Geschweige denn, dass das Training, die Vorbereitung auf das Spiel, aber auch die private Lebensführung dann so klappen würden, wie sie müssen.

Es geht also darum, ein praktikables Modell zu finden, um einerseits bei seinen Aufgaben voll da zu sein und sich andererseits auf lange Sicht nicht zu überfordern, sich nicht zu erschöpfen. Dieses Modell heißt bei mir: die Step-Motivation. Die Step-Motivation ist für mich eine Disziplin wie alles andere an meinem Sport auch, wenngleich eine wichtige. Für Sie könnte sie aber hilfreicher sein als so manches andere, was ich Ihnen aus meinem Sport anbieten kann.

Die Step-Motivation ist ein Bild der Schritte. Sie geht so: Ich habe es mir angewöhnt, jedes Spiel als einen Schritt zu sehen. Es ist wie das Gehen. Es gibt kein Gehen, ohne einen Fuß fest auf den Boden zu stellen. Und es gibt kein Spiel, ohne den Kahn voll konzentriert an seinem Platz stehen zu haben. Dieses Bild ist ein Prinzip für sich, ein Spiel oder eine Disziplin »of its own right«, sagt man im Englischen. Es ist meine Ambition und meine Motivation, dieses Prinzip zu spielen und aufrechtzuerhalten und es perfekt hinzukriegen – mit der Regelmäßigkeit und der Präzision eines Uhrwerks. Ohne Ausnahme. Das hat nicht zur Konsequenz, dass ich *immer* spielen *muss*, um nicht aus dem Schritt zu kommen oder damit die Step-Motivation ihre Wirksamkeit behält. Wenn ich verletzt bin, wenn ich krank bin, bin ich draußen. Alles andere wäre unprofessionell und unverantwortlich, sowohl meiner Mannschaft wie mir selbst und meiner Gesundheit gegenüber. Aber wenn ich fit bin ... *Step!* ... bin ich da ... *Step!* ... nicht halb da ... *Step!* ... sondern voll da! ... *Step!* ... voll konzentriert! ... *Step!*

4.

»Der Mensch schafft sich, indem er seine Moral wählt.
Und der Druck der Umstände ist derartig, dass er nicht anders kann,
als eine zu wählen.«
(JEAN-PAUL SARTRE)

4. Das Wissen, warum:

Werte.

*Ach-Tung! Jetzt packt der Kahn die Moralkeule aus.
Ich zähle bis drei: Jeder, der es nicht geschafft hat, bei
»drei« das Buch zuzuklappen, muss die nächsten zwanzig
Seiten auswendig lernen. Keine Angst, so schlimm wird's
nicht kommen. Ich sage nur: Wir brauchen »Werte zum
Anfassen« – für den »Erfolg zum Anfassen«.*

Als Einschlaflektüre zu schade:
Praktisches aus der Wertelandschaft.

Thomas von Aquin, ein Philosoph des 13. Jahrhunderts, hat gesagt, der Mensch sei »*träge und in seinen Anstrengungen zum Guten schwerfällig*«. Da fühle ich mich angesprochen. Ich stelle diese Bemerkung gleich an den Anfang, damit Sie nicht glauben, jetzt regnet's Selbstgefälligkeiten und Besserwissereien. Um mich aber auch nicht unnötig schlechter zu machen, als ich bin, möchte ich ebenfalls gleich am Anfang behaupten, dass ich – zumindest seit ich Profi bin – immer ahnte, dass es Regeln über die offiziellen Spielregeln des DFB (Deutscher Fußball-Bund) hinaus gibt, die dazu beitragen, »es« besser zu machen.

Was ist »es«? Und welche Regeln meine ich? »Es«, das ist unser Spiel. Das ist das, was wir uns bisher in diesem Buch angeschaut haben, und das, was wir uns noch anschauen werden. »Es« ist das Spiel des Erfolgs. Bisher haben wir uns darüber unterhalten, dass wir (Kapitel 1) in uns nach »unseren Quellen graben« sollen (Marc Aurel, ebenfalls ein Philosoph, zweites Jahrhundert n. Chr.), dass wir (Kapitel 2) uns grundsätzlich Ziele setzen sollen (noch mal Marc Aurel), und dass wir (Kapitel 3) Motivation brauchen, um uns zu unseren Zielen aufzumachen (Kahn, Torhüter, spätes 20. Jahrhundert).

Natürlich hatte ich keine »Philosophie« des Erfolgs, im eigentlichen Sinne von Philosophie als der »*Methode und der Wissenschaft der systematischen, kritisch-rationalen Selbstüberprüfung des Denkens*« (wie immer: Wikipedia). Ich hatte Rezepte. Aber sehr wohl hatte ich eine gewisse Vorstellung, dass es neben dem Entwickeln von Erfolgsrezepten auch um das Beantworten durchaus *philosophischer* Fragen wie »*Was ist richtig?*« und »*Was ist falsch?*« gehen muss. Nicht in erster Linie aus ethischen oder moralischen Gründen, sondern ganz »funktional« aus Gründen der Leistungssteigerung und der »Nachhaltigkeit« des Erfolgs.

Leistungssteigerung durch philosophische Fragestellungen? Genau. Darum soll es hier gehen: Um ganz praktische Überlegungen, in welchem Verhältnis »Werte« und »Erfolg« zueinander stehen. Um die Frage, warum »Werte« den Erfolg steigern (können). Und um praktische Empfehlungen, die ich Ihnen zum Thema Werte geben kann – aus meinem persönlichen Blickwinkel auf den Erfolg.

Ich wusste immer, dass es einen Zusammenhang zwischen Werten und Erfolg gibt, dass wir also zum Beispiel nicht über alles und jeden drüberwalzen können und dabei trotzdem dauerhaft erfolgreich bleiben würden. Oder andersherum: dass es Werte gibt, die den Erfolg steigern und deren Fehlen den Erfolg aushöhlt. Sie werden lächeln über diese Erkenntnis, wenn Sie philosophisch bewandert sind. Andererseits werden gerade die Philosophen unter Ihnen wissen, dass es schnell recht kompliziert wird, wenn man die Frage nach den eigenen »Werten« nicht mit »*Klar, hab' ich, jede Menge – brauchen Sie welche?*« beantwortet und die Auseinandersetzung mit dem Thema für beendet erklärt. Ich als Nichtphilosoph habe für das Thema schon ein bisschen Quellenstudium betreiben müssen, drum haben Sie bitte auch Verständnis, wenn es in diesem Abschnitt gelegentlich Zitate von oder Verweise auf Philosophen setzt. Wenn ich welche verwende, dann nicht, weil's gut kommt, sondern weil's sich nicht vermeiden lässt bei dem Versuch, Sie mit *meiner* Philosophie vertraut zu machen.

Legen wir los. Wie versprochen soll es praktisch zugehen hier. Darum sage ich Ihnen zuerst, dass es »praktisch« drei wichtige Begriffe gibt, über deren Bedeutung wir uns einig sein sollten. Diese drei sind der Begriff der »Werte«, der Begriff der »Ethik«, und der Begriff der »Tugenden«. Damit kommen wir hin; nicht, wenn Sie tiefer in das Thema einsteigen wollen, aber für unsere Zwecke.

Erstens: »Ethik« versucht zu klären, wie wir uns unter uns, wie also die Menschen sich untereinander richtig verhalten sollten. Noch kürzer: Ethik ist die Lehre vom guten Tun.

Zweitens: Die Antworten, die der Ethik dazu einfallen, sind die »Tugenden«. Wer also das Richtige oder das Gute tut, handelt »tugendhaft«.

Und drittens: Der Idee, sich tugendhaft zu verhalten, liegen jeweils Werte zugrunde. »Werte regulieren unser Verhalten«, hat mir auch Wikipedia bestätigt.

Allerdings muss nicht jedes Verhalten, das einem Wert in uns entspringt, zwangsläufig tugendhaft sein. Der Wert »Wohlstand« etwa kann durchaus zu einem Verhalten führen, das sich nicht mehr als »tugendhaft« bezeichnen lässt – dies sowohl dann, wenn man den Wert bereits besitzt (man könnte sich dann etwa »verschwenderisch« verhalten) oder man ihn erst noch haben will (wir könnten dann »neidisch« werden oder »habgierig« sein). Verschwendungssucht, Neid und Habgier sind *keine* Tugenden.

Bitte selbst bedienen: Werte und Tugenden zum Anfassen und Besserwerden.

Jeder Mensch hat Werte, auch wenn er sich dessen nicht bewusst ist oder wenn er nicht in der Lage ist, die »seinen« von »erstens« bis »zehntens« (oder mehr) herunterzubeten. Für mich zum Beispiel ist »Werte« einer jener Begriffe, bei denen mir immer erst mal gar nichts einfällt, wenn ich danach gefragt werde. Das heißt nicht, dass ich keine hätte. Die Frage danach verstopft mir nur regelmäßig die Suchfunktion im Hirn – laienhaft ausgedrückt. Meine Philosophie geht trotzdem – oder gerade deshalb – davon aus, dass es sehr wohl von Vorteil ist, sein Wertepaket zu schnüren und bei sich zu tragen. Um es Ihnen leichter zu machen, einen Überblick über Tugenden und Werte zu gewinnen, bekommen Sie jetzt erst einmal einige Beispiele für »Tugenden« und »Werte« auf dem Silbertablett serviert.

> *Die Fußballweltmeisterschaft 2002 in Japan und Südkorea verlief für die Deutsche Nationalmannschaft sehr, für mich sogar äußerst erfolgreich. Deutschland kam bis ins Endspiel, das dann leider gegen Brasilien mit 0:2 verloren ging. Obwohl mir im Endspiel ein schwerer Patzer unterlief, wurde ich sogar zum besten Spieler des Turniers gewählt. Zum besten Torwart des Turniers sowieso. Die Japaner waren gar so freundlich, von mir das Bild eines »Samurais« zu zeichnen. Offenkundig waren sie beeindruckt, manche sogar »fasziniert« von der Art und Weise, wie ich das Torwartspiel »interpretierte«. Mein Kampfgeist und mein Wille zu siegen schien sie an ihre »alten« Krieger zu erinnern (sie meinten es als Auszeichnung, das »alt« nehme ich ihnen nicht krumm).*

Samurai waren Kämpfer, perfekt in der Kunst des Krieges ausgebildet. Sie lebten nach einem strengen Werte- oder Ehrenkodex, dem »Bushido«. Man sagt, das Bushido und seine Regeln seien selbst heute noch in weiten Kreisen Japans gültig, das erklärt vielleicht, warum sie es auch mir zuschrieben. Ich habe mich aufklären lassen, dass es überall dort eine Rolle spielt, wo es um Erfolg geht: in der Politik, in der Wirtschaft, aber auch im täglichen Leben Japans. Die Werte des Bushido sind die Ehre,

Werte und Tugenden *(eine Auswahl)*.

A: *Achtsamkeit, Anständigkeit, Aufmerksamkeit, Aufrichtigkeit, Ausdauer.* B: *Barmherzigkeit, Bescheidenheit, Besonnenheit, Beständigkeit.* D: *Dankbarkeit, Demut, Disziplin, Duldsamkeit.* E: *Echtheit, Ehrenhaftigkeit, Ehrlichkeit, Entschlossenheit.* F: *Fairness, Familie, Fleiß, Flexibilität, Freiheit, Freundschaft, Frieden.* G: *Gelassenheit, Gerechtigkeit, Gesundheit, Gewissenhaftigkeit, Glaube, Glück, Großmut, Güte.* H: *Hingabe, Höflichkeit, Hoffnung.* I: *Integrität.* K: *Kameradschaft, Klugheit.* L: *Leben, Liebe, Loyalität.* M: *Mäßigung, Menschlichkeit, Mitgefühl, Mitleid, Mut.* N: *Nächstenliebe.* O: *Offenheit, Opferbereitschaft, Ordnungsliebe.* P: *Pünktlichkeit.* R: *Rechtschaffenheit, Ritterlichkeit, Ruhe.* S: *Sachlichkeit, Selbstständigkeit, Selbstbeherrschung, Selbstbestimmung, Selbstlosigkeit, Solidarität, Standhaftigkeit.* T: *Takt, Tapferkeit, Tatkraft, Toleranz, Treue.* U: *Unabhängigkeit.* V: *Verantwortung, Vernunft, Verschwiegenheit, Vertrauen.* W: *Wachstum, Wahrhaftigkeit, Wahrheit, Wärme, Weisheit, Wirksamkeit, Wohlstand, Würde.* Z: *Zufriedenheit, Zuneigung, Zuverlässigkeit.*

Grundlage: Wikipedia

der Mut, die Aufrichtigkeit und die Gerechtigkeit, die Höflichkeit, die Wahrheit und die Wahrhaftigkeit, die Loyalität und die Menschlichkeit.

Das Bushido kann man also als ein »Wertesystem« bezeichnen. Auch in unserem Kulturkreis gibt es natürlich Wertesysteme. Das »griffigste« sind die auf vier Grundwerte zusammengedampften »Kardinaltugenden«: Es sind dies die *Klugheit* bzw. *Weisheit*, die *Gerechtigkeit*, die *Tapferkeit* und die *Mäßigung*. Andere Wertesysteme sind etwa die »Rittertugenden«, die »bürgerlichen Tugenden«, die »preußischen Tugenden«, die »christlichen Tugenden«, die »soldatischen Tugenden« und, und, und.

Ich selbst kann mich tatsächlich sehr weitgehend mit den Werten des Bushido identifizieren. Ich finde dieses Wertesystem erstens richtig, zweitens finde ich es »erschöpfend«, also umfangreich genug, und drittens finde ich es aber auch überschaubar genug. Das »überschaubar« ist mir deshalb wichtig, weil ich einerseits tatsächlich versuche, ein kleines »Paket« an Werten aktiv mit mir herumzutragen, und es mir andererseits schon kaum gelingt, mehr als zehn Telefonnummern im Kopf zu

Quick Check!

Weil man's nie parat hat, wenn man's gerade braucht, hier noch mal die drei philosophischen Kernbegriffe, mit denen wir uns hier beschäftigen:

- *Ethik ist die Lehre vom guten Tun.*
- *Werte regulieren unser Verhalten.*
- *Tugenden sorgen dafür, dass unser Verhalten »richtig« oder »gut« ist.*

speichern. Da sollten es nicht zu viele Werte und Tugenden in meinem
Paket sein, wenn ich sie mir wirklich bewusst machen und mich bewusst
daran halten will. Falls auch Sie damit anfangen möchten, sich ein aktives Werte- und Tugenden-Paket zu schnüren, nehmen Sie sich also nur
wenige Werte und Tugenden vor, die Sie dafür aber wirklich alle »ausprobieren«.

Richtig handeln? *Kant und sein kategorischer Imperativ.*

Eine letzte Verkomplizierung des Themas muss ich Ihnen noch zumuten.
Denn auch wenn wir nun unser Werte- und unser Tugendenpaket ge-
schnürt haben, eines wissen wir damit immer noch nicht wirklich,
nämlich: *Wann* verhalten wir uns eigentlich richtig? *Woran* können wir
ablesen, ob unser Verhalten tatsächlich unseren Werten entspricht? Erste
Adresse zur Beantwortung dieser Frage ist der sogenannte kategorische
Imperativ, eine der wichtigsten Maximen der neuzeitlichen Philosophie.
Was heißt das?

Der Begriff »Imperativ« ist in der Grammatik der deutschen Sprache
die Bezeichnung für die Befehlsform. Befehlsform bedeutet: *»Mache …!«*
oder *»Du sollst … machen!«* – »Kategorisch« heißt »unbedingt«, »grundsätzlich«, »schlechthin«. Der »kategorische Imperativ«, also die »grund-
sätzliche Anweisung«, wie wir uns verhalten sollen, ist eine der zentralen
Thesen des Philosophen Immanuel Kant (18. Jahrhundert). Kants »kategorischer Imperativ« besagt: *»Handle so, dass die Maxime deines Willens
jederzeit zugleich das Prinzip einer allgemeinen Gesetzgebung sein
könnte.«* Der »kategorische Imperativ« meint: Würde ich etwas, das ich
im Schilde führe, auch dann tun, wenn es, nachdem ich es getan habe,
zum Gesetz würde, und jeder Mensch es deshalb auch tun dürfte? Und
wenn es jedem Menschen dann sogar rechtlich zustünde, es zu tun?

Wenn ich also vorhätte, jemanden zu beklauen, und ich mir nicht sicher bin, ob es richtig ist, das zu tun, dann sollte ich mir nach dem kategorischen Imperativ vor Augen führen, ob es mir recht wäre, wenn jemand anderes einen rechtmäßigen Anspruch darauf hätte, mich ebenfalls beklauen zu dürfen. Das ist natürlich wirklich ein sehr einfaches Beispiel. Die Frage »*Soll ich … tun?*« muss beim »kategorischen Imperativ« immer mit der Gegenfrage »*Möchte ich, dass es dann auch jemand anderes tun darf?*« gekoppelt werden. Wenn ich die Gegenfrage mit »*Nein!*« beantworte, muss ich auch die erste Frage mit »*Nein, ich soll … nicht tun!*« beantworten.

Das Prinzip des kategorischen Imperativs ist aber nicht alltagstauglich. Er ist eine *theoretische* Formel, nicht eine *praktische* Anleitung. Natürlich ist er zutreffend, natürlich will keiner sich »gesetzlich« beklauen lassen müssen, und jeder wird deshalb auch einsehen, dass er es auch selbst unterlassen sollte. Aber der kategorische Imperativ liefert kein klares Regelwerk, wie wir uns im konkreten Einzelfall verhalten sollen. Wenn die Frage fordernder und die Problematik vielschichtiger wird, oder wenn eine Situation ein schnelles Handeln braucht, lässt uns der kategorische Imperativ im Stich. Wir brauchen also klarere, konkretere, möglichst an der Praxis erprobte Entscheidungshilfen. Wir brauchen ein einfacheres, persönliches Rüstzeug, das unsere Verhaltensentscheidungen erleichtert. Und ich sage: Wir brauchen eine Art »Knautschzone«, innerhalb derer wir Handeln können und wollen und innerhalb derer wir unser Handeln erproben können, ohne dass wir uns zu sehr daneben benehmen.

Da komme ich zu einem weiteren (und hier letzten!) philosophischen Prinzip, das ich bei Aristoteles (4. Jahrhundert v. Chr.) gefunden habe. Aristoteles' Prinzip geht so, dass das Wesen von Tugenden immer in der Einhaltung einer Mitte zwischen zwei Extremen liegt. Tapferkeit ist so zum Beispiel die Mitte zwischen Tollkühnheit und Feigheit, Selbstbeherrschung die Mitte zwischen Zügellosigkeit und Stumpfsinn. Das finde ich ein gutes und funktionsfähiges Prinzip. Ich finde, wir müssen mit unserem Verhalten nicht immer die goldene Mitte, das ideale Richtige treffen. Wir sollten eher ein Gefühl dafür entwickeln, was das Spannungsfeld ist, in dem sich unser Verhalten »einpegelt«. Wir liegen dann mit unserem Tun sicher nicht immer »goldrichtig«, aber vielleicht »akzeptabel« daneben.

Jetzt sind die Grundlagen komplett, und ich bin (endlich) da, wo ich hinwollte. Meine »Philosophie« würde also lauten:

1. *Wir haben ein Wertegebäude, das aus einer Reihe konkreter Werte besteht.*

2. *Jeder Wert in dem Gebäude ist die Mitte aus zwei Extremwerten.*

3. *Wir akzeptieren, da wir keine Übermenschen sind, dass wir in unserem Verhalten nicht immer die Mitte der Werte unseres Wertegebäudes treffen. Das ist die »Knautschzone«, von der ich gesprochen habe.*

4. *Je nach Situation, also je nach der Ich-Rolle, die wir in einer Situation zu verkörpern haben, kann die Knautschzone weiter oder weniger weit ausgelegt werden.*

5. *Wir sind uns aber einig darin, und das ist unser erklärtes Ziel, unser persönliches Anliegen und unser Anspruch an uns selbst, dass wir uns in unserem Verhalten möglichst weit von den Extremen fernhalten – egal in welcher Ich-Rolle wir uns gerade befinden.*

Ich schließe hiermit die Theorie ab, und wir schauen uns nun ein bisschen genauer an, wie ich diese Philosophie lebe.

Autorität sein: *Kahn, der »kategorische Imperator«?*

Das ist *natürlich* nur ein Wortspiel. Eigentlich ist es der Tod des Wortspiels, wenn es erklärt werden muss. Ich erklär's Ihnen trotzdem. Ich habe vorhin gesagt: Der »Imperativ« ist die Befehlsform des Verbums (oder Tunworts). Der Imperativ befielt, schafft an. Also ist der »Imperator« derjenige, der »anschafft« oder sagt, wo's langgeht. Wenn »kategorisch«, wie wir gesehen haben, »unbedingt« heißt, dann ist mein »kategorischer Imperator« derjenige, der unbedingt anschafft und darauf besteht, dass er recht hat. Ich muss gestehen, dass ich das in meinem Wettkampf-Ich tatsächlich immer wieder mal so gesehen habe – und es im Kern eigentlich sogar immer noch so sehe, vielleicht ein bisschen milder. Ich habe auf meine Weise, in meinem Spiel, aber auch in der Art, wie ich mich auf mein Spiel vorbereitete, immer darauf beharrt, dass ich »recht habe«. Dass es richtig ist so, wie ich es will, und dass es genau so sein musste, wie ich es machte.

Es kommt fast »automatisch« mit dem Beruf des Torhüters, dass man um das »Autorität sein« nicht herumkommt. Was ist das, eine »Autorität«? Eine Autorität ist eine Person, an der auf einem bestimmten Fachgebiet oder zu einem bestimmten Thema »kein Vorbeikommen« ist. Passt doch gut zu meinem Beruf, finden Sie nicht? Der Torhüter ist die einzige Position auf dem Fußballfeld, an der vorbeizukommen nicht sein *darf*. Er ist die einzige Person auf dem Platz, der es geradezu »verboten« ist, Fehler zu machen. Ich meine »Fehler« im Sinne der »Höchststrafe«: den Ball ins Netz zu lassen. Das fordert dem Torhüter eine eigentümliche Psyche ab und oft ein eigentümliches Gebaren. Der Torhüter *muss* präsenter sein, er *muss* dominanter sein, er *muss* autoritärer sein als irgendein anderer Spieler auf dem Platz. Der Begriff »*er muss*« setzt natürlich voraus, dass er »*kann*«. Und dass er »*kann*« setzt voraus, dass er »*will*«: Das heißt, dass er der Beste sein oder werden »*will*«. Sonst geht es auch einfacher – sonst geht es auch ohne Autorität.

Wenn das Autoritätsein für den Torhüter eine so wichtige Rolle spielt: Was passiert dann mit ihm und seiner Autorität, wenn er doch einmal einen Fehler macht? Ich muss Ihnen ja nicht sagen, dass auch der Torhüter – wie alle Menschen – nicht fehlerlos bleiben kann. Ist er dann erledigt? Kann er sich auf die Bank setzen? Muss er ganz aufhören? Auch wenn Sie diese Frage spontan mit »*Aber nein, es geht immer weiter!*« beantworten, muss ich Ihnen schon sagen, dass ein wirklich gravierender Fehler die Autorität des Torhüters auch wirklich gravierend untergraben kann. Auch hier ist der Torhüter wieder nichts anderes als alle Menschen, und auch in anderen Berufen kann ein schwerwiegender Fehler die Autorität, etwa die eines Managers, ruinieren. Aber trotzdem stimme ich Ihnen zu: Selbstverständlich ist es möglich, auch dann, wenn etwas »angebrannt« ist, eine Autorität zu bleiben. Und trotzdem scheinen viele Menschen diesem Prinzip nicht zu trauen, sie scheinen ihre Autorität für zu fragil, zu schwach zu halten, als dass sie Belastungen standhalten könnte.

Gerade in meinem Beruf habe ich Leute kennengelernt, denen es unmöglich zu sein schien, eigene Fehler einzuräumen – obwohl sie an anderer Stelle bewiesen haben, dass sie durchaus zu differenzierten Beobachtungen imstande waren. Auch im öffentlichen Leben und in der Wirtschaft kann man Menschen beobachten, die sich so verhalten, als fürchteten sie, durch eine Niederlage an Autorität einzubüßen. Als hätten sie Angst davor, nicht mehr als die Autorität zu gelten, die sie glauben sein zu müssen, um ihre Aufgaben, etwa ihre Führungsrolle, wahrnehmen zu können. Der Vorstand eines Unternehmens hat einmal gesagt, nachdem etwas ziemlich Gravierendes in seinem Unternehmen schief gegangen war: »*Wenn wir so etwas jedes Mal dem Vorstand ankreiden würden, dann hätten wir alle paar Wochen einen neuen Vorstand.*« Mit mehr Vertrauen in seine Autorität hätte er auch sagen können: »*Ja, da haben wir was ordentlich vermasselt. Jetzt müssen wir schau'n, wie wir das wieder hinkriegen, und dafür sorgen, dass es nicht wieder passiert.*«

Es geht hier – wie immer – nicht ums Besserwissen, es geht darum, besser dazuzulernen. Es geht zuallererst darum, eine persönliche Auseinandersetzung mit so einer Situation zu beginnen. Dann geht es darum, eine eigene Haltung dazu zu finden. Und schließlich geht es darum, diese persönliche Auseinandersetzung den anderen spürbar zu machen. Das ist der schwierigste Teil. Zu zeigen, dass sich etwas tut in einem. Und es so zeigen zu können, dass es sich als ehrlich, als authentisch erweist. Und dass es einem nicht als Schwäche ausgelegt wird, sondern dass man gestärkt daraus hervorgeht. Dass man die Autorität bleibt, die man war.

Völlig fertig, völlig abgekämpft und völlig ausgelaugt hocke ich im Fünfmeterraum, an meinen Torpfosten gelehnt. Ich starre leer vor mich hin, könnte überall sein. Ich bin aber in Yokohama. Dass es schwarze Nacht ist zwischen den Kegeln der Flutlichtanlage passt zu meiner Stimmung. Ich habe, wir haben, Deutschland hat gerade das Finale der Weltmeisterschaft 2002 verloren. Null zu zwei gegen Brasilien.

Man kann so etwas nicht fühlen, und es sind ja auch noch andere da auf dem Platz, andere, die mitverloren haben, und natürlich auch die Sieger. Aber ich habe das Gefühl, die ganze Welt schaut nur mir zu. Ob ich leide. Wie ich leide. Mir mitten ins Gesicht. Und wartet nur darauf, was ich jetzt mache, wie ich mich verhalte. Es fühlt sich an, als

4. Das Wissen, warum: Werte.

wäre ich nackt. Kein angenehmes Gefühl, wenn man glaubt, Millionen sehen es aus allernächster Nähe.

Nackt fühle ich mich, weil ich mich schuldig fühle. Weil ich es war, der die Sache versiebt, dem Spiel die entscheidende Wendung gegeben hatte. Weil ich es war, der Brasilien stark gemacht hatte. Durch meinen Fehler. Ich hatte einen Distanzschuss von Rivaldo nicht zu fassen bekommen, ich weiß nicht warum. Ronaldo brauchte nur noch abzustauben. Da war nichts mehr zu machen. Ich habe keine Erklärung. Es passierte einfach, dabei konnte es eigentlich gar nicht passieren, weil es mir nie passiert, eigentlich. Der Fall war so absurd tief, denn selten hatte ich so gut gespielt wie in diesem Turnier, das ganze Turnier lang. Ich war auf meinem maximalen Leistungsniveau. Ich bin ja kein Greenhorn mehr. Wenn ich oben bin, weiß ich, dass ich mich auf mich verlassen kann, dass nichts passieren kann. Und dann passiert es doch.

Natürlich konnte es passieren. Es gehört eben dazu, Fehler zu machen. Zum Beruf des Torwarts genauso wie zu jedem anderen Beruf. Man muss mit Fehlern leben können, aber anders, auf eine andere Weise, als sich »nicht zuständig« zu fühlen. Man muss sie bewältigen, alleine für sich und zusammen mit anderen. »Alleine für sich« heißt vor allem: Man muss seinen Teil übernehmen – und falls es tatsächlich nur an einem selbst lag, dann eben den ganzen Batzen. Dieses Risiko muss man eingehen, und ich weiß sehr gut, dass das Risiko dabei hoch ist. Denn natürlich kann man seine Autorität verlieren, wenn man sagt »*Ich war's*«. Die Autorität seinem Team (oder seinen Mitarbeitern) gegenüber und die Autorität seinem eigenen Spiel (oder seinen eigenen Aufgaben) gegenüber kann kaputtgehen.

Der Wettkämpfer kann in solchen Momenten »sterben«. Die Niederlage, umso mehr dann, wenn sie sich, wie in Japan geschehen, auf *einen* konkreten Fehler reduzieren lässt, kann derartig tiefe Spuren hinterlassen, dass es danach nie wieder gelingt, dieselbe Leistungsstärke zu erreichen, die man einmal hatte. Zu tief sitzen die Erschütterung und sogar der Schock. Das ist das Risiko. Die Erschütterung kann so groß sein, dass man auch bei allergrößter Anstrengung nicht mehr an die Weltspitze kommt.

Ich sage das hier, um klar zu machen, dass ich das Problem der Bewältigung von Fehlern und Niederlagen nicht auf die leichte Schulter nehme. Ich weiß natürlich, dass es nicht realistisch, sogar naiv wäre zu sagen »*Na und ...*« und »*Tralalalala, nimm's nicht so schwer ...*« und »*... kann doch schließlich jedem mal passieren*«. Ich weiß, dass das den wirklich schwierigen Situationen nicht gerecht würde.

Welche Techniken in solchen Fällen weiterhelfen können, dazu komme ich noch. Wenn wir von moralischen Wertesystemen sprechen, dann ist es etwa der Wert des Mutes, den wir hier gebrauchen können – vor allem der Mut, sich selbst einzugestehen »*Es war mein Fehler*« und sich mit den möglichen Konsequenzen zu konfrontieren. Oder der Wert der Aufrichtigkeit, den wir einlösen könnten. Die Aufrichtigkeit gegenüber den anderen, den Mitspielern, der Konkurrenz, auch den Medien: »*Es war mein Fehler.*« Es könnte sich auch, um mit den Werten des Bushido zu sprechen, um eine »Frage der Ehre« handeln. Aber das wird mir, glaube ich, dann doch zu pathetisch hier.

Es gibt haufenweise Beispiele aus der Geschichte des Sports, nicht nur der des Fußballs, dass Topsportler nach bitteren Niederlagen in der Versenkung verschwunden sind. Mir selbst war ziemlich klar, dass mit dem Finale in Yokohama der Titan-Kahn-Mythos, der »Mythos des Unbesiegbaren«, angekratzt war. Nicht, dass ich derlei Überhöhungen als Mensch gebraucht hätte. Aber für mein Wettkampf-Ich war es schon recht nützlich gewesen. Der Wettkampf lebt von diesen Titulierungen, sie flößen dem Gegner Respekt ein, und sie helfen natürlich auch dabei, die Autorität in der eigenen Mannschaft zu steigern.

Das alles war mit diesem Finale dahin, und ich wusste ziemlich genau, was in den nächsten Monaten auf mich zukommen würde. Jeder würde nur noch von diesem einen Fehler sprechen, für jede weitere unglückliche Situation in meinem Spiel würde man künftig sofort die passende Erklärung parat haben: »*Oliver Kahn ist fertig ...*«, »*Kahn leidet noch immer unter dem Fehler des WM-Finales ...*«, »*... ist nicht mehr der, der er mal war ...*«. Ich wusste: Wenn ich weitermachen wollte, und das wollte ich, würde eine Menge Arbeit auf mich zukommen.

Auf einmal spürte ich den kalten Pfosten in meinem Rücken. Ich spürte, dass ich genug hatte vom blöden Starren in den Nachthimmel von Yokohama. Ich spürte, wie die lähmende Trance im Hirn nachließ und wie ich wieder zu mir kam. Das Nichts, die Leere verschwand. Die Enttäuschung blieb. Das »Wie konnte das passieren?« blieb auch. Die Selbstbeherrschung, von der ich glaubte, dass sie immer bleiben würde, war leider auch nicht geblieben. Oder nur ein mickriger Rest davon. Langsam wurde mir aber klar, dass es wichtig sein würde, Haltung zu gewinnen. Dass es von mir erwartet würde. Das Bushido redet sich leicht, Haltung bewahren, sich der Werte besinnen, Sportler, Wettkämpfer, Größe in der Niederlage, eine Sache der Ehre, Charakter, Strahlkraft, Vorbildfunktion und was weiß ich noch alles.

Ich sah mich plötzlich dabei, wie ich den brasilianischen Spielern, dem brasilianischen Trainer und was weiß ich wem zum Gewinn des Weltmeistertitels gratulierte. Wie ich meine Silbermedaille entgegennahm, mich beim Publikum für die großartige Unterstützung bedankte. Als die Brasilianer »meinen« Pokal in die Höhe stemmten, überließ ich ihnen das Feld und verschwand in den Katakomben des Stadions.

In Japan 2002 hat es gut geklappt. Ich habe immer noch gute Kontakte nach Japan, und die Japaner erzählen mir noch heute, dass ihre Sympathien mir gegenüber nicht nur aus meinen Spielen rühren, sondern hauptsächlich etwas mit meiner Haltung unmittelbar nach dem verlorenen Finale zu tun haben. Sie sagen, es sei mir gelungen, nicht mein Gesicht *zu verlieren*, sondern Autorität *zu gewinnen*. Wenn Sie es nicht eh schon tun, fangen Sie jetzt an, sich Gedanken darüber zu machen, dass das Verlieren nicht das Ende der Autorität bedeuten muss. Sondern eine Niederlage der Anfang für neue Autorität sein kann – und möglicherweise für mehr Autorität, als Sie je hatten.

Mensch sein. Schwein sein.

Einerseits will ich Sie – jetzt, gegen Ende dieses Kapitels – nicht noch einmal strapazieren. Aber andererseits juckt es mich schon, noch ein wenig Realismus nachzugießen – nach so viel Gerede über Werte und Ideale und vor allem nach dem Konzept der »Autorität« in Sachen Erfolg und Niederlage. Ich will Realismus nachgießen, indem ich daran erinnern möchte: Der Mensch ist menschlich, er hat seine Schwächen. In seinem Betragen »oszilliert« er, das heißt, er pendelt hin und her zwischen richtigem und falschem Verhalten. Gelegentlich wissen wir ja schon im Voraus recht genau, welches Verhalten »gut« oder »richtig« wäre, aber wir kriegen es dann doch nicht hin, das Gute. Dann wieder tappen wir im Dunkeln bei der Frage, wie wir uns richtig verhalten sollen, und gewinnen erst im Nachhinein eine Idee davon, welches Verhalten gut gewesen wäre, oder wenigstens besser als das, was wir abgeliefert haben.

Ich habe Ihnen vorhin bereits vom »Modell der Mitte« des Philosophen Aristoteles erzählt: Das richtige Verhalten liegt in der Mitte zweier falscher Verhaltensextreme. Darum geht es auch hier: »Mensch sein« und »Schwein sein« als die Extreme einer Verhaltensskala, wobei ich das »Schwein sein« nicht so negativ meine, wie es klingt, und das »Mensch sein« nicht so positiv. Mit »Mensch sein« meine ich, dass der Mensch Unzulänglichkeiten im Umgang mit sich selbst hat, etwa dass er zu viel isst oder trinkt, dass er eitel ist, oder das Gegenteil davon, dass er sich nicht ausreichend »pflegt«. Mit »Schwein sein« meine ich, dass der Mensch sich auch anderen gegenüber schlechter verhält, als er dies tun sollte. Wenn ich als Torhüter zum Beispiel beinahe das Ohrläppchen eines gegnerischen Spielers zwischen den Zähnen hatte, zeigte ich »Unperfektion« sowohl im Sinne des »Menschseins« – ich bin jähzornig und aufbrausend – wie auch im Sinne des »Schweinseins«, weil es sich einfach nicht gehört, andere Menschen so zu attackieren. Ich lag mit meinem Verhalten also nicht ganz in der goldenen Mitte des richtigen Tuns. Aber ich habe sicher daraus gelernt.

Für mich liegt in meinem Versuch einer »Mensch sein – Schwein sein«-Theorie etwas Entlastendes. Nämlich die Freiheit zum eigenständigen Entschluss, zur freien Wahl des Handelns, zum Ausprobieren und zum Lernen daraus. Verstehen Sie das nicht falsch, ich habe es schon einmal gesagt: Dass wir alle besser werden wollen, muss das erklärte Ziel sein. Darum geht es in der Ethik, dafür mache ich hier die Werte zum Thema, und dafür erzähle ich von den Tugenden – nicht ein Muss für ein Buch wie dieses. Aber immer war ich froh, die freie Wahl zum Handeln zu haben. Auch wenn ich unter den Konsequenzen dieser Freiheit gelegentlich zu leiden hatte wie ein Hund.

Ich selbst lag in meiner Arbeit und in meinem Verhalten also immer wieder mal, manchmal sogar weit daneben und habe mich in Sachen tugendhaftem Verhalten oft mit allem anderen als mit Ruhm bekleckert Und natürlich haben auch andere Menschen in dieser Hinsicht »gependelt«. Dazu ein letztes Beispiel. Über den Börsenguru André Kostolany heißt es, moralische Fragen hätten ihn in seinen jungen Jahren als Börsenspekulant im Paris der 30er-Jahre (des vergangenen Jahrhunderts) kaum bekümmert. *»Am Schmerz der anderen verdienen«*, nannte er seine Anlagestrategie, mit der er auf fallende Kurse spekulierte, während alle anderen darauf setzten, dass es immer weiter nach oben gehen würde. Und er sagte über seine frühe Zeit als Spekulant in Paris: *»Mein Wertesystem hatte sich völlig gewandelt ...«* Angeblich soll er sogar Schweizer Bankleute durch die Pariser Bordelle geführt haben, um sie als Kunden »zufriedenzustellen«.[10] Aus Kostolany wurde aber schließlich doch noch ein angesehenes Mitglied der Gesellschaft. Ein Mensch, der geschätzt wurde, und ein Geld-, Börsen-, Wirtschaftsfachmann, dessen Rat und Wissen beliebt und begehrt waren.

Ich habe die Philosophie – soweit ich mich mit ihr beschäftigt habe – so verstanden, dass wir selbst heute, nach Jahrtausenden der philosophischen Diskurse, nicht wissen (können), was der Mensch ist. Und dass wir auch nicht und verbindlich sagen können, was der Mensch tun soll. Ich will mir natürlich nicht anmaßen, in diesem Spiel den Schlusspfiff zu machen. Aber ich möchte Ihnen hier schon noch mal *mein* »Konzept vom Menschsein« zusammenfassen.

Erstens: Mensch sein heißt, sich selbst bewusst (bekannt) sein. Wer bin ich? Was bin ich? Was tue ich? Was ist meine Einstellung, meine Haltung, was sind meine Prinzipien? Was und wer will ich in jeder Situation sein, den ganzen Tag über?

Zweitens: Mensch sein heißt, als Mensch präsent sein. Das heißt da sein, anwesend sein, sichtbar sein, seine Brust hinhalten. In Gesprächen und Besprechungen, in Auseinandersetzungen, im Führen von Menschen, im Vertreten von Ideen, Haltungen, Idealen.

Drittens: Mensch sein heißt wissen, wo die eigenen Grenzen liegen. Das erst macht unsere Leistungsfähigkeit aus. Wir brauchen keinen Größenwahn. Wir müssen lernen, unsere physischen Gegebenheiten zu akzeptieren. Oft darf man lesen, selbst in eigentlich seriösen Quellen, wer alles weiß Gott wie viele Stunden am Tag arbeitet, keinerlei Schlaf braucht und damit easy sieben Tage die Woche hinkommt. Ich kann verraten, dass im Leistungssport das »Training« nicht nur aus Maloche, sondern besonders auch aus verordneten Ruhepausen besteht. Weiter heißt »um seine Grenzen wissen«, dass wir Fehler haben, dass wir Schwächen haben. Dass wir danebenliegen, uns täuschen, uns verspekulieren können. Wenn wir das alles akzeptieren, dann können wir sogar über unsere Grenzen hinauswachsen.

Und viertens: Es geht um unsere Glaubwürdigkeit. Das ist die Summe des vorher Gesagten. Wenn ich weiß, wer ich bin, wenn ich präsent bin, wenn ich realistisch bin in meiner Selbsteinschätzung, dann bin ich für die Menschen um mich herum auch glaubwürdig. Wem das gelingt, der wird auch wirksam sein, und damit wird er auch Erfolg haben.

5.

»Den Schlüssel zum Erfolg kenne ich nicht.
Der Schlüssel zum Scheitern ist, es allen recht machen zu wollen.«
(BILL COSBY)

5. Das Wissen, womit:

Fähigkeiten und Eigenschaften.

Keiner braucht jetzt zu befürchten, dass ich hier all das vorbete, was man haben und können muss, um erfolgreich zu sein. Erstens ist das gar nicht leistbar. Zweitens ist es die individuelle Mischung, die den Erfolg bringt. Und drittens sind es gerade die Mängel, die uns stark machen. Vorausgesetzt, wir wissen, wo unsere Schwächen liegen – und arbeiten umso intensiver daran, besser zu werden.

Das Mögliche wagen:
Sich's schwer machen oder doch lieber leicht?

Viele Menschen machen einen Fehler: Sie wagen das Unmögliche. Was ist falsch daran? Obwohl der Satz wirklich kurz ist, sind gleich zwei Fehler darin: Das »Wagen« und das »Unmögliche«. Meiner Meinung nach sollten Sie lieber das »Mögliche« angehen, und weil es eben das Mögliche, nicht das Un-Mögliche ist, braucht es auch nicht »gewagt«, sondern nur »getan« zu werden. Wie? Was? Also nicht auf zum »*großen Ziel, das noch nie jemand erreicht hat*«, das sich nie jemand jemals vorstellen konnte? Aber ja, doch, schon – aber: immer mit der Ruhe. Vielleicht kennen Sie den Spruch: »*Ich arbeite jetzt auf meine zweite Million hin – weil sich das mit der ersten Million als zu schwierig erwiesen hat.*« Das soll eben gerade nicht passieren, dass wir ein Ziel aufgeben, weil es uns als zu weit weg erscheint.

Man liest heute viel von Menschen, die »es geschafft« haben, die »am Ziel angekommen« sind, Sie wissen schon: Leute wie Bill Gates, Steve Jobs, die Google-Boys Sergey Brin und Larry Page. Ich kann mir vorstellen, sie alle ahnten tief in ihrem Inneren, dass das, womit sie sich da beschäftigten, das Potenzial haben würde, die Welt zu verändern, und dass dieses Bewusstsein sie trieb. Ich glaube aber gleichzeitig, dass sie keine Ahnung hatten, wohin konkret die ersten Schritte führen würden, die manche von ihnen buchstäblich in ihren Garagen begonnen hatten. Sie machten es einfach, das heißt, sie machten das, was sie konnten – auf die Weise, wie sie es wussten: Sie machten einen ersten kleinen Schritt, dann einen zweiten und wieder einen. Haben Sie einmal gesehen, wie der erste Rechner aussah, den Steve Jobs mit seinem Freund Steve Wozniak zusammenbastelte? Aus denen später die ultraschicken Apple-Computer werden sollten? Eine Holzkiste, irgendwelches Kabelzeug darin. Man verstand eigentlich gar nicht, was es darstellen sollte. Stellen

Sie sich vor, wie Apple-Produkte heute aussehen. Glauben Sie, irgendetwas anderes als die totale Lähmung hätte die Jungs befallen, wenn ihnen jemand ein Foto eines Apple-Produkts von heute gezeigt hätte? *Das ist es, so muss es aussehen*, was ihr machen, was ihr erfinden, was ihr bauen und vermarkten sollt, und zwar hier und jetzt, jetzt gleich, sofort, und ohne Umwege, bitteschön! Natürlich gibt es viele Gründe dafür, warum Bill Gates so unermesslich (erfolg)reich werden konnte, unter anderem sicher auch die Tatsache, dass er vermutlich genial ist. Zunächst aber war es wohl eher der glückliche Umstand, dass einfach niemand wusste, was er da eigentlich entwickelt hatte, dieses »Betriebssystem« für Personal Computer. Und dass niemand den wahren Wert dieser Erfindung ermessen konnte. Nicht einmal IBM, der damals wahrscheinlich größte Computerhersteller der Welt: »*Lasst den nur machen und sein Betreiberdingsbums oder wie das heißt mit unseren Rechnern verkaufen, wozu immer das gut sein soll, uns tut's nicht weh, und der Spinner wird schon wissen, wofür's gut ist …*«

Natürlich geht es um »das große Ziel«, ich habe es doch selbst so gemacht, habe es mir gesteckt und bin ihm mit Beharrlichkeit, Konsequenz und Zielstrebigkeit gefolgt. Aber es geht auch darum, sich von seinen großen Zielen nicht abschrecken zu lassen, sich nicht entmutigen zu lassen. Es geht darum, die Fähigkeiten, die man braucht, um das große Ziel zu erreichen, nach und nach aufzubauen. Man muss sie nicht von Anfang an haben, es reicht die Bereitschaft dazu, sie zu *lernen* und sie kontinuierlich auszubauen. Fähigkeiten wie die fokussierte Konzentration, die perfekte Vorbereitung, die Bereitschaft zum Experimentieren, das richtige Denken, das bewusste Einsetzen von Körpersprache. Eigenschaften wie Disziplin, Nonkonformismus, Charakterstärke, ein »gesunder« Egoismus.

Bei Abraham Lincoln, einem wahren Schatz an Lernenswertem, habe ich das Bild des »Flusskapitäns« gefunden. Er hat es sich als Vorbild auch für seinen eigenen Lebensweg gesetzt. Lincolns Flusskapitäne steuern ihre Schiffe »*von Punkt zu Punkt*«, sie setzen den Kurs »*nicht weiter, als sie sehen können*«. Aber der Fluss selbst, seine Richtung, seine Strömung und schließlich die Mündung, auf die er zufließt, stehen für das große Ziel.

Quick Check!

- *Wagen Sie nicht das Unmögliche.*

- *Gehen Sie lieber das an, was Ihnen möglich erscheint.*

- *Wenn Sie zwar ein Ziel vor Augen haben, aber sich gleichzeitig denken: »Oh Gott, wie soll ich das nur anfangen …?«, dann zerlegen Sie Ihr Ziel in kleine Einzelschritte.*

- *Nehmen Sie sich einen ersten kleinen Schritt vor, von dem Sie sagen: »Na, das ist sicher machbar …«*

- *Wenn Sie diesen ersten kleinen Schritt absolviert haben, machen Sie sich auf zum nächsten kleinen Schritt.*

- *Sagen Sie sich jeden Tag: »Ich bin bereit zu lernen.«*

- *Machen Sie sich mit jedem kleinen Schritt, den Sie auf Ihr großes Ziel zugemacht haben, bewusst, was konkret Sie bei diesem Schritt gelernt haben. Wenn Sie wollen: Schreiben Sie sich's sogar auf, legen Sie eine Mappe an mit Ihren Teilerfolgen und Lehren daraus.*

F+E: *Fähigkeiten und Eigenschaften oder Forschung und Entwicklung?*

Wirtschaftsunternehmen sind in der Regel in Abteilungen organisiert. Die Abteilung Produktion produziert die Produkte, das Marketing macht die Produkte den Kunden schmackhaft, der Verkauf verkauft sie. Und dann gibt es da die Abteilung Forschung und Entwicklung, kurz *F+E*. Diese Abteilung arbeitet unablässig daran, dass das Unternehmen überhaupt in der Lage ist, gute Produkte herzustellen. Es ist ein Zufall, dass die Anfangsbuchstaben übereinstimmen, aber genau so sehe ich die eigentliche Aufgabe unserer »Fähigkeiten und Eigenschaften«: Sie sind unsere Abteilung *F+E*, unsere persönliche Abteilung Forschung und Entwicklung.

Meiner Ansicht nach geht es bei den Fähigkeiten und Eigenschaften weniger um den Stand der Dinge, also weniger darum, welche Eigenschaften wir bereits *haben* und über welche Fähigkeiten wir schon *verfügen*. Es geht um die Zukunft. Es geht um das Erforschen dessen, was wir brauchen für das, was wir vorhaben. Und es geht darum, diejenigen Fähigkeiten auch wirklich zu entwickeln, die wir als sinnvoll oder erforderlich erkannt haben.

Denken wir meinen *F+E*-Ansatz konsequent zu Ende: Genauso wenig, wie ein innovatives Unternehmen auf seine *F+E*-Abteilung verzichten könnte, können wir auf die Weiterentwicklung unserer Fähigkeiten und Eigenschaften verzichten. Es kommt einfach nichts anderes in Frage, es geht nicht anders: Unternehmen *müssen* wachsen, wir *müssen* wachsen. Wer nicht wächst, schrumpft. Die Volkswirtschaft nennt das »Rezession«. Wer will das schon? Die Abteilung *F+E* ist also da, und sie muss genutzt werden, ob man sie nun mit »Forschung und Entwicklung« oder mit »Fähigkeiten und Eigenschaften« übersetzt.

Wir werden uns in der Folge ein paar Fähigkeiten und Eigenschaften anschauen, die sicher nicht schaden können. Es sind dies Fähigkeiten und Eigenschaften, die ich im Spiel gut brauchen konnte – oder auch mal vermisste. Viel wichtiger, als diese Fähigkeiten zu übernehmen, wäre es aber, wenn Sie nach den Ihren forschen würden, die Sie für das, was Sie vorhaben, idealerweise brauchen können.

Experimentiere!
Machen Sie's zu Ihrem Motto!

»*Mach' das Experimentieren zu deinem Motto – Tag und Nacht* ...« Das ist eine Textzeile aus einem schönen Song von Tony Bennett. Hier noch die nächste Zeile des Songs: »... *Experiment! And it will lead you to the light* ...« (»*Experimentiere, und es wird dich ans Licht führen* ...«). Ist wirklich ein super Song, swinging. Ich find' ihn richtig inspirierend.

Schon in der Einführung zu diesem Buch war die Rede davon, dass ich vor allem meine Schwächen, also das *Nicht-Wissen* und das *Nicht-Können* für meinen Erfolg verantwortlich mache. Das, und die Fehler, die mir deshalb unterlaufen sind, haben mir die Notwendigkeit bewusst gemacht und die Voraussetzung dafür geschaffen, an mir zu arbeiten – und zwar hart. Natürlich muss das An-sich-Arbeiten systematisch vor sich gehen – wenn man einmal einen Entschluss gefasst hat, *was* zu tun ist. Aber um zu diesem »was« zu kommen, empfehle ich Ihnen die Freude am Experimentieren.

André Kostolany, der Börsenguru, hat einmal etwas Ähnliches gesagt. Auch er wusste, dass das Auf und Ab an den Börsen trotz aller Vorsicht, trotz aller Analysen und trotz allen Wissens nicht definitiv in den Griff zu bekommen sein würde. Er sagte: »*Entscheidend für den Erfolg ist, dass man etwas häufiger richtig liegt als falsch.*«[11] Auch in diesem Satz steckt die Bereitschaft zum Experimentieren. Nicht zum blindwütigen und beliebigen Rumprobieren. Er enthält die Aufforderung, sich nicht von übergroßer Vorsicht blockieren und in die regelrechte Handlungsunfähigkeit treiben zu lassen.

Das bestätigt auch George Soros, auch er ein Börsenspekulant allererster Güte. Ihm gelang es sogar, mit einer Spekulation gegen das englische Pfund die Bank von England regelrecht in die Knie zu zwingen. Sie mussten seinetwegen das Pfund abwerten – Soros verdiente Milliarden daran. Soros bekam von seinem Vater den Rat, dass es besser ist, etwas zu riskieren, als passiv zu sein. Da ist es wieder: Aktiv sein, etwas riskieren – das ist für mich das Experimentieren. Der Vollständigkeit halber möchte ich noch anfügen, dass Mister Soros den Rat des Vaters selbst noch komplettiert und damit perfektioniert hat: »*Risiko mit großer Vorsicht gepaart*«, lautete das fertige Konzept.[12]

Von einem weiteren Wirtschaftsfachmann, einem regelrechten Management-Papst, Peter Drucker, habe ich einmal gelesen, er werde immer wieder gefragt, wie risikofreudig Manager und Unternehmer sein müssten; er antworte darauf immer, dass er darüber mit vielen Chefs großer und bedeutender Unternehmen gesprochen habe, und noch nie hätte sich einer dieser Herren als risikofreudig bezeichnet. Seiner Meinung nach ginge es darum, zu einem Vorhaben so gründlich und gewissenhaft wie irgend möglich alle nur erdenklichen Informationen zusammenzutragen, und sich dann zu entscheiden, für das Vorhaben – oder dagegen. So gesehen sei es keine Frage von Risiko, sondern von sachlicher Analyse.

Es geht also nicht um ein beliebiges »Basteln«, das wahllose Rumexperimentieren, mal hier, mal da, mal dort. Es geht um ein zielgerichtetes Experimentieren in *dem* Bereich, der Sie besonders interessiert, in dem Sie etwas schaffen wollen. Hier sollten Sie dafür aber umso mehr experimentieren. Nie sinnlos oder unsinnig, aber wild, extrem, eben: experimentierfreudig. Wenn etwas nicht klappt: Kein Problem, Versuchaufbau verändern – und weiterexperimentieren.

Quick Check!

- *Richten Sie sich Ihre eigene »Abteilung Forschung und Entwicklung« ein.*

- *Machen Sie sich einen konkreten Plan, in welchen Bereichen Sie besser werden möchten.*

- *Oder notieren Sie sich, welche Fähigkeiten Sie aufbauen wollen, über die Sie heute noch nicht verfügen.*

- *Entwickeln Sie Freude am Experimentieren.*

Sind Sie so talentiert oder können Sie's bloß nicht?

Die Welt ist voll von Talenten. Ich selbst habe viele Talente kommen sehen, manche davon zum FC Bayern, und viele davon auch beobachtet, wie sie wieder gingen. Ich lese gelegentlich Kritiken in der Zeitung – nein, nicht nur auf den Sportseiten, sondern auch mal weiter vorne, im Feuilleton. Da lese ich dann Kritiken über Musikveranstaltungen. Was einem guten Kritiker zu einem Musikereignis so alles einfällt! Besonders beeindruckt bin ich dann, wenn sie einen Solisten sezieren. Was sie alles heraushören, was sie alles hineininterpretieren und was sie mit einem Solisten machen, der als »talentiert« gilt. Verlangen Sie jetzt nicht von mir, es zu belegen, es ist nur ein »Bauchgefühl«, aber es scheint mir fast so, als sei der Begriff »Talent« bei den Kritikern eher schlecht als gut »beleumundet«. Das, was die Kritiker dann sagen, klingt öfter mal wie *»… der junge Pianist ist wirklich talentiert, aber vielleicht sollte er das mal vergessen, lieber ein wenig mehr üben und hin und wieder auf die*

Partitur schauen – dem jungen Künstler scheint sein Talent im Wege zu stehen...«

Eine andere Welt, die Musik, sicher, und doch in diesem Punkt dem Fußball nicht unähnlich. Ich habe in den vielen Jahren, die ich dem Fußballtreiben »zusehen« konnte, den Eindruck gewonnen, dass es gerade Spielern mit großartigem Potenzial nicht gelingt, ihre grandiosen Fähigkeiten unter Leistungsdruck abzurufen. Warum kann der eine Spieler auf seine volle Leistungsstärke im entscheidenden Moment zugreifen, während ein anderer der Situation nicht gewachsen ist? Warum verliert ein Spieler mit außergewöhnlichen Fähigkeiten gegen einen Spieler mit weniger Talent in der Hitze des Gefechts?

Ich bin zu der Überzeugung gelangt, dass Talent allein nicht dazu ausreicht, sich konstant an der Spitze zu halten und hohen Anforderungen gerecht zu werden. Im Gegenteil, ich fürchte, es steht dabei sogar eher im Weg. Ich bin fast versucht zu sagen, das Beste an talentierten Leuten ist, dass sie alle anderen, die »Untalentierten« oder zumindest »Untertalentierten«, dazu anspornen, härter an sich zu arbeiten. Es kann wirklich frustrierend sein, das kennen Sie vielleicht auch, wenn man es mit einem »Talent« zu tun bekommt. Das Talent kann immer alles besser, ist immer schon da, bevor man selbst ankommt, alles fliegt ihm (scheinbar) mühelos zu, Herzen gelegentlich inklusive. Aber was sagt das schon? Erstens kann man sich ja schlecht in Luft auflösen. Man ist, *wer* man ist und *wie* man ist, man kann, was man kann. Zweitens kann man ja immer besser werden. Drittens geht es sowieso darum, das, was man tut, auf die Weise zu tun, wie man es für richtig hält; es geht also mehr darum, über »Persönlichkeit« als über »Genialität« zu verfügen. Und viertens sind die Kriterien, die für eine bestimmte Aufgabe qualifizieren, ohnehin tausendmal vielfältiger, als jedes Talent sie »bereitstellen« könnte – um im Fußball zu bleiben: Mal ist es der Stabilere, mal der Verlässlichere, mal sogar der Einfachere, der Konstantere oder der

»Brachialere«, der seinen Weg auf die Aufstellungsliste findet. Und manchmal ist es nur der Zufall, der über alles Talent hinweg regiert: Zur richtigen Zeit am richtigen Ort…

Mehrmals in meiner Kariere musste ich Platz machen für die sogenannten »großen Talente«, denen man eine ebenso große Karriere voraussagte. Es wäre »schade« gewesen, wenn ich deshalb aufgegeben hätte. *»Ich kann es nicht so gut…«*, *»Der ist besser…«*, *»Der ist einfach so genial, da ist kein Rankommen…«*, hätte ich jeweils sagen und im Loch verschwinden können. Als Jugendlicher spielte ich häufig nur in den zweiten Mannschaften meiner jeweiligen Altersstufen, weil mein Talent und mein Können für die erste Mannschaft nicht ausreichte. Natürlich hatte auch ich ein gewisses Talent, ausreichend Talent jedenfalls, um ein guter Torwart zu werden. Aber ich verfügte nicht über das Können, das übergroße Erwartungen gerechtfertigt hätte. Ich spielte nie in den sogenannten U-Nationalmannschaften, aus denen viele der späteren Topstars des Fußballs hervorgehen sollten. In den »Us« spielten die besten Spieler der jeweiligen Jahrgänge, *ich* nicht. Keine gute Voraussetzung, die ganz großen Ziele anzusteuern. Oder doch? Mit der Zeit stellte ich fest, dass gerade solche Spieler, die mit großem Talent »gesegnet« waren, ihr Talent einfach nicht nutzten, es nicht in Spitzenleistung umsetzen konnten. Sie hatten es am Anfang einfach zu leicht, sich gegen ihre Kontrahenten durchzusetzen. Es wuchs sich zum regelrechten Nachteil für sie aus, dass sie zu wenige wirklich schwierige Konfliktsituationen erlebten, an denen sie hätten wachsen können. An denen sie ihren Willen hätten auf die Probe stellen können. An denen sie sich hätten »stählen« können. Und sie verhedderten sich im hohen Erwartungsdruck an ihre Person und ihre Leistung, dem sie auf Dauer nicht mehr gerecht werden konnten.

Talent ist »gucht« könnte man sagen – eine Wortneuschöpfung: Es ist »gut« *und* es ist »schlecht«. Man kann nicht darauf hocken bleiben, sich nicht darauf ausruhen und nicht davon abbeißen. *Jeder* muss sich entwickeln, der Talentierte und alle anderen, die weniger Talent haben, was sonst könnte man tun. Also auf und los und keine Niederlage scheuen, kein Fettnäpfchen auslassen, wenn Sie wollen. Nur so können wir lernen und besser werden, und nur so können wir dafür sorgen, nicht überholt zu werden – von denen, die mehr Disziplin, mehr Trainingsehrgeiz und vor allem mehr Willensstärke zeigen. Von denen, die erkennen, dass die wahren Kräfte weniger im »können« als im »mit allen Anforderungen fertig werden« liegen. Das wurde auch mir ziemlich schnell bewusst: dass neben dem Talent auch der Kopf wichtige Kriterien erfüllen muss, damit ein echter Wettkampftyp aus einem wird, jemand, der ungeachtet der Wettkampfbedingungen sein volles Potenzial entfalten kann.

Sich nichts scheißen: Schon mal quer geparkt?

Jetzt habe ich Sie verschreckt, oder? So ein Rüpel, der Kahn! Einerseits wollte ich eine seriösere Überschrift verwenden. Aber andererseits wäre das ja genau das Gegenteil dessen gewesen, was ich zum Ausdruck bringen will. Ja, wenn ich mich schon nicht traue, auch nur einmal ein etwas gröberes Wort zu benutzen, wie soll ich Ihnen dann glaubhaft vermitteln, wie wichtig diese Fähigkeit ist, dieses – ich nenn's jetzt doch mal weniger grob – »sich etwas trauen«? Ich will Sie in diesem Kapitel nicht zum Verstoß gegen die Straßenverkehrsordnung verleiten, nichts läge mir ferner.

Freunde haben mir mal von einem Unternehmen berichtet, das in wirtschaftliche Schwierigkeiten geraten war. Der Vorstand des Unternehmens wusste, sie bräuchten ein neues Produkt, etwas wirklich ganz Neues. Etwas völlig anderes.

Etwas, das die Kraft haben würde, das Unternehmen zu ver-
ändern. Und sie wussten, sie bräuchten dazu jemanden, der
in der Lage war, das zu »liefern«. Also bestellten sie einen
(heute berühmten) Designer zu sich. Natürlich rechneten sie
mit jemandem, der so sein würde wie sie selbst, nur noch
seriöser, noch gesettelter, noch »normaler«. Was sie nicht
wussten, war, dass er völlig anders war. Der Designer er-
schien, überkorrekt, frühmorgens zum vereinbarten Termin,
früher selbst als die Chefs. Das war es aber auch schon, was
er »korrekt« machte. Er fuhr einen riesigen weißen Vor-
kriegs-Oldtimer, größer und natürlich außergewöhnlicher
als alles, was selbst die Vorstände ihr Eigen nennen durften.
Und schon beim allerersten Besuch verstieß er gegen das
absolute Gesetz Nr. 1 der Firma: Er stellte seinen Oldtimer
auf den drei Direktoriumsparkplätzen ab. Und zwar nicht
wenigstens ordentlich auf einen der drei Stellplätze, exakt
zwischen die akkurat gemalten weißen Markierungslinien
hinein – sondern quer über alle drei Parkplätze der Vor-
stände hinweg. Der Mann war eine Zumutung für die Herren
vom Vorstand. Er quälte sie vom ersten Tag an. Aber das
Produkt, das »andere«, das sollten sie von ihm bekommen.

Zwei Dinge gehören zu den großen Fähigkeiten des berühmten Managers des FC Bayern, Uli Hoeneß. Erstens: die Dinge auf den Punkt zu
bringen. Manchmal lustig, selten mild, gelegentlich brutal und mit
Vorliebe »antizyklisch«, also eben gerade anders, als alle es erwarten
würden: Wenn die ganze Welt glaubt, das Alphabet von vorne anfangen zu müssen und kleinlaut »a« flüstert, fängt er von hinten an und
brüllt ein großes: »Z!« Aber definitiv bringt er es *immer* auf den Punkt,
worum auch immer es gerade geht. Und zweitens: sich jederzeit von

»liebgewonnenen« Ideen zu verabschieden und völlig überraschend etwas anderes zu probieren. Als zu Beginn des Jahres 2008 bekannt wurde, dass Jürgen Klinsmann zur Saison 2008/2009 die Nachfolge Ottmar Hitzfelds als Trainer des FC Bayern antreten würde (an sich schon eine Überraschung), war klar: Nichts beim FC Bayern würde ungeprüft so bleiben, wie es vor Klinsmann war. Neben massiven Umwälzungen im Trainerstab des Vereins schloss dies natürlich den gesamten Spielerkader mit ein. Ein halbes Jahr blieb Zeit für alle, sich zu zeigen, sich zu profilieren, sich zu bewähren. Aber sicher war praktisch niemand, jeder konnte – theoretisch – verkauft werden. Hoeneß gelang es wieder einmal, die Situation für die Spieler und das, was die Spieler für den Verein sind, in die ungeschminktesten Worte zu kleiden: »*Ich weiß doch nicht, was im Sommer ist. Jetzt sind erst mal alle Spieler im Schaufenster.*«[13]

Seien Sie nicht angepasst, lassen Sie sich nicht anpassen. Sagen Sie sich »*Ich bin richtig!*« bei allem, was Sie machen. Auch wenn alle anderen es anders machen würden. Auch auf das Risiko hin, dass die Sache mal in die Hose geht. Wie ich schon im Zusammenhang mit dem »Ich« versucht habe, Ihnen zu erklären, braucht es für den Erfolg das Vertrauen in das eigene Ich. Sie brauchen ein Stück »weltoffenen Egoismus«, wie ich das nennen würde. Der weltoffene Egoismus ist für mich das Kennen seiner selbst, das Vertrauen auf sich selbst, das Pflegen seiner selbst, das alles verknüpft mit der Bereitschaft, sich ständig zu überprüfen und dazuzulernen.

Seien Sie offen für das, was um Sie herum geschieht. Seien Sie nicht selbstgerecht. Wenn Sie Mist gebaut haben, analysieren Sie es. Es gibt keinen »Mist«, ohne dass es etwas dazu gibt, das ihn produziert hat. Sagen Sie nicht »*… ist halt passiert*«, sondern finden Sie raus, *warum* es passiert ist. Aber dann: Loben Sie sich, dass Sie es versucht haben.

Seien Sie außerdem offen für Kritik. Ich meine nicht *die Kritik* von Leuten, die nur versuchen, Sie am Boden zu halten. Von Leuten, die Sie daran hindern wollen, etwas zu versuchen, weil die Leute selbst es sich nicht vorstellen können, dass es zu schaffen ist. Oder weil sie es selbst nicht wagen würden. Hüten Sie sich vor Leuten, die versuchen, Sie auf dem Boden zu halten, weil sie es in der Tiefe ihres Herzens nicht wollen würden, dass Sie es erreichen. Ich weiß, es ist nicht leicht, die echte Kritik von der – ich nenne es mal – »Fessel-Kritik« zu unterscheiden. Aber seien Sie sich wenigsten bewusst, dass es *solche* und *solche* Kritik gibt.

Können Sie noch ein paar Imperative mehr vertragen? Dann also los: Versuchen Sie, die Standards zu verlassen. Vertrauen Sie Ihren eigenen Methoden. Oder schauen Sie Methoden bei anderen Menschen ab, und modifizieren Sie die Methoden nach Ihrem Geschmack oder so, dass sie besser zu Ihnen passen, so wie Sie sie für Ihre Zwecke brauchen. Warten Sie nicht darauf, dass Ihnen jemand sagt, wie man etwas macht oder wie »*man es immer gemacht*« hat. Auch ich habe früh damit begonnen, so zu trainieren, wie ich es haben wollte, nicht wie es bis dahin üblich war.

Es gibt da einen wunderbaren französischen Film aus den 70er-Jahren, »Das wilde Schaf«, mit Jean-Louis Trintignant und Romy Schneider in den Hauptrollen. Trintignant spielt einen kleinen Bankangestellten, dessen Freund ihn dazu bringt, sein Leben zu ändern. Der Freund, ein Schriftsteller, verspricht ihm, dass er reich und berühmt würde, wenn er nur allen seinen Ratschlägen folgt. Der erste Ratschlag ist: Kündige deinen Job. Trintignant geht also in die Bank, er schwitzt, ist verzweifelt, hat Angst vor seinem Chef, dem Bankdirektor – und kündigt. Als der Bankdirektor ihn, den kleinen Angestellten, verdutzt fragt, was der Grund für seine Kündigung ist, fasst Trintignant sich abermals ein Herz und sagt: »*Weil ich stinkreich werden und mit vielen Frauen schlafen will.*«

Kündigen *Sie* jetzt bitte *nicht*, und bleiben Sie mir anständig – aber schauen Sie sich den Film mal an. Natürlich ist es nur ein Film, aber er

Quick Check!

- *Wenn Sie den Eindruck haben, dass jemand anderes etwas einfach besser kann als Sie: Lassen Sie sich davon nicht demoralisieren.*

- *Es kommt nicht darauf an, wie gut Sie etwas können, sondern wie sehr Sie es wollen.*

- *Haben Sie den Mut, etwas anders zu machen, als es »üblich« ist. Seien Sie ruhig auch mal »unmöglich«.*

- *Machen Sie sich klar, dass Erfolg nicht eine Frage des »perfekten Könnens« ist, sondern in der »Persönlichkeit« und in der »individuellen Art« liegt, wie Sie etwas tun.*

- *Machen Sie sich klar, dass es wichtiger ist, etwas überhaupt zu tun, als es perfekt zu tun. Fangen Sie an – mit der Zeit werden Sie besser und besser ...*

ist voll von wunderbaren Szenen, in denen der Schriftsteller seinen Freund lehrt, was es heißt, etwas anders zu machen, als man es bisher getan hat.

Zum Abschluss noch mal eine kurze Geschichte, und noch mal etwas über Abraham Lincoln. Amerika war im Begriff, über der Frage der Sklavenhaltung in zwei Nationen zu zerfallen, in die Nordstaaten, die gegen die Sklaverei waren, und in die Südstaaten, die sie befürworteten. Lincoln war gerade zum amerikanischen Präsidenten gewählt worden, als die Südstaaten begannen, ein Fort zu belagern, in dem sich eine Gruppe von Soldaten der Nordstaaten aufhielt. Es war Lincolns erste

Aufgabe als Präsident, er hatte nahezu keine politische Erfahrung, keinerlei Ahnung im Umgang mit politischen Krisen. Er wurde von allen Seiten mit Meinungen bedrängt und holte sich von seinen politischen Freunden Rat. Die Ratschläge waren eindeutig. Jeder, den er um Rat gefragt hatte, und auch jeder, der nicht gefragt worden war, riet: Finger weg, Fort aufgeben, Südstaaten gewähren lassen. Lincoln entschloss sich, das Gegenteil zu tun. Er war entschlossen, entgegen allen Ratschlägen das Problem anzugehen. Er hielt das Fort, und der Amerikanische Bürgerkrieg brach los, an dessen Ende die Abschaffung der Sklaverei in Amerika stand.

6.

»Das Einzige, was es noch nicht gab, ist man selbst.«
(PETER SAVILLE)

6. *Das Wissen, wie:*

Starkes Denken, Körpersprache.

Wer würde daran zweifeln: Das Denken und das Sprechen sind nicht voneinander zu trennen. Auch wenn es fast simultan geht – immer wird zuerst ein Gedanke gefasst, und dann spricht man ihn aus. Das »starke Denken« und die Körpersprache sind ebenfalls untrennbar. Sie bedingen sich gegenseitig, und wenn wir damit richtig umgehen, verstärken sie sich sogar positiv. Starkes Denken richtet uns auf, mental und körperlich. Und das Sich-Aufrichten festigt weiter unser Denken. Ein Kreislauf – und was für einer.

Denken 1 – Positives Denken:
Träumen Sie noch – oder denken Sie schon positiv?

Über das »positive Denken« ist ähnlich viel gesprochen und geschrieben worden wie über das »Visionen haben«. Ähnlich kaputt ist es gemacht worden. Und ähnlich gültig bleibt es. Natürlich: Nichts kann einem mehr auf die Nerven gehen als diese ewigen »Positivdenker«, die selbst im dicksten Nebel noch die wunderbare Aussicht preisen. Falls Sie jemals etwas anderes gedacht haben – nicht bezüglich des Nebels, sondern über das positive Denken: Positives Denken ist nie die Idee vom Beschönigen des Hässlichen gewesen, »*Mach dir nur vor, dass das Schlechte gut ist, dann wird es auch gut – oder du empfindest es wenigstens so …*«. Ich glaube, dass es so niemals gemeint war. Oder zutreffender: Es ist mir eigentlich egal, was je damit gemeint war. Ich erkläre Ihnen jetzt, wie *ich* es verstehe, und wie ich es praktiziere. Ich fange das Erklären mit einem Zitat an.

> »*Und wenn wir die Wahl haben und niemand uns zwingt, so sind wir absonderliche Toren, uns gerade auf das zu versteifen, was uns am verdrießlichsten ist, […] und wenn es an uns ist, dem Geschick, das uns nichts weiter als den rohen Stoff liefert, Gestalt zu verleihen.*«

Der Satz ist, was das positive Denken anbelangt, ausgesprochen aktuell, obwohl er nicht gerade »von heute« ist. Er wurde im 16. Jahrhundert notiert, von einem französischen Philosophen. In diesem Satz ist alles drin, worum es beim positiven Denken geht. Der Satz sagt erstens: Wir haben die freie Wahl zu denken, was wir wollen. Wir können nach Lust und Laune Gedanken-Bilder wachrufen. Warum sollten wir uns also mit belastenden Gedanken abmühen, wenn uns niemand dazu zwingt?

Warum sollten wir unsere Stimmung mit »schwarzen« Gedanken ver-
düstern, wenn wir sie mit »sonnigen« Gedanken aufheitern können?
Und er sagt zweitens: Warum müssen wir eine konkrete Situation negativ interpretieren, wenn wir sie auch positiv auslegen können?

Also doch die »wunderbare Aussicht« genießen, obwohl wegen des
»grauen Nebels« gar nichts zu sehen ist? Wenn Sie ein eiserner Ver-
fechter des Schwarzsehens sind, stehe ich auf verlorenem Posten. Oder
vielmehr: ich *stünde*, denn ich trete diesen Kampf gar nicht erst an.
Bleiben Sie ruhig dabei. Es gab zu allen Zeiten Menschen, die auf ihre
Schwarzseherei regelrecht angewiesen waren – und die wunderbare
Dinge daraus schöpfen konnten. München zum Beispiel hatte einen großen Volkskomiker, Karl Valentin. Er soll schwierig und übellaunig gewesen sein. Aber er war *Komiker*! Ich habe Münchner, echte Münchner
allerdings, erlebt, die wären fast erstickt, weil sie nicht mehr mit dem
Lachen aufhören konnten über einen dieser alten, schwarz-weiß-holpri-
gen Sketches, die Valentin vor hundert Jahren schon mit der Kamera
aufgenommen hatte. Modern war er jedenfalls.

Ich weiß also durchaus, dass auch negative Sichtweisen konstruktive
Kräfte entwickeln können. Und ich finde außerdem, dass es sehr wohl
befreiend wirken kann, sich über etwas, das einem nicht passt, mal richtig herzhaft aufzuregen, anstatt es mit einem »*Hey, ist das hier wieder
alles wunderbar*« wegzudrücken. Trotzdem bin ich mehr der Typ, der
dazu neigt, sich der angenehmen Sichtweise zuzuwenden, anstatt sich
mit dem Unangenehmen zu geißeln. Genau, »geißeln«, das ist der Punkt.
Ich bin einfach nicht der Typ, der seinen Antrieb aus dem Missglückten
zieht; der sich damit motiviert, dass alles sowieso vergebens ist; der sagt:
»*Hat alles keinen Sinn – drum mach' ich es erst recht.*« Falls es Ihnen
aber liegt – warum nicht?

Ich möchte das Thema noch mit einem zweiten Zitat vertiefen – und
dann auch gleich abschließen. Dieses Zitat stammt von einem indischen

Quick Check!

- *Beobachten Sie sich: Neigen Sie dazu, Situationen negativ zu interpretieren, obwohl Sie dieselbe Situation genauso gut auch positiv auffassen könnten?*

- *Sie brauchen nicht damit anzufangen, sich negative Tatsachen »schönzureden«. Seien Sie ruhig »realistisch«.*

- *Aber machen Sie es sich zur Gewohnheit, sich zu überlegen, was das »Gute an etwas Schlechtem« sein könnte, wenn mal etwas »angebrannt« ist.*

- *Geben Sie nicht auf bei der Suche nach dem Guten: Jedes Schlechte hat sein Gutes!*

- *Und konzentrieren Sie sich auf das Positive, nicht auf das Negative.*

Yoga-Meister, dem Swami Sivananda. Wenn das erste Zitat gesagt hat, wir haben einfach die freie Wahl, ob wir uns mit positiven Gedanken beschäftigen oder mit negativen »herumplagen« wollen, dann geht das nächste Zitat noch einen Schritt weiter: Es sagt, dass positives Denken eben doch auch positive Folgen haben kann und negatives Denken Entsprechendes.

»Es ist der Gedanke, der den Körper zum Handeln bestimmt: Hinter jeder Handlung steht ein Gedanke. Hegst du unheilsame Gedanken, so wird dein Handeln entsprechend sein. Lerne weise zu werden. Unterscheide. Überwache deine

*Gedanken genau. Erlaube keinem bösen Gedanken durch
die Tore deiner geistigen Werkstatt einzudringen. Begeistere
dich für die Selbstverwirklichung. Und du wirst das Ziel des
Lebens erreichen.«*

Denken 2 – Power Thinking:
Schlecht plus gut ergibt supergut.

Das Unterbewusstsein kann durch gezielte Gedanken beeinflusst werden. Es kann also keine Überraschung sein, dass Gedanken, die positiv,
konstruktiv und nach vorne gerichtet sind, dem Wettkämpfer eher helfen werden als negative, pessimistische, destruktiv in die Vergangenheit
gerichtete Gedanken. Ich habe Ihnen ja erklärt, dass positives Denken,
das *richtig verstandene* positive Denken, nichts mit Schönfärberei, schon
gar nichts mit *blindem* Optimismus zu tun hat, »*alles so schön rosarot
hier …«*. Und dennoch würde ich mich nicht als ausgesprochenen *An-
hänger* des positiven Denkens bezeichnen.

Denn wie immer man das positive Denken praktiziert, gelegentlich
kann man es schon als nervig empfinden, wenn immer alles okay sein
soll – gerade als Wettkämpfer. Auch aus Phasen des Zweifelns und der
Unsicherheit lässt sich nämlich eine Menge an positiver Kraft schöpfen.
Oft habe ich es erlebt, dass ich vor einem Wettkampf nicht sehr positiv
gestimmt war, eigentlich sogar alles andere als das. »*Habe ich die Woche
über wirklich optimal trainiert? Kann ich mein Leistungspotenzial wirklich voll entfalten, so schlecht wie ich mich gerade fühle?«*

Gerade dieses Zweifeln, das Hinterfragen des aktuellen Zustandes,
erhöht meine Konzentration und die Spannung. Das kann man gut brauchen, um in entscheidenden Momenten das volle Potenzial abrufen zu
können. Ich halte es für falsch, den Bogen des positiven Denkens zu

überspannen. Wer das positive Denken übertreibt, wird damit nicht zwangsläufig erfolgreicher sein als Menschen, die sich eine andere »Technik« des Denkens, vielleicht sogar eine pessimistischere Technik angewöhnt haben.

Ich finde, das Wichtigste am »richtigen Denken« ist, dass man wirklich weiß, was man denkt. Und dass man sich mit bewusstem Denken aktiv auf wichtige Situationen vorbereitet. Mein Konzept des »Power Thinking« ist ein solcher Versuch des »aktiven Denkens«. Es ist ein Denken der »positiven Überprüfung«. Es ist ganz einfach – und geht so.

Das Power Thinking braucht eine konkrete Situation, bei mir zum Beispiel ein bevorstehendes Fußballspiel. Zuerst schaue ich mir die Fakten an, und ich gönne mir auch gelegentlich ein herzhaftes Fluchen, wenn die Fakten schlecht ausfallen. Ein Beispiel eines nicht befriedigenden Fakts wäre etwa: »*Ich fühle mich heute nicht völlig fit.*« Dadurch, dass ich mir diese Tatsache ungeschönt bewusst mache, erspare ich es mir, wie gestört auf »den Nebel« zu glotzen – um im gleichen Bild zu bleiben, das ich im Zusammenhang mit dem positiven Denken verwendet habe – und so zu tun, als sei das kein Nebel, sondern freie Sicht bis zum Mittelmeer.

Jetzt mache ich einen wichtigen Schritt. Ich frage mich, sehr entschieden: »*Was ist das Ziel?*« Im Beispiel des Fußballspiels ist das »ziemlich« oft: »*Ich will das Spiel gewinnen.*«

Jetzt kommt der wichtigste Schritt, die »positive Überprüfung«. In diesem Schritt wird alles ausgesiebt, was mit der Erreichung des Ziels nichts zu tun hat, was also nichts dazu beitragen wird, dass ich mein Ziel erreiche. Ich lasse es einfach weg, es fällt einfach durchs Raster. Beispiel: Der Fakt »*Ich fühle mich heute nicht völlig fit*« hat mit dem Ziel »*Ich will das Spiel gewinnen*« überhaupt nichts zu tun. Das Weglassen ist nicht mehr schwer, denn ich habe es ja im Schritt zuvor schon gedacht, ich habe mir gestattet, es zu denken, und musste nicht versuchen, es gedanklich zu umgehen. Also ist es abgehakt, es spielt jetzt keine Rolle mehr. Alles, was dagegen der »positiven Überprüfung« standhält, darf bleiben. Beispiel: »*Ich weiß, was ich kann.*«

Im Grunde geht es auch bei der »positiven Überprüfung« vor allem darum, die Einstellung zu verinnerlichen, dass alles, was wir uns vorstellen können, wirklich machbar ist. Meine »positive Überprüfung« muss aber *gerade nicht* alles und jedes schönreden. Es lässt mir den Raum für Kritik, für Momente des Zweifels und für die *ehrliche* Reflektion des *wirklichen* Stands der Dinge. Es lässt mir sogar die Möglichkeit, mich durch ein beherztes »*verdammter Mist jetzt*« anzufeuern, wenn ich es einmal brauche. Aber es bewahrt mich auch davor, mich durch ein »*Fortführen dieser Form der negativen Bewertung*« herunterzuziehen, zuerst mental und schließlich auch physisch, also in meiner Leistung.

Mein Power Thinking bewirkt die konstante positive Beeinflussung des eigenen Bewusstseins, ohne dabei die Realität auszublenden. Es ist nur eine »Umverteilung«, eine andere Gewichtung. Es ist ein »*Du schon, du jetzt nicht*«, gerichtet an die Gedanken. Um sich seine Kräfte für Besseres zu bewahren, und um die Kräfte sogar noch zu steigern. Weil mich im entscheidenden Augenblick nichts Negatives belastet. Die Kraft, die in mir steckt, wird vollständig einsetzbar, und jede Schwächung dieser Kraft wird vermieden.

Insgesamt fördert das Power Thinking übrigens auch die Disziplin des Denkens. Denn es ist ein grundmenschlicher Zug, sich »lustvoll« in negatives Denken hineinzuverbohren. Auch wenn es uns nicht guttut, wenn es uns total herunterzieht, wenn es uns schwächt und selbst wenn es uns krank macht: Das negative Denken ist eine Art »perverser« Lust. Es ist eine Disziplinlosigkeit. Wer sich das Konzept des Power Thinking zur Gewohnheit macht, hat darin ein wirkungsvolles Instrument an der Hand, das negative Denken zu unterbrechen und zu beenden.

In der Saison 1999/2000 gab es einen spannenden Kampf an der Tabellenspitze zwischen Bayer Leverkusen und dem FC Bayern München. Bayer Leverkusen spielte wirklich überragenden Fußball, während wir eine eher holprige, wenig überzeugende Saison ablieferten. Trotzdem glaubten wir zu jedem Zeitpunkt an unsere Chance. Im Verlauf der letzten vier Spieltage wurde unser Glaube daran immer stärker. Wir wussten um die Stärke Leverkusens, aber wir konzentrierten uns auf unsere Chance. Wir glaubten an die Machbarkeit der deutschen Meisterschaft 2000.

30. Spieltag. Ausgerechnet zu diesem wichtigen Zeitpunkt der Saison verlieren wir das Derby gegen 1860 München mit 1:2 und damit die Tabellenführung an Leverkusen. Wir sind jetzt »nur« noch Zweiter, mit drei Punkten Rückstand auf Leverkusen. Die Presse feiert Leverkusen als Mannschaft mit dem schönsten Fußball der Saison und beginnt uns schon abzuschreiben. Ich glaube weiterhin zu hundert Prozent an unsere Mannschaft. Und daran, dass wir es schaffen werden, den Titel zu verteidigen. Alles ist weiterhin machbar. Noch sind vier Spieltage zu spielen.

31. Spieltag. Leverkusen gewinnt überzeugend gegen Bremen, wir müssen nach Dortmund. In einem denkwürdigen Fight gewinnen wir mit 0:1. Spätestens jetzt ist wirklich jeder von uns voll davon überzeugt, dass es uns gelingen wird, die Meisterschaft zu verteidigen. Wir glauben felsenfest an ein Stolpern der Leverkusener. Dafür werden wir von außen mitleidig belächelt. Zu stark spielt Leverkusen. Ich sage es ab jetzt jeden Tag öffentlich: » Wir werden noch Meister.« Reiner Zweckoptimismus? Nein. Totale innere Überzeugung, dass es machbar ist.

32. Spieltag. Wir gewinnen sicher 4:1 gegen Rostock und hoffen, dass Leverkusen in Hamburg verliert. Leverkusen gewinnt erneut überzeugend mit 2:0. Leverkusens Restprogramm müsste eigentlich Anlass für erste Zweifel in unseren Reihen geben. Sie spielen noch daheim gegen Frankfurt und zuletzt auswärts, in Unterhaching. »Glauben Sie noch an die Meisterschaft, Herr Kahn?« – »Auf jeden Fall. Wir werden Meister. Leverkusen muss am letzten Spieltag nach Unterhaching. Wir spielen daheim. Alles ist noch möglich.« Wieder ernte ich nur mitleidiges Lächeln von meinen Gesprächspartnern, und die Artikel in den Zeitungen lächeln milde mit.

33. Spieltag. Wir sind jetzt in einer ganz kritischen Situation. Wir haben unter der Woche das Halbfinale gegen Real Madrid in der Champions League verloren und müssen müde und abgekämpft nach Bielefeld. Leverkusen wittert die Chance, schon am 33. Spieltag Meister zu werden, und gewinnt sicher mit 4:1 gegen Frankfurt. Wir reißen uns zusammen und gewinnen mit 3:0 in Bielefeld. Es war völlig klar, dass die Leverkusener nicht mit einem Sieg von uns gerechnet hatten. Dass sie dachten, wir wären »angeknackst« nach dem Ausscheiden gegen Real. Leverkusen wollte schon feiern, aber ich habe immer gesagt, wir schaffen das noch. »Leverkusen wird in Unterhaching verlieren...«, habe ich dann der Presse erzählt, und »...sie dachten sie wären heute schon Meister...«

Leverkusen machte im Sinne meines Power Thinking einen Fehler. Sie fingen an, sich auf Aspekte zu konzentrieren, die mit dem, was ihr Ziel hätte sein sollen (Meisterschaft), nichts zu tun hatten. Sie wollten die Meisterschaft frühzeitig feiern (hat auch nichts mit Meisterschaft zu tun: »Frühzeitig Meister werden« ist etwas anderes als »Meister werden«). Sie wollten, dass wir frustriert sind vom Ausscheiden gegen Real (ist erst recht etwas anderes als »Meister werden«).

Die Woche zwischen dem 33. und 34. Spieltag wuchs sich zu einem regelrechten Psychokrieg zwischen Leverkusen und dem FC Bayern aus. Jeden Tag wiederholten wir das Gleiche, immer wieder: »*Wir werden noch Meister. Wir kennen den Druck des letzten Spieltags. Leverkusen wird dem Druck nicht gewachsen sein.*«

Realistisch betrachtet gab es natürlich eine Menge zu zweifeln. Wieso sollten die Leverkusener, die so überzeugend gespielt hatten, die ganze Saison lang, bei Unterhaching verlieren? Ausgerechnet bei Unterhaching, für die es um nichts mehr ging? Aber spielte das eine »positive Rolle« bei dem, was *wir* wollten? Wir glaubten an das Machbare. Noch war alles möglich, alles andere fiel durchs Raster. Das ist es, das Power Thinking. Zu jedem Zeitpunkt waren wir gedanklich davon überzeugt, dass *wir* es können – die Leverkusener noch abfangen.

34. Spieltag. Schnell führten wir mit 3:0 gegen Bremen im Olympiastadion in München, und das Unglaubliche passierte tatsächlich. Leverkusen lag plötzlich in Unterhaching mit 0:1 zurück. Eine unfassbare Welle des Jubels brandete durchs Olympiastadion. Sollte das Unmögliche möglich werden? Leverkusen musste verlieren, und wir mussten gewinnen, um an ihnen vorbeiziehen zu können. Nicht nach Punkten, das war gar nicht mehr möglich. Nur das bessere Torverhältnis würde uns zum Meister machen. Bremen

*gelang der Anschlusstreffer, 3:1, aber abermals brandete
Jubel im Olympiastadion auf. 0:2 in Unterhaching! Leverkusen lag tatsächlich 0:2 in Unterhaching zurück! Noch
waren 20 Minuten zu spielen – aber es änderte sich nichts
mehr. Wir gewannen mit 3:1. Leverkusen verlor mit 0:2.
Wir waren erneut Deutscher Meister, wir waren der Deutsche
Meister des Jahres 2000.*

Da haben Sie die Bedeutung, die dem Power Thinking zukommt, insbesondere in entscheidenden Phasen, in Phasen, »wo's brennt«.

Quick Check!

- *Power Thinking ist aktives Denken.*

- *Power Thinking setzt sich immer mit einer konkreten
Situation auseinander.*

- *Im ersten Schritt analysieren Sie die Fakten. Wenn es
Grund dazu gibt und Sie Lust dazu haben: Regen Sie sich
ruhig kräftig über negative Fakten auf.*

- *Vergegenwärtigen Sie sich im zweiten Schritt: »Was
genau ist eigentlich das Ziel?«*

- *Der dritte Schritt bringt die »positive Überprüfung« der
Fakten: Sieben Sie jetzt alles Negative in Ihrem Denken
aus, was mit der Zielerreichung nichts zu tun hat und Sie
auf dem Weg zum Ziel nur behindern würde.*

Denken 3 – The Flow:
Voll rein und abtauchen in der Leistungsdusche.

Es gibt eine dritte Möglichkeit, konstruktiv zu »denken«. Ich habe das Wort »denken« hier in Anführungszeichen gesetzt, weil es dabei eigentlich nicht um das Denken, sondern um das Gegenteil davon geht. Es geht darum, sich völlig der Situation, also etwa dem Wettkampf, zu überlassen und intuitiv aus der Situation heraus zu handeln. Es geht also darum, praktisch »gar nichts mehr« zu denken. Für mich ist das der optimale Zustand. Ich spiele dann »automatisch«, und nichts kann mich mehr beeinflussen.

Das ist der Zustand des »Flows«. Der Flow ist die höchste Stufe, die extremste Form der Konzentration auf die eigene Leistungsfähigkeit. Es ist ein tranceähnlicher, meditativer Zustand, das Resultat des richtigen Umgangs mit der Gefühls- und Gedankenwelt. Alle Emotionen, Freude, Wut, Aggression, Angst, und die Gedanken, also alles, was einen gerade beschäftigt, werden dabei auf den Punkt der höchsten Konzentration und der vollen Leistungsfähigkeit fokussiert.

Wenn ich gerade von »tranceähnlich«, von »meditativ« und vor allem von »automatisch spielen« gesprochen habe, dann heißt das nicht, dass man während des Flows »nicht ganz bei sich« wäre. Man agiert dann nicht etwa »automatisch« im Sinne von »roboterhaft«. Im Gegenteil. Man spielt »automatisch sein bestes Spiel«, das einem zur Verfügung steht. Man hat direkten Zugriff einfach auf alles, was in einem steckt, und das in seiner reinsten und besten Form. Es kann sogar sein, dass man über sich selbst hinauswächst. Weil nichts einen bei seinem Spiel behindert, einschränkt oder schwächt. Keine negativen Gedanken, keine Zweifel, keine Ablenkungen.

Das Schwierigste am Flow ist es, zu erklären, wie es funktioniert, wie man reinkommt. Es gibt kein Patentrezept, wie man den Flow aktiviert.

Ich will aber versuchen, Ihnen zu erklären, was bei mir die wesentlichen Grundvoraussetzungen sind, um »einzutauchen«:

- *Ich versuche, mich bereits vor Spielbeginn in den Flow zu versetzen, nicht erst in entscheidenden Momenten des Spiels, in denen es auf die volle Leistungsfähigkeit ankommt.*
- *Das, was kommt, muss mir total liegen. Darum funktioniert es bei mir ja auch so gut, weil mir das, was ich tue, nun wirklich liegt.*
- *Ich muss mich darauf freuen, positiv darauf eingestimmt sein, was ich tue; wenn ich zum Beispiel sage: »Ist das wieder ein Scheiß, den ich da machen soll ...« oder wenn ich mich über irgendetwas oder über irgendjemanden ärgere, kann es nicht funktionieren. Der Flow ist reine Konzentration, er duldet keine Störung.*
- *Ich muss mir Bedingungen schaffen, die mir gut gefallen.*
- *Ich muss Mentaltechniken parat haben, die mir dabei helfen, das Drumherum auszublenden (wir kommen noch dazu).*
- *Ich darf nicht versuchen, den Flow zu erzwingen, ich muss ihn geschehen lassen.*
- *Ich muss das Vertrauen haben und mich auf die jeweilige Situation voll einlassen.*
- *Je mehr ich mir zutraue, umso leichter komme ich in den Flow.*

Der Flow ist übrigens *kein* Zustand, in dem man sich dauerhaft »aufhalten« könnte. Er ist nicht einmal ein Zustand, den man überhaupt *sicher* erreichen kann. Mal klappt's, mal nicht. Ganz sicher steht der Flow immer im Zusammenhang mit etwas, was Sie wirklich gerne tun. Der Flow ist also kein »Tool«, das Sie heranziehen können, um schneller mit Ihrer Steuererklärung fertig zu werden – es sei denn, Sie sind Steuerberater und lieben Ihre Arbeit. Apropos Steuerberater: Natürlich ist es in wirklich *jedem* Beruf möglich, in den Flow zu kommen, nicht dass Sie denken, das ist nur was für Sportler. Ich habe zum Beispiel ein Zeitungsinterview mit Martin Walser, dem Schriftsteller, gelesen. Walser spricht von seinem Buch »Ein liebender Mann«, das von Goethe handelt. Walser lässt Goethe in diesem Buch drei Liebesbriefe und den Anfang eines Romans schreiben – beides, die Briefe und den Roman, hat Goethe natürlich so nie geschrieben. Worauf die Zeitung von Walser wissen will, ob ihm das nicht schwergefallen sei, wie Goethe zu schreiben. Walser erwidert darauf: *»Das lief wie von selber, [...]. Das lief wie noch nie.«*[14] Auch wenn Martin Walser es selbst vielleicht anders sagen würde, ich meine: Das ist der reine Flow.

Das Endspiel um den Gewinn der Champions League 2001 war einer der Augenblicke, in denen es mir zu hundert Prozent gelang, in diesen Zustand höchster Konzentration zu finden – und das ganze Spiel über zu bleiben.

Nach hochdramatischen 120 Minuten, also nach zwei auszehrenden Spielhälften und zwei zermürbenden Hälften der Verlängerung, steht es 1:1 zwischen dem FC Valencia und dem FC Bayern München. Nun muss das Elfmeterschießen die Entscheidung bringen, wer die wertvollste Vereinstrophäe im europäischen Fußball gewinnt. Es gelingt mir, drei Elfmeter zu parieren. Nach fast 25 Jahren holen wir den Pokal der Landesmeister, den höchsten Titel im europäischen Vereinsfußball, endlich wieder nach München.

Während dieses Elfmeterschießens befand ich mich in einem Zustand der absoluten Konzentration, der optimalen Gefühls- und Gedankensteuerung. Ich nahm außer dem Ball und dem Schützen nichts mehr wahr. Ich befand mich wie in einem leeren, stillen Raum. Von den achtzigtausend Zuschauern im Stadion bekam ich nichts mehr mit. Ich überließ alles nur noch meiner Intuition. Ich war vollständig im Flow.

Das Ich antwortet = Der innere Dialog.

»RUHE! Man versteht ja sein eigenes Wort nicht! Schluss jetzt mit dem Durcheinandergequatsche!« Das wäre toll, wenn es so einfach funktionieren würde. Wenn man seinem eigenen Gedankendurcheinander generell »das Wort« verbieten könnte. Oder wenigstens schön geordnet der Reihe nach, liebe Gedanken, einer nach dem anderen. Und jeder mit einem Namensschildchen drauf: Wer momentan nicht gebraucht wird, kommt gar nicht erst rein ins aktive Denkgeschehen.

Wie will man sich konzentrieren können, wenn einem zu viele Gedanken durch den Kopf spuken, die uns nur vom Wesentlichen ablenken wollen? Ich kann mich jedenfalls nicht aufs Spiel fokussieren, wenn mir ständig durch den Kopf geht, dass ich die Woche nicht richtig trainieren konnte oder dass ich in diesem Stadion noch nie gewonnen habe oder wenn ich mich schon während des Spiels mit den Konsequenzen einer möglichen Niederlage beschäftige.

Ob wir es wollen oder nicht: Ständig werden Gedanken aus unserem Unterbewusstsein an unser Bewusstsein gesendet. Leider verschwenden wir einen guten Teil unserer Sende- und Denkkapazitäten damit, nicht-konstruktive Gedanken zu denken – und zu senden.

Wie meistens, wenn wir Dinge in den Griff bekommen wollen, ist es auch hier sinnvoll, das Problem an seiner Wurzel zu packen: in diesem

Fall direkt an den Gedanken zu arbeiten, die aus unserem Unterbewusstsein nach oben poppen. Die Arbeit lohnt, denn ich sage Ihnen: Wir können dann unsere Gedanken besser steuern, und mit der Fähigkeit dazu verfügen wir über eine unerschöpfliche mentale Kraftquelle.

Immer geht es darum, präsent zu sein. Also im Hier und Jetzt zu leben. Dazu muss man erst mal klar Schiff machen, das heißt, überflüssige Gedanken über Bord werfen. Denn es ist schon erstaunlich, was für eine Macht Gedanken bekommen können, wenn wir sie einfach gewähren lassen.

Die meisten Menschen sind Gewohnheitstiere. Ich auch. Wir sammeln Gewohntes, was nicht automatisch mit »Liebgewonnenem«, geschweige denn mit »Wertvollem« gleichzusetzen ist. Im Gegenteil. Wir schleifen jede Menge Dinge mit uns herum, die in Wirklichkeit nur Ballast sind. Fast jeder Mensch hat in seinem Haus oder in seiner Wohnung (mindestens) einen bestimmten Ort, an dem er Dinge stapelt. Auch wenn er sie eigentlich gar nicht (mehr) braucht. Bei mir ist es vor allem die Garage. Na gut, und der Keller. Mit den Gedanken funktioniert das genauso, bloß dass es uns weniger bewusst ist, es ist nicht zu sehen, es fällt (zunächst) nicht weiter auf. Und trotzdem ist er da, der Gedankenschrott, und er behindert uns.

Dinge, die wir nicht mehr brauchen, können wir zum Sperrmüll bringen, heute sagt man: auf den »Wertstoffhof«. Eine entsprechende Einrichtung für Gedanken gibt es (leider) nicht. Unnütze Gedanken gehören auf den *Gedanken-Sperrmüll*.

Es geht also darum, unseren Vorrat an Gedanken von Zeit zu Zeit auf Überflüssiges zu überprüfen. Sagen Sie nicht: »*Er übertreibt das Bild.*« Es gibt diesen Gedankenmüll, jeder Mensch hat ihn, und es ist möglich, ihn nicht nur zu identifizieren, sondern ihn sogar loszuwerden.

Überprüfen Sie den Wahrheitsgehalt dieser Gedanken. Am besten mit Hilfe einer Person Ihres Vertrauens. Hinterfragen Sie hartnäckige

Gedanken auf ihren Realitätsbezug. Schnell werden Sie feststellen, dass das meiste von dem, was wir uns so alles »ausmalen«, überhaupt keinen Bezug zur Realität hat. Es sind Konstrukte, die aus unserer Fantasie, aus unseren Befürchtungen oder aus unseren inneren Überzeugungen – die nicht zwangsläufig richtig sein müssen – resultieren. Alles, was wir über die Jahre in uns aufgenommen haben, unsere Erziehung, unsere »biografischen« Erlebnisse, all unsere Überzeugungen, die wir gewonnen haben, wirken sich unterbewusst auf unser Handeln aus. Wir haben gelernt, auf eine bestimmte Weise zu denken und zu handeln.

Im Grunde *sind* wir also das, was in unserem Kopf *vorgeht*. Trotzdem heißt das nicht, dass wir für alle Zeiten unseren Glaubenssätzen und inneren Überzeugungen ausgeliefert bleiben müssen. Das würde ja regelrecht bedeuten, dass keine echte Weiterentwicklung stattfinden könnte. Die Kunst besteht darin, produktive von unproduktiven Glaubenssätzen zu unterscheiden; darin, negative Gedankenkonstrukte aufzulösen; oder darin, sie in positive umzuwandeln. Schauen wir uns mal ein paar *meiner* negativen Gedanken an, wie ich sie mir vor einem Spiel gemacht haben könnte, und versuchen wir, sie umzuformen.

> *Gedanke:* »*Im letzten Spiel habe ich einen blöden Fehler gemacht.*«
> *Reaktion:* »*Dafür mache ich heute ein starkes Spiel.*«

> *Gedanke:* »*Die Medien haben mich hart kritisiert.*«
> *Reaktion:* »*Na und! Die Welt ist schnelllebig. Schon morgen feiern die mich wieder.*«

> *Gedanke:* »*Ich konnte die letzten zwei Tage nicht richtig trainieren.*«

Reaktion: *»Ich bin so erfahren, dass meine Leistung ganz sicher nicht von den letzten beiden Trainingseinheiten abhängt, und die Pause hat mir sogar gutgetan.«*

Gedanke: *»Ich habe Rückenschmerzen und fühle mich leer und kaputt.«*
Reaktion: *»Wenn das Adrenalin kommt, spüre ich davon eh nichts mehr.«*

Gedanke: *»Draußen warten achtzigtausend Zuschauer, sie werden pfeifen, was das Zeug hält.«*
Reaktion: *»Das Pfeifen der Zuschauer bringt mir nur noch mehr Adrenalin und damit mehr Konzentration und Leistungsfähigkeit.«*

Gedanke: *»Wir dürfen auf keinen Fall verlieren, sonst scheiden wir aus.«*
Reaktion: *»Prima, in solchen Situationen kann ich immer das Maximum abrufen. Also wird es mir leicht fallen, wirklich alles für den Sieg zu geben.«*

Gedanke: *»Beim Aufwärmen fühlte ich mich ganz schön unsicher.«*
Reaktion: *»Unsicher beim Aufwärmen, sicher beim Spiel, das kenne ich schon. Besser als umgekehrt.«*

Gedanke: *»Bloß keinen Fehler machen.«*
Reaktion: *»Ich konzentriere mich voll darauf, das Richtige zu machen.«*

Gedanke: »Die Konkurrenz lauert nur auf Fehler.«
Reaktion: »Die können lange lauern, so macht es mir erst
richtig Spaß, alles richtig zu machen.«

Um zu einem inneren Dialog mit sich selbst zu kommen, muss man
manchmal einen Kampf mit sich selbst führen. Man kann selbst negative Gedanken »lieb gewinnen«, man lässt sie ungern los, und deshalb
haben sie auch die Kraft, unser ganzes Tun und Handeln zu beherrschen.
Wenn ich dagegen für jeden Gedanken eine Antwort parat habe, verflie-
gen sie, und das gibt mir die Möglichkeit, mich auf das Wesentliche zu
konzentrieren.

Quick Check!

- *Überprüfen Sie von Zeit zu Zeit Ihr Hirn auf Gedankenmüll.*

- *Lassen Sie es nicht zu, dass Sie von »automatischen«
  negativen Gedanken, deren Wahrheitsgehalt gar nicht
  geprüft ist, in Ihrem Tun behindert werden.*

- *Überprüfen Sie grundsätzlich den Wahrheitsgehalt negativer Gedanken.*

- *Kontern Sie negative Gedanken mit einer positiven
  Antwort.*

- *Unterscheiden Sie zwischen unproduktiven und produktiven Gedanken – und stoßen Sie die unproduktiven
  Gedanken ab.*

Der innere Dialog ist ein Werkzeug, mit dem es gelingt, einen Zustand zu erreichen, den ich mit »stark im Kopf« und »mental stark« bezeichne. Das ist die Fähigkeit, Herr seiner Gedanken zu sein und sich in einen Zustand zu versetzen, der von tiefer Überzeugung und Zuversicht geprägt ist. Selbst dann, wenn es schwer fällt und man gerne einem nicht optimalen inneren Zustand nachgeben würde.

Reine Konzentration: Der kleine weiße Punkt.

Tiger Woods sagte einmal etwas über Jack Nicklaus, den größten Golfspieler aller Zeiten, das es auf den Punkt brachte. Er sagte, er wisse, warum Nicklaus der beste Golfspieler aller Zeiten geworden ist. Jack Nicklaus besitze die Fähigkeit, im entscheidenden Moment alle Aufmerksamkeit auf *einen* Punkt zu bündeln, alles Störende auszublenden und damit alle Kräfte willentlich zu fokussieren.

Genau das ist die Fähigkeit der großen Champions, die den entscheidenden Putt lochen, den entscheidenden Elfmeter versenken, den entscheidenden Ball halten, die ganz einfach im entscheidenden Moment das einzig entscheidende Richtige tun. Das ist die Fähigkeit der »reinen Konzentration«. Diese reine Konzentrationsfähigkeit hängt direkt mit dem eigenen Willen zusammen. Nur wenn ich etwas unbedingt »will«, ist die daraus resultierende Konzentration etwas ganz Natürliches.

Als Torhüter entwickelte ich eine Methode, mit der ich nach und nach mein Konzentrationsvermögen steigern konnte. Ich begann, während des Spiels meine Augen ununterbrochen auf den Ball zu richten – ohne den Blick auch nur eine Sekunde von ihm abzuwenden. In jedem Augenblick des Spiels, selbst bei einem Eckball für *meine* Mannschaft, also der Spielsituation, in der der Ball am denkbar weitesten von meinem Tor entfernt ist, ließ ich meine Augen keine Sekunde irgendwo anders

Der weiße Punkt der Konzentration.
Hierauf Ihre ganze Konzentration!

hin abdriften. Meine Augen, mein Fokus, meine Konzentration blieben auf dem kleinen weißen Punkt.

Anfangs gelang mir das nur für kurze Momente, dann für einige Phasen des Spiels, vielleicht jeweils ein paar Minuten lang. Aber nach und nach steigert diese Methode die Konzentrationsfähigkeit gewaltig. Mit der Zeit scheint sich das Gehirn regelrecht an die hohe Konzentrationsbelastung zu gewöhnen. Es fiel mir zunehmend leichter, zu jeder Sekunde im Spielgeschehen »am Ball« zu sein. Während einer Champions-League-Begegnung oder eines WM-Spiels konnte es so schon vorkommen, dass ich kaum etwas von der Atmosphäre im Stadion mitbekam.

DFB-Pokal 2007, 1. Runde, Wacker Burghausen gegen den FC Bayern München. In der 1. Runde des DFB-Pokals 2007 mussten wir mit dem FC Bayern München nach Burghausen. Eine klare Sache. Was sollte schon passieren? Wir, ein Bundesligist, der sich gerade für 70 Millionen Euro »personell verstärkt« hat, gegen eine Regionalligamannschaft.

Der DFB-Pokal generell, seine Erstrundenspiele ganz besonders, sind gerade für die Bundesligisten eine schwierige Sache. Wir haben da nichts zu gewinnen. Das Spiel schon, aber die Ehre bleibt beim Gegner. Selbst dann, wenn er »standesgemäß« unterliegt, also nichts von ihm übrig bleibt. Jeder geht davon aus, dass man gegen die Amateure klar, eigentlich hoch gewinnt. Dass man locker in die nächste Runde kommt. Sicher, meistens ist das auch so. Aber es gibt Ausnahmen. Die Amateure wachsen über sich hinaus, und die Profis geraten an den Rand einer Niederlage, die dann immer eine Blamage wäre. Oder sie fallen sogar über den Rand – ins Nichts oder in die Hämesuppe, schwer zu sagen, was besser ist.

Alles, was der Favorit in so einem Spiel hinkriegen muss, ist eine schnelle Führung. Das bremst den Schaum des Gegners doch erheblich, und das Spiel wird »für alle Seiten« ein bisschen leichter.

Der Abend in Burghausen war mild. 15 000 Zuschauer im Stadion. Trotz zahlreicher Torchancen brachten wir es aber eben nicht fertig, in Führung zu gehen. Entweder trafen wir das Tor nicht oder der Torwart des Gegners, der »natürlich« über sich selbst hinauswuchs, hielt alles, was unseren Leuten sonst noch einfiel.

Burghausen kam auch nicht oft vor mein Tor, sie waren weitestgehend damit beschäftigt, ihr eigenes Tor zu verteidigen. In der 65. Minute bekamen sie aber einen Freistoß zugesprochen. Flanke von der rechten Seite, ein Burghausener Spieler steigt hoch – und erzielt das 1:0 für seine Mannschaft. 1:0 für die Kleinen gegen die Großen. Das würde wieder ein mediales Theater geben, sollten wir wirklich dieses Spiel verlieren! Häme und Spott tagelang. In der 75. Minute erzielen wir Gott und Miroslav Klose sei Dank das 1:1. Auch in der Verlängerung bleibt es beim 1:1. Jetzt muss das Elfmeterschießen die Entscheidung bringen. Elfmeterschießen gegen einen Regionalligisten! Jetzt konnten wir definitiv nur noch verlieren. Ich spürte kühles Unwohlsein in meine Mitspieler kriechen. Vielleicht war's auch schon so etwas wie Angst, vor der Blamage.

Bisher konnte ich nichts tun, jetzt war es an der Zeit für mich, alle Register zu ziehen. Ich versuchte, meiner Mannschaft Feuer zu machen und sie darauf einzuschwören, dass wir das noch packen. Danach zog ich mich zurück, in meinen Tunnel der reinen Konzentration.

Mein Tunnel ist ein ruhiger, leerer Raum. Er hat weder Eingang noch Ausgang. Es gibt nur ein »drinnen«. Ob es ein »draußen« gibt, könnte ich nicht sagen, es interessiert mich aber auch gar nicht. Drinnen bin jedenfalls nur ich – und der Schütze mit dem Ball. Meine Gedanken beschäftigen sich ausschließlich mit dem Ablauf des Elfmeterschießens. Zuerst ein Abchecken der technischen und taktischen Gegebenheiten. Wer schießt? Was weiß ich von ihm? Was ist seine Schusstechnik? Was sind seine Vorlieben? Was seine Schwächen? Wie ist er heute drauf? Wie hat er heute gespielt? Wie bewegt er sich heute? Zeigt er etwas von dem, was er gerade denkt? Wohin hat der Schütze vor ihm gezielt? Dann mache ich zu. Das heißt, dann mache ich *auf*. »*Ja was jetzt, zu oder auf?*« Ich mache zu und schotte mich ab, aber ich mache gleichzeitig auf und registriere alles, was ich für den einen Punkt brauche, für das JETZT, für meine Reaktion, für das Aktivieren der reinen Leistung. Es ist ein ganz und gar intuitiver *und gleichzeitig* automatischer Prozess. Würde die Welt in diesem Moment untergehen, ich würde es nicht mitbekommen. Aber würde dem Spieler eine Wimper ausfallen, würde ich es merken. Das ist natürlich ein bisschen übertrieben. Aber so viel stimmt schon: Es ist die höchste Stufe der Konzentration, es ist die »reine« Konzentration.

Es gelang mir, zwei Elfer Burghausens zu halten, und wir waren eine Runde weiter. Kein großer Schritt *für* uns, aber viel weniger Spott *über* uns. Eine Tageszeitung »freute« sich am nächsten Tag über etwas, das ich scheint's gleich nach dem Spiel in ein Mikro gesagt hatte: »*Kahn sagte das, was sich nur Kahn zu sagen traut. Dass er den Lauf der Dinge aufgrund seiner außerordentlichen Fähigkeiten schon mal beeinflussen kann, dass Glück bei ihm nur eine Nebenrolle spielt.*« Stimmt.

Falls ich es wirklich so gesagt habe – nach jedem Spiel gibt es ja eine Menge Mikrofone, die ein Stück Stimme haben wollen –, falls ich es also wirklich so gesagt habe, gibt es recht genau das wieder, was meine innere Überzeugung ist. Und die vielleicht auch Ihre werden sollte. Es ist ja gar nicht viel dabei. Natürlich ist es möglich – und wir sollten es auch versuchen – den Gang der Dinge zu beeinflussen. Das nenne ich aktiv sein. Das ist Gestalten. Das ist Zukunft schreiben. Wenn das Glück so nett ist, dabei zu helfen, freu' ich mich. Aber ich muss mich zumindest auf mich verlassen können, falls das Glück grad mal keine Zeit für *mich* hat.

Keine Konzentration: Mangelnde Fitness und andere kleine Sünden.

Die Fähigkeit zur Konzentration ist ein ganz entscheidender Faktor, um in wichtigen Momenten sein ganzes Potenzial abrufen zu können. Je länger und intensiver Sie sich konzentrieren können, desto konstanter und höher ist Ihre Leistungsfähigkeit.

Konzentrationsmängel entstehen immer dann – das dürfte jetzt keine revolutionäre Erkenntnis sein –, wenn Ihre Gedanken von dem abschweifen, um was es wirklich geht. Wer in entscheidenden Momenten plötzlich an frühere Niederlagen, den letzten Streit mit dem Partner oder die jüngste negative Kritik denkt, braucht sich nicht zu wundern, wenn die Konzentration auf das Wesentliche flöten geht.

Die körperliche Fitness hat einen erheblichen Einfluss auf die Konzentrationsfähigkeit. Zwar ist es heute »weit verbreitet«, regelmäßig Sport zu treiben, und sicher gibt es Menschen, die kein Problem damit haben, sich körperlich fit zu halten. Aber glauben Sie bloß nicht, dass Leistungssportler automatisch zu dieser Gruppe der körperlich Fleißigen gehören. Ich selbst übrigens auch nicht. Es macht mir nichts aus, hart zu trainieren, nicht mal, mich zu quälen. Ich mache es sogar gern. Ich habe Ihnen ja schon gesagt: Matsch und so – ich liebe es. Aber ich bin nicht eigentlich der bewegungsfreudige Typ. Ich sage das, um Sie zu entlasten, falls Sie das nötig haben. Aber jetzt müssen Sie trotzdem hoch mit Ihrem

Hintern, denn ohne die körperliche Fitness geht es nicht, das müssen Sie einsehen.

Nun noch die vorläufig letzte »Hiobsbotschaft«: Körperliche Fitness schließt leider auch den Lebenswandel ein. Da bin ich nun wieder relativ weit oben, in gewisser Hinsicht jedenfalls, denn ich versuche, mich gesund zu ernähren, und vor allem versuche ich, wenig zu trinken – Sie wissen was ich meine – möglichst wenig Alkohol. Zum Lebenswandel gehört außerdem auch das Ruhe- und Schlafverhalten. Leistungsfähigkeit braucht unbedingt Pausen und Ruhe. Das hat sich im Leistungssport längst durchgesetzt. Es wird zum Teil sogar rigoros *verordnet*, nicht immer zur allergrößten Freude der Sportler. André Agassi, einer der erfolgreichsten Tennisspieler aller Zeiten, hat einmal gesagt, was ihm in seiner ganzen Profizeit am schwersten gefallen sei, seien gerade die verordneten Ruhepausen gewesen. Wenn er einfach nur dasitzen, nichts tun, nicht einmal mit seinen Kindern spielen durfte.[15] In diesem Punkt ist der Sport definitiv weiter als die Wirtschaft. Nach wie vor, habe ich den Eindruck, gilt der Hinweis darauf, wie wenig man schläft, geradezu als ein Synonym dafür, wie erfolgreich man ist. Absurd.

Die Fitness, der Schlaf und die richtige Ernährung sind also geradezu die Grundlagen der Konzentrationsfähigkeit. Wer mit einigen Kilo Übergewicht und sagen wir vier Stunden Schlaf »in den Ring« steigt, wird große Schwierigkeiten haben, sich zu konzentrieren – und leistungsfähig zu sein. Auch hier ist einmal mehr der Golfprofi Tiger Woods das perfekte Vorbild.

Beim letzten Major-Turnier des Jahres 2007 zeigte er der Konkurrenz eindrucksvoll, was es heißt, nicht nur im Golfspiel an sich, sondern vor allem auch in Sachen Fitness der Beste zu sein. An allen vier Tagen der 89. PGA Championship in Oklahoma herrschten mörderische Temperaturen von nahezu 40 Grad Celsius. Eine gewaltige Belastung für alle Profis, die bei diesen Bedingungen »alle Hände voll« zu tun hatten, die Konzentration bis zum Schluss aufrechtzu-erhalten. Tiger setzte sich schließlich mit zwei Schlägen Vor-sprung gegen die Konkurrenz durch – weil er aufgrund sei-ner athletischen Voraussetzungen den entscheidenden Vorteil hatte. Während die Topfavoriten nach und nach an Boden verloren, konnte Tiger auch unter den härtesten Bedingungen die Konzentration bis zum Schluss halten. Er machte einfach, von der Hitze unbeeindruckt, die wenigsten Fehler von allen. Nach dem Turnier betonte er noch mal explizit, wie wichtig es für seine Konzentration ist, dass sein gesamter Körper in bester Verfassung ist. Während die anderen immer müder geworden waren, drehte er an den letzten Löchern sogar noch mal richtig auf und siegte schließlich ungefährdet.

Der Sport allgemein, *mein* Sport, vor allem aber *meine* Spielposition, die Position des Torhüters, erfordert eine »erhebliche Portion« Konzentrationsfähigkeit. Oder haben Sie eventuell schon einmal mit dem Gedanken »geliebäugelt«, es könnte gar nicht so schwer sein, bei einem Spitzenverein wie dem FC Bayern München im Tor zu stehen? Weil die Mannschaft ja so stark ist? Weil man ja eh nicht viel zu tun bekommt, die ein, zwei Bälle, die man da zu halten hat pro Spiel, wenn überhaupt? Vergessen Sie's. Gerade *das* ist ein echtes Problem für den Torhüter. Oder sagen wir: Es ist die Kunst.

Häufig sieht man Torhüter »über sich selbst hinauswachsen«, weil sie als Folge zahlreicher Fehler ihrer Vordermannschaft »warmgeschossen« wurden. Das passiert bei Spitzenmannschaften eher selten. Die echte Kunst für den Torhüter liegt darin, 89,5 Minuten lang nur so »herumzu-stehen« und in der letzten halben Minute einen »Unhaltbaren« von der

Linie zu kratzen. Oder dem konternden Gegner den Ball wegzuangeln, Sekundenbruchteile, bevor er schießt. Oder mit einer Blitzreaktion einen aus allernächster Nähe abgefeuerten Ball noch abzulenken. Auch mit den Witterungsverhältnissen muss man übrigens zurechtkommen. Im Stadion kann es lausig kalt werden, davon wissen auch die Fans ein Lied zu singen. Ich habe in meiner Laufbahn Spiele bestritten, da war es sogar zu kalt zum Schneien, minus fünfzehn Grad oder kälter, der Boden durchgefroren und hart wie Marmor. Und ich in kurzen Hosen. Weil es mir einfach lieber ist. Weil ich den Eindruck habe, dass es meine Bewegungsfreiheit erhöht.

Wer jetzt nicht mehr konzentriert ist, hat keine Chance, egal wie »gut« er ist. Den *einen* entscheidenden Ball zu halten, ohne vorher großartig, wenn überhaupt, beschäftigt gewesen zu sein, das ist die permanente Herausforderung des Torhüters bei einem Spitzenverein wie dem FC Bayern München. Es ist, bei aller Bescheidenheit, die wahre Kunst. Während des Spiels gibt es viele Gelegenheiten, die Konzentration und damit jede Fähigkeit zu verlieren, im entscheidenden Moment präsent zu sein. Denken Sie allein an das Publikum, vor allem bei Auswärtsspielen. Die Zuschauer sagen ja nicht gerade: »Psst, seid jetzt mal alle still, der Kahn will sich konzentrieren.« Oder sie sagen es, und ich hab' es wegen des Geschreis nicht gehört.

Quick Check!

Nehmen Sie diese drei Tatsachen ernst:

- *Konzentrationsfähigkeit braucht körperliche Fitness.*

- *Konzentrationsfähigkeit braucht gesunde Ernährung.*

- *Konzentrationsfähigkeit braucht definierte Ruhepausen.*

Sie sprechen mehrere Sprachen?
Sprechen Sie auch »Körpersprache«?

Haben Sie wirklich geglaubt, nur weil Sie den Mund halten, sagen Sie nichts? Vielleicht kennen Sie den berühmten Satz: »*You can not not-communicate*« – etwa: »*Du kannst nicht nichtkommunizieren*«. Der Satz meint: Sie müssen nicht extra etwas aussprechen, um zum Ausdruck zu bringen, was Sie sagen wollen. Auch wenn einer die Klappe hält, kann er also dem anderen vermitteln, was er von ihm hält. Felix Magath war als Trainer des FC Bayern ein Meister darin – wenn auch mitunter ein berüchtigter. Der sagte nun wirklich selten was, aber meistens haben wir verstanden, was er damit meinte.

Körpersprache ist also »die Sprache des Redens ohne zu sprechen«. Sie ist immens »beredt«, also immens vielsagend. Und sie ist wirkungsvoll. Sie kann nach außen wirken, also mit unserer Umgebung kommunizieren, und sie kann sogar nach innen wirken, also uns selbst beeinflussen. Sie kann erheblichen Nutzen bringen und ebensolchen Schaden anrichten. Besser also, man lernt sie bewusst »sprechen« und einzusetzen. Richtig angewandt ist sie eines der wichtigsten Instrumente mentaler Stärke.

Anybody out there?
Körpersprechen mit der Umgebung.

Alles an Ihrem Körper, Ihre Gestik, Ihre Mimik, Ihre Haltung, »kommuniziert« Ihren Zustand an die Außenwelt. Da ist es gut, wenn Sie fließend Körpersprache sprechen. Da ist es schlecht, wenn Sie sich körpersprachlich »verquatschen«. Redewendungen wie »sein Inneres nach außen kehren« oder »Sein Herz liegt ihm auf der Zunge« sagen, dass sich jemand offenbart, etwas von sich preisgibt. Dasselbe Phänomen gibt es auch bei der Körpersprache. Es kann uns »passieren«, dass wir etwas von uns verraten, was wir besser für uns behalten hätten.

Das ist aber noch nicht alles. Wenn Sie ein Haustier haben, egal ob Hund, Katze, Pferd, vielleicht sogar beim Wellensittich, Sie werden mit der Zeit genau lernen, wie die Körpersprache Ihres »Struppi« zu lesen ist. Und Sie werden sich darauf verlassen können, was Sie lesen, weil Struppis Körper genau das sagt, was Struppi gerade »denkt«.

Wir Menschen sind da um ein Vielfaches komplexer. Das, was wir über unseren inneren Zustand preisgeben, muss nicht unserer tatsächlichen Verfassung entsprechen. Vielmehr kann der Mensch sich verstellen. Er kann die Körpersprache dazu benutzen, einen gewünschten Eindruck zu vermitteln, einen Eindruck, den die jeweilige Situation gerade erfordert.

Zwar ist nicht jeder Mensch ein guter Beobachter, ebenso wenig wie alle Menschen gute Zuhörer sind. Gerade in wichtigen Situationen sollten wir aber vorsichtshalber davon ausgehen, dass wir es mit guten Beobachtern zu tun haben. Kein Mensch würde doch in einer für ihn bedeutenden Situation, etwa einem Bewerbungsgespräch, einfach mal unkontrolliert drauflosquasseln. Also halten Sie auch Ihre Körpersprache im Zaum.

Sie können also lernen, mit Hilfe Ihres Körpers einen bestimmten emotionalen Zustand zu »spielen«. Sie können Selbstbewusstsein, Entschlossenheit, Überzeugung, Siegeswillen »verkörpern« und dabei Unsicherheit, Zweifel oder sogar Selbstaufgabe verbergen. Natürlich wird es, je schlechter es Ihnen »innen« geht, umso schwieriger, dies »außen« zu verbergen. Aber dennoch schien es mir selbst immer leichter zu sein, etwas »Perfektes« zu verkörpern, als etwas perfekt auszudrücken. Ich möchte Sie damit motivieren, bewusstes Körpersprechen anzufangen, falls Sie es nicht schon praktizieren.

Am 4. März 1933 besteigt Franklin Delano Roosevelt das Rednerpult, um die »Inaugural Speech«, seine Antrittsrede als frisch gewählter 32. Präsident der Vereinigten Staaten von Amerika zu halten. Alle sind begeistert von diesem aufrechten Mann. Ein Bild von einem Mann. Einer, dem man auf den ersten Blick ansieht, dass er der Richtige ist, um die Vereinigten Staaten aus der größten Wirtschaftskrise, die die Welt jemals erleiden musste, zu führen.

Was kaum jemand wusste, weil es ihm praktisch nicht anzusehen war: Roosevelt konnte eigentlich so gut wie gar nicht laufen – er hatte Polio, und seine Beine waren gelähmt.

Heute treffen wir in vielen Situationen auf Menschen, die geradezu darin geschult sind, die Signale des Körpers zu interpretieren. Nicht selten hat man den Eindruck, dass der Gehalt des gesprochenen Worts oder die Leistung, die man gerade »abgeliefert« hat, dagegen sogar eine untergeordnete Rolle spielt, wenn überhaupt eine. Erinnern Sie sich an Josef Ackermann, den Vorstandsvorsitzenden einer großen deutschen Bank? Jeder kennt den lachenden Mann, wie er die Finger zu einem Victory-V formt, und jeder glaubt interpretieren zu können, was er damit sagen wollte. Aber wer weiß eigentlich noch, was er damals und in diesem Zusammenhang wirklich »sagte«? Ich habe es erlebt, wie Spielern des FC Bayern eine Krise »aninterpretiert« wurde, weil sie nach dem Spiel, nach dem Duschen, die Kabine mit hängendem Kopf und Schultern verlassen haben, die Trainingstasche müde hinter sich her schleifend. Nicht die Tatsache, dass sie noch vor wenigen Minuten auf dem Feld standen und dort eine prima Partie gespielt haben – die Interpretation ihrer Körpersprache *nach* dem Spiel, in den Katakomben des Stadions, ist es dann, was plötzlich von Bedeutung ist und zur Beurteilung des Spielers verwendet wird.

Nichts ist also verheerender als eine »negative« Körpersprache, die dem Gegenüber, dem Publikum, dem Kontrahenten etwas für die Situation Negatives signalisiert, Lustlosigkeit, Arroganz, Niedergeschlagenheit, Überheblichkeit, Unsicherheit, Ratlosigkeit und, und, und.

Meine Körpersprache im Wettkampf war grundsätzlich geprägt von *positiver* Aggressivität. Ich setzte meine Körpersprache sehr oft dazu ein, meiner Mannschaft die »totale Präsenz« zu vermitteln, und dem Gegner möglichst großen Respekt einzuflößen, gerne auch Angst. Mir war aber immer auch klar, dass eine Mannschaft in gewissen Phasen eines Wettkampfes im Torhüter einen ruhenden Pol benötigte. Es war also nicht damit getan, mich aufzupumpen, zu hypnotisieren, rauszurennen und den Wilden zu spielen, bis der Schlusspfiff mich aus meiner Trance wieder weckte. Meine Antennen waren auf Empfang, und ich passte meine Körpersprache an die jeweiligen Erfordernisse des Wettkampfes an.

Quick Check!

- *Der Körper kommuniziert mit seiner Umgebung – ob wir es wollen oder nicht.*

- *Die Mimik, die Gestik und die Körperhaltung sind das Alphabet der Körpersprache.*

- *Wer die Körpersprache bewusst einsetzt, kann mehr aus seiner Außenwirkung machen.*

- *Wer seine Körpersprache nicht im Griff hat, kann mehr von sich verraten, als ihm lieb ist. Sie können nicht nichts sagen: Auch wer demonstrativ schweigt, bringt etwas zum Ausdruck.*

Der Borg: Kalt, emotionslos, gefährlich.

Science-Fiction-Fans muss ich dieses Mal enttäuschen: Es geht hier nicht um die »Borgs«, die irrsinnigen Außerirdischen aus der Serie Star Trek/Raumschiff Enterprise. Es geht um den großen Tennisspieler Björn Borg und um seine legendäre, absolute Emotionslosigkeit auf dem Tennis-court. Die Spezialität Borgs war es, dass während des Spiels von ihm praktisch »gar keine« Gefühle ausgingen. Das machte es seinem Gegner schwer, irgendetwas an ihm zu erkennen. Keine Nervosität, und schon gar keine Schwäche. Nichts, was man hätte ausnutzen können. Borg ver-hielt sich zu jedem Zeitpunkt eines Matches immer gleich, und man wusste nie, was wirklich in ihm vorging. Wenn ich so drüber spreche – vielleicht ist die Namensgebung für die Außerirdischen aus Star Trek gar kein Zufall?

Auch die »Borg-Sprache« ist eine Form der Körpersprache, die darauf abzielt, so gut wie nichts aus seinem Inneren preiszugeben. Diese Form der Körpersprache verlangt ein besonders hohes Maß an Selbstdisziplin. Schließlich müssen so auch die härtesten Ereignisse während eines Matches reglos und kühl hingenommen werden.

Es macht sicher nur für ganz wenige Sinn, sich an der Art von Björn Borg zu orientieren. Es liegt einem, oder es ist völlig aussichtslos, ein »Borg« zu werden. Ein »normaler« Mensch wird in der Hitze des Augen-blicks nicht zur Emotionslosigkeit eines Björn Borg in der Lage sein. Körpersprache ist eine sehr individuelle Sprache. Sie fordert grundsätz-lich Übung, und sie ist in ihren spezifischen Ausprägungen nicht selten einfach unnachahmbar. Am besten man versucht, den eigenen, individu-ellen »Dialekt« herauszufinden.

Big Mac: Der legendäre Klassiker.

»*Where is the Beef?*«, lautete einmal der Slogan einer internationalen Fastfood-Kette, mit dem sie sagen wollte, dass die Konkurrenz weniger »Beef«, also weniger Fleisch zwischen die Brötchenhälften packt. Da brauchte bei John McEnroe niemand Sorgen zu haben, der war gewiss *keine* Mogelpackung. Er war ein ganzes Menü, mit bisweilen sogar einer Extraportion Schärfe drin. Bei John McEnroe bleiben uns neben seinen großen Erfolgen vor allem seine legendären Wutausbrüche in Erinnerung. Ein Spiel von John McEnroe war alleine deshalb immer ein großes Erlebnis. Großes Theater, könnte man auch sagen.

Mal beschimpfte er den Schiedsrichter, mal pfefferte er seinen Schläger weißglühend vor Wut ins Netz, mal versuchte er, den Gegner mittels gallig verachtender Laser-Blicke zu einem kleinen Häufchen Nichts zusammenzuschmoren. Immer wusste man ganz genau, in welchem emotionalen Zustand er sich befand.

Er war einer der wenigen Sportler, die die Fähigkeit besaßen, durch kontrollierte Wutausbrüche ihre Frustrationen zu minimieren, um sich sofort wieder auf das Wesentliche zu konzentrieren. Das Wichtige ist hier der Begriff »kontrolliert«. Denn auch wenn man gelegentlich daran zweifeln mochte, ich bin sicher, dass McEnroe die Sache immer im Griff, also unter Kontrolle hatte.

Die Körpersprache des Wettkämpfers ist also dazu da, Eigenschaften wie Stärke und Überlegenheit zu zeigen und Gefühle der Schwäche, des Zweifels oder der Angst zu verbergen. Der eine verbirgt seine Gefühle durch absolute Kühle und Emotionslosigkeit, und er wird auch seine Stärken mit einer Art »stoischer« Ruhe verkörpern – was übrigens nicht ausschließt, dass von einer solchen Ruhe eine vom Gegner durchaus als bedrohlich wahrgenommene Kraft ausgeht. Ein anderer trägt seine Emotionen nach außen, fetzt wie ein Derwisch hin und her und schafft es dennoch, sich durch diese Form der Unruhe nicht selbst aus dem Konzept, aus der Konzentration zu bringen.

Es lässt sich nicht sagen, welche Art der Köpersprache wirkungsvoller ist. Die ganze Sache hängt in hohem Maße vom individuellen Charakter des »Interpreten« ab. Aus einem Borg lässt sich kein McEnroe machen, aus einem McEnroe wird niemals ein Borg. Die Körpersprache ist so viel Bestandteil des »Ichs«, wie es Teil des Wettkampf-Ichs mit seinen schauspielerischen Fähigkeiten ist. Immer dient sie dazu, dem Gegner die absolute Kampfesbereitschaft und Entschlossenheit zu demonstrieren.

Es ist nicht entscheidend, ob Ihre Köpersprache eher eine introvertierte oder eine extrovertierte ist. Viel wichtiger ist es, dass Sie Ihre Körpersprache dafür benutzen, zu jedem Zeitpunkt zu demonstrieren, dass der Sieg auch heute nur an eine Person gehen kann: an Sie.

The Tiger: Bestes Edelholz, praktisch keine Macken.

Tiger Woods ist mittlerweile so gespenstisch gut geworden, dass seine Konkurrenten bereits zu spekulieren anfangen, ob er wohl in Wirklichkeit eine Maschine sei. Seinen Kollegen – und obendrein Freund –, den ebenfalls amerikanischen Golfer Stewart Cink, hat er im Finale der WGC Accenture Match Play Championship auf dem Dove-Mountain-Kurs von Marana/Arizona 2008 derartig »auseinandergenommen«, dass der danach meinte: »*Wir sollten ihn aufschneiden und nachschauen, was in seinem Köper steckt. Vielleicht besteht er nur aus Schrauben und Nieten wie ein metallener Roboter.*«[16]

Er *ist* der Beste. Und wer ihm bei der Arbeit zuschaut, der kann beobachten, wie sein Körper *spricht*. Tiger Woods ist sich in jedem winzigen Augenblick seines Spiels über alles bewusst, was er tut, seine Körpersprache *natürlich* inbegriffen. Dies umso mehr, je wichtiger, je entscheidender, je »belastender« die Spielsituation für ihn ist – oder eigentlich sein müsste. Denn es ist ja – »leider«, möchte man fast sagen – noch nicht einmal so, dass er keine Fehler machen würde, aber es scheint ihn überhaupt nicht zu kratzen. Im gerade erwähnten Marana ist er sogar ausgesprochen schwach ins Turnier gestartet. Aber immer, wenn es besonders eng wurde, gelang es ihm, sich mit atemberaubender Kaltblütigkeit aus der Affäre zu ziehen.

Egal zu welchem Zeitpunkt Sie ihn beobachten, ob am Abschlag, auf dem Weg zu seinem Ball, auf dem Grün oder nach einem mal wirklich misslungenen Schlag: Immer drückt seine Körperhaltung äußerste Zuversicht, tiefste Überzeugung und absolutes Selbstvertrauen aus. Völlig cool kann er sich hinterher hinstellen und erzählen, »*Ich spielte in dieser Woche 177 Löcher, aber es hätte genauso passieren können, dass ich schon nach 16 Löchern heimgeschickt worden wäre…*«, und fügt noch dazu: »*…das ist die Launenhaftigkeit unseres Sports.*«[17]

Fragt man ihn danach, ob die laufende Saison eine perfekte für ihn werden könnte, stellt er megasicher fest: »*Das ist meine Ansicht. Deshalb spiele ich Golf. Wenn man nicht überzeugt ist, ein Turnier gewinnen zu können, sollte man gar nicht antreten.*«[18]

Alles, was er tut, tut er rasch und unterstreicht es noch. Sein Gang zum Ball immer schnell und entschlossen. Sein Kopf immer selbstsicher erhoben, die Brust immer stolz herausgestreckt. Seine Mimik irgendwas zwischen relaxter Karibik, hartem American Football und eiskaltem Sibirien. *Der* Gegner, befürchte ich, muss erst noch geboren werden, der angesichts dieser »reinen Zuversicht« etwas anderes fühlt als die nackte Verzweiflung und bei dem sich etwas anderes als die Gewissheit einstellt, nur noch auf ein Wunder hoffen zu können.

Effe: Viel mehr als nur ein Mittelfinger.

Stefan Effenberg war einer der Spieler des FC Bayern München, der mit seiner Körpersprache die Überzeugung schlechthin zum Ausdruck brachte, dass es nur *eine* Mannschaft geben konnte, die den Platz als Sieger verlässt – *seine*. Zu jedem Zeitpunkt des Spiels. Er war ein absoluter Leader. Er besaß die Fähigkeit, seine Leute mit einer Art »positiver Aggressivität« mitzureißen.

Von außen betrachtet wirkte er grundsätzlich vollkommen furchtlos. Er konnte mit seinem Auftreten dem eigenen Team die Angst nehmen, wenn es einmal erforderlich war. Und er motivierte seine Mannschaft mit seiner Körpersprache unbewusst dazu, an ihre Leistungsgrenzen zu gehen. Wenn Sie glauben, das spielt für *Ihre* Situationen, in denen *Sie* sich täglich befinden und bewähren müssen, keine Rolle, weil Sie ja nicht gut den Kollegen, der Ihnen querkommt, »umsäbeln« können, lassen Sie sich eines Bessren belehren. Natürlich brauchen Sie niemanden vom Kopiergerät wegzugrätschen – machen Sie's bloß nicht. Bleiben Sie mir friedlich, aber machen Sie sich bewusst, dass Sie ohne ein Wort zu verlieren zum Beispiel Ihren Führungsanspruch vermitteln können. Oder Ihre Entschlossenheit. Ihre Bereitschaft zur Initiative. Ihre Bereitschaft zum Widerstand. Oder natürlich auch zum Einlenken und zum Kompromiss.

Wir sind zum Champions-League-Spiel in Madrid. Effenberg wird gefoult. Nicht von irgendwem. Von seiner »Lordschaft«, David Beckham, höchstpersönlich. Beckham ist, oder war zumindest zu dieser Zeit, ein Star auf dem Platz, und obendrein auch noch verbindlich, eigentlich sogar wirklich: nett. Foul ist Foul, natürlich auch von Beckham, aber es ist üblich im Fußball, dass man sich »verständigt« nach einem Foul, der Gefoulte und der, der das Foul begangen hat. Und das erst recht mit Beckham, wo er doch so nett ist.

Beckham legt also Effenberg, Effenberg krabbelt sich wieder auf, der freundliche Herr Beckham kommt schon auf ihn zugelächelt mit ausgestreckter Hand, und Effenberg – lässt ihn einfach stehen. Er verweigert ihm den Handschlag. Geht weg, kalt, ohne sich noch mal umzudrehen. Ein Fauxpas schon im Allgemeinen, macht man nicht unter Kollegen. Und eine Majestätsbeleidigung im Besonderen. Effenberg demonstrierte damit deutlich, dass wir, der FC Bayern, nicht nach Madrid gereist waren, um hier, vor der mit Weltstars gespickten Madrider Mannschaft, in Ehrfurcht zu sterben. Effenberg war sich wirklich nie für unpopuläre Maßnahmen zu schade, wenn sie nur dem Team helfen konnten.

Effenberg sollte im Laufe des Spiels noch die Gelbe Karte vom Schiedsrichter gezeigt bekommen. Er war damit für das Rückspiel in München gesperrt. Die Spieler von Real Madrid freuten sich dermaßen darüber, dass selbst Roberto Carlos sich dazu hinreißen ließ, dem Schiedsrichter demonstrativen Beifall für diese Gelbe Karte zu klatschen. Das zeigte deutlich, dass Effenbergs Botschaften angekommen waren, dass sie gesessen hatten, dass er ihnen Respekt eingeflößt hatte. Ich glaube sogar, dass sie Angst vor ihm hatten, dem großen bösen Effenberg.

Effenberg verdankte seine Wirkung nicht nur seiner fußballerischen Klasse, sondern auch seiner ausdrucksstarken Körpersprache. Selbst wenn er schlecht spielte und die Zuschauer ihn sogar auspfiffen, wirkte er nicht resigniert, sowieso nie ängstlich oder gar eingeschüchtert. Im Gegenteil. Seine Köpersprache drückte immer die »Effenberg'sche Grundaggressivität« aus. Und er »sprach« auf diesem Wege mit den Zuschauern: *»Pfeift nur. Ich spiele auch noch den sechsten und siebten Risikopass. Auch auf* *die Gefahr hin, dass der wieder nicht ankommt. Ich habe keine Angst vor euren Pfiffen. Im Gegenteil: Euch werd' ich's zeigen.«*

Körpersprache brutal:
Die Angst des Torschützen beim Elfmeter.

Eine derart mitreißende Körpersprache wie die von Stefan Effenberg wirkt immer auch ansteckend auf das gesamte Team. Mir gelang es einmal, nachdem Effenberg einen Elfmeter verwandelt hatte, den spielentscheidenden Elfer zu halten. Außer Effenberg half dabei aber sicher auch ein bisschen das Glück.

Während eines Bundesligaspiels, kurz vor Schluss der Partie und beim Stand von 0:0, kam es zu einem Elfmeter für den FC Bayern. Es war Effenberg, der sich zur Verwunderung der ganzen Mannschaft den Ball schnappte – er war nicht der klassische Elfmeterschütze und hatte obendrein die ganze Partie über nicht gerade überragend gespielt. Provozierend locker verwandelte er zum 1:0-Sieg. In jeder noch so kleinen Bewegung, vom »Ballschnappen« bis zum Torjubel, demonstrierte er mit seiner unverwechselbaren Körpersprache, wer der Chef war auf dem Platz.

Im Champions-League-Finale 2001 gegen Valencia übernahm er im alles entscheidenden Elfmeterschießen den fünften Elfmeter. Auch hier verwandelte er den Elfer mit einer geradezu »natürlichen« Leichtigkeit. Danach ballte er seine Fäuste – umso aggressiver und so was von extrovertiert – in meine Richtung. Er wollte mir damit deutlich machen, und auch den gegnerischen Spielern, die es in den noch aus-

stehenden Elfmetern mit mir zu tun bekommen sollten, dass es jetzt nur noch einen Sieger geben konnte: uns. »Natürlich« kam es dann auch so.

Ich behaupte: Der Torschütze kann seinen Elfmeter schon verschossen haben, bevor er überhaupt gegen den Ball getreten hat, und ebenso kann er den Elfer schon verwandelt haben, bevor er ihn überhaupt geschossen hat. *Ich behaupte weiter:* Das Ritual des Elfmeters beginnt für den Schützen, wenn der Schiedsrichter pfeift und auf Elfmeter erkennt. Wer jetzt schießen will, darf nichts mehr falsch machen. *Und ich behaupte schließlich:* Man kann die Erkenntnisse aus dem Elfmeterschießen, das ganze Ritual und seine Erfordernisse, auf das ganze Leben übertragen, zumindest auf das Arbeitsleben. Ein Meeting beginnt bereits mit der Art, wie man den Raum betritt, nicht erst, wenn man seinen ersten Wortbeitrag abgibt. Das ist der Grund, weshalb wir uns hier das »Phänomen Elfmeter« noch ein bisschen genauer anschauen.

Der aufmerksame Beobachter, zumal der Torhüter, kann manchmal schon vor dem geschossenen Elfmeter, sogar lange davor sehen, ob der Schütze ihn verwandeln wird – oder eben nicht. Wird der Schütze von seinen Mitspielern ausgewählt oder »wählt er sich selbst«? *Nimmt* er sich den Ball, oder bekommt er ihn *gereicht*? Wie trägt er ihn? Spielt er mit ihm? Putzt er ihn (machen die Spieler gerne, manchen möchte man fast die zum Putzen notwendigen Pflegeutensilien reichen)? Wie läuft der Schütze zum Elfmeterpunkt, um den Ball dort abzulegen? Wirkt er entschlossen oder unsicher dabei? Wie legt er den Ball auf den Punkt, »gehorcht« ihm der Ball, oder will er einfach nicht still liegen bleiben auf der Kreidemarkierung? Kommuniziert der Spieler mit dem Schiedsrichter oder ignoriert er ihn? (Er kann ihn natürlich nur »scheinbar« ignorieren, denn auf die Anweisungen und schließlich den alles in Bewegung setzenden Pfiff des Schiedsrichters muss er ja eingehen.)

185

Liegt der Ball endlich richtig, wie richtet der Spieler sich jetzt auf? Was macht er mit den Händen? (Finde ich besonders wichtig: Manche Spieler machen groteske »Handarbeit«, scheinen etwas in ihren – gar nicht vorhandenen – Hosentaschen zu suchen, wischen sich die Hände sauber – wozu eigentlich, sie schießen doch mit den Füßen? –, Trikot rein in die Hose oder raus, manchmal sogar erst rein und unmittelbar darauf wieder raus, Hose weiter runter oder weiter rauf ...) Wie läuft er schließlich an, hat er einen genauen Plan, oder entscheidet er sich erst im letzten Moment, was er tun wird?

Der Elfmeter ist ein so interessantes Anschauungsobjekt, weil er das Wesentliche des Fußballsports auf einen kurzen Moment kristallisiert oder sagen wir: *zusammendampft*. Ein Feldspieler, ein Torhüter, ein Ball, ein Tor. Jetzt geht es um nichts anderes als um die Idee des Fußballs: den Ball ins Tor zu befördern. Und alle, die Zuschauer eingeschlossen, konzentrieren sich auf diesen Augenblick. Das ist etwas ganz anderes als etwa eine Torchance während des Spiels. Als Zuschauer können Sie das leicht mal eben verpassen – grad mal mit dem Nachbarn geratscht, am Bier genippt oder eines nachbestellt oder einfach in die Luft geschaut. Und auch als Spieler müssen Sie es nicht zwangsläufig mitbekommen, wenn sich etwas zusammenbraut. Beim Elfer ist das völlig anders, eine »Kunstsituation«, und alle wissen: Jetzt passiert's. So oder so. Getroffen. Oder verschossen. Ein »kleiner« Sieg – oder eine »kleine« Niederlage. Für den Spieler ist der Elfmeter deshalb eine Aneinanderreihung von Momenten reiner Körpersprache. Für ihn sind es verräterische Augenblicke, sie verraten viel über ihn, vielleicht über ihn generell, mindestens jedoch darüber, wie er heute, am Spieltag, »drauf« ist.

Gerade wenn man den Elfmeter *so* sieht, als den »reinen Augenblick des Wesentlichen«, und wenn man sich daran bewusst macht, wie bedeutend die Rolle der Körpersprache dabei ist, lässt sich erahnen, dass die Körpersprache auch in ganz anderen Situationen, in Arbeitssituationen etwa, von großer Bedeutung sein *muss*. Ich stelle es mir so vor: Die Tür geht auf. *Sie* betreten den Besprechungsraum. Es ist *Ihr* Meeting. Gleich müssen Sie *Ihr* Spiel spielen, gleich müssen Sie *Ihre* Rolle verkörpern, gleich *Ihren* Beitrag leisten. Wäre es nicht fatal, wenn Sie sich zuvor keine Gedanken gemacht hätten, was Ihre Körpersprache sagt – zu allen anderen, die anwesend sind?

Jedes Spiel, jede Mannschaft, jeder Spieler hat eine eigene spezifische Charakteristik. Und jede Arbeitssituation sowieso. Es ist deshalb nur mit Einschränkung möglich, allgemeingültige Regeln aufzustellen, wie man am besten »körperspricht«, beim Elfer oder beim Meeting. Ich versuche trotzdem mal, einige Aspekte zu »isolieren«, Begriffe wie »der Ball« oder »der Schütze« ersetzen Sie bitte jeweils mit dem, was *Ihre* Aufgabe ist oder zu *Ihrer* Aufgabe passt.

- *Progressiv, entschlossen den »Ball« in die Hand nehmen.*
- *Mit totaler Überzeugung an den »Elfmeterpunkt« schreiten.*
- *Auf die Mimik achten: kühl, entschlossen, »Die Sache lässt mich kalt«. Hier weicht der Fußballsport vom »normalen« Arbeitsleben ab: Zwar wird es weder hier noch dort helfen, aufgeregt zu sein – und es zu zeigen; aber in ein Meeting sollten Sie (im Normalfall) lieber nicht mit einer Körpersprache reingehen, die ausdrückt: »Wissen Sie was? Die ganze Sache hier juckt mich überhaupt nicht ...«*
- *Sich etwas vornehmen für das, was bevorsteht. Der Schütze sollte lange vor dem eigentlichen Schuss wissen, was er vorhat. Wohin er also schießen will und wie, hart, weich, flach, hoch, platziert oder mitten rein. Das gilt allerdings mit Einschränkung. Der Superspieler, der sein Handwerk versteht, kann auch aus dem Bauch heraus entscheiden,*

oder vielmehr: Er kann sich spontan umentscheiden, wenn er irgendein Anzeichen dafür »aufgeschnappt« hat, dass es besser wäre, seine Strategie zu ändern.

- *Den Blickkontakt zum Torhüter vermeiden. Für den Fußball trifft das deshalb zu, weil der Schütze im Nachteil ist. Ihm muss etwas gelingen, während der Torhüter »nur« etwas zu verhindern braucht. Das ist ein entscheidender Unterschied. Verschießt der Schütze, steht er ausgesprochen blöd, weil »gescheitert« da. Gelingt es dem Torhüter dagegen nicht, den Treffer zu verhindern, wird ihm das in der Regel niemand ankreiden. Im Businessleben halte ich den Blickkontakt zu Menschen für grundlegend wichtig – selbst wenn sie einem nicht wohlgesinnt sind.*

- *Umgekehrt kann der Torhüter mit dem Blickkontakt »spielen«. Wenn er den Blick des Schützen »zu fassen« kriegt, kann er den Schützen regelrecht hypnotisieren. Aber selbst dann, wenn kein direkter Blickkontakt entsteht, ist es wichtig, den Schützen zu fokussieren. Er wird es auf jeden Fall merken, er wird es fühlen, und es wird ihn irritieren.*

- *Der Blick des Schützen darf niemals in die Richtung gehen, in die er zu schießen gedenkt. Nichts wird verraten von den Plänen, bevor sie auf dem Tisch liegen. Das ist schwieriger, als man denkt, denn auch das betonte Nichthinschauen verrät glasklar, wohin die Reise gehen wird.*

- *Wirkt der Schütze zu sicher, versuchen Sie, seinen Rhythmus zu unterbrechen. Durch Ihre eigenen Bewegungen, durch unruhiges Verhalten oder indem Sie »Dritte« einbeziehen: »Schiri, schau! Da stimmt doch was nicht …!«*

Seien Sie sich aber im Klaren darüber, dass Sie sich damit auch Scherereien einhandeln können – in meinem Fall vom Schiedsrichter oder dem Publikum, in Ihrem Fall etwa von anderen Teilnehmern eines Meetings.

- *Einige Bekanntheit hat der »Zettel im Stutzen« erlangt. Jens Lehmann hatte einen beim Elfmeterschießen im Viertelfinale der WM 2006 in Deutschland. Seiner wurde so »berühmt«, dass er sogar versteigert wurde. Bei uns, im Fußball, muss noch nicht mal was draufstehen, den Schützen verunsichert es in jedem Fall: »Der weiß, was ich tue ...« oder »... wohin ich normalerweise schieße ...« oder einfach nur »... der hat mich gescannt!«. Und er beginnt zu grübeln, was der Torhüter über ihn wissen könnte. Wäre es nicht lustig, wenn nur die Telefonnummer des Schützen draufstünde? Und er trotzdem verschießt? Für Sie heißt das aber: Informationen sammeln über die Menschen, mit denen Sie es zu tun bekommen.*

Das Stimmungsgestänge:
Die Wirkung der Körpersprache nach innen.

Auch wenn Sie es natürlich selbst wissen: Das Sprechen geht so, dass wir Worte in den Mund nehmen, und dass wir diese Worte so wählen, dass sie zusammen einen Sinn bilden, der dem entspricht, was wir sagen wollen. Genauso, wie wir über das Aneinanderreihen von Worten etwas sagen können, so können wir auch durch das Aneinanderreihen von Haltungen und Bewegungen unseres Körpers etwas zum Ausdruck bringen. Aber: Genauso wie wir natürlich etwas anderes sagen können, als das, was wir denken, so können wir mit unserem Körper auch etwas anderes ausdrücken, als das, was wir empfinden. Und schließlich: Wie die Stimme, so erlaubt auch die Körpersprache einen Einblick in unseren inneren Zustand, wenn wir sie nicht im Griff haben. Klingt die Stimme rund, voll, ruhig, gefasst, harmonisch, fest, aus dem Körper heraus? Oder kommt sie zittrig, dünn, hohl, leer, kurzatmig, aus dem Kopf?

Mit Hilfe unserer Sprache und unseres Körpers kommunizieren wir mit unserer Umgebung. Sprache und Körpersprache wirken hier nach außen. Aber entscheidend ist: Wir können durch das, was wir sagen, auch Einfluss darauf nehmen, wie wir denken und wie wir fühlen. Das gleiche Phänomen tritt, das wird Sie nun wahrscheinlich nicht mehr wirklich überraschen, auch im Zusammenhang mit der Körpersprache auf. Ebenso wie das, was wir sagen, unsere Stimmung und unsere Einstellung beeinflusst, so wirkt auch die Körpersprache auf unsere Befindlichkeit. Und zwar sehr viel direkter und unmittelbarer, als ein gesprochener Satz oder ein gesprochenes Wort es je könnten.

Ich habe dazu ein »mechanisches« Denkmodell »entwickelt«. Ich stelle mir vor, es gäbe ein inneres »Gestänge«, das von unserer Psyche, also dem »Ort«, wo unsere Stimmungen »gemacht« werden, direkt zu unseren Gesichtszügen führt. Wenn Ihnen also »innen« zum Lachen zumute ist, betätigt das Gestänge die Mundwinkel, Sie lächeln. Da das Gestänge nun mal da ist, kann man es in meiner Theorie auch andersherum »bedienen«: Wenn Sie mit dem Mund ein Lachen formen, wird über dasselbe Gestänge auch unsere Psyche, und mit ihr unsere Stimmung, zu einem Lachen »gebogen«. Probieren Sie's mal aus – Sie werden sehen, es funktioniert!

Vielleicht ist mein Denkmodell ein bisschen zu selbstgestrickt. Aber auch die Psychologie hat sich mit diesem Phänomen intensiv beschäftigt, und es gibt zahllose Erkenntnisse dazu, wie die Körpersprache unser mentales Befinden beeinflusst. Das können und sollten wir für uns nutzen. Nicht *nur*, aber gerade *auch* in brenzligen Situationen.

Für den Torhüter tritt eine solche brenzlige Situation regelmäßig dann ein, wenn ihm ein echter, am Ende gar ein katastrophaler Fehler unterlaufen ist. Ich habe es schon (mindestens) einmal gesagt: dem Torhüter kommt eine besondere Rolle im Fußball zu, und ein gravierender Fehler des Torhüters hat besondere Auswirkungen auf *seine* Psyche und auf die Verfassung der ganzen Mannschaft. Jetzt, nach seinem Fehler, wäre es das Beste, was er tun kann, den Fehler (scheinbar) zu akzeptieren, ohne jede emotionale Regung.

Sechzigtausend Zuschauer rasen. Ohrenbetäubender Lärm dröhnt von den Rängen auf mich herunter. Sie schütten Hohn und Spott über mich. Ich spüre das »Schütten« fast körperlich. Wir haben noch kein Tor geschossen. Aber ich habe vier (!) Tore kassiert. Und es ist noch die endlose Ewigkeit von ein paar Minuten zu spielen.

Der Gegner führt uns vor. Er zerlegt uns in unsere Einzelteile. Und trampelt noch darauf herum. Die Menge tobt. Jetzt duscht es Hohngesänge, alle extra für mich, alle extra böse, extra persönlich und extra verletzend. Irgendwas kommt geflogen, von den Zuschauertribünen, und trifft mich am Rücken. Der Gegner, längst zum reinen Feind geworden, kommt noch einmal vor mein Tor und trifft zum fünften Mal. Das Stadion explodiert. Eine fatale, niederschmetternde Niederlage. Fünfzunull! Eine Demütigung, Demontage. Ich drehe mich um und hole den Ball aus dem Netz. Ich sehe die vor Schadenfreude rotprallen Gesichter der grölenden Menge, jedes Gesicht einzeln.

Wer diesen Moment dazu genutzt hätte, mich zu beobachten, statt mich zu hassen, würde sich über meine Körpersprache gewundert haben. Von

Resignation keine Spur. Meine Körpersprache drückte etwas ganz anderes aus. Mein Kopf ist aufrecht, meine Schultern tun alles, nur nicht nach unten hängen, ich bewege mich ruhig und ausgeglichen, und mein Gesicht wirkt völlig unbeeindruckt. Glauben Sie bloß nicht, das Ganze hätte mich kaltgelassen. Wie sollte es? Es hat mich voll erwischt. Aber niemals zeige ich in solchen Momenten, wie es wirklich in mir aussieht. Nicht während des Spiels, nicht solange es läuft. Normalerweise, jedenfalls.

Bevor Sie es sich bequem machen in meinem Fünfzunull: Das, was ich eben gesagt habe, gilt natürlich auch für Sie! Egal wie fatal das Missgeschick war, das Ihnen passiert ist, versuchen Sie es zu akzeptieren und abzuhaken. Es nützt Ihnen in solch einem Moment nichts, wenn Sie sich Ihr tiefes Entsetzen über das Geschehene anmerken lassen. Schauen Sie nach vorne. Tun Sie so, als sei nichts geschehen. Es *muss* weitergehen. Drücken Sie sofort durch Ihre Körperhaltung wieder Zuversicht aus. Wahre Champions lassen es nicht zu, dass ein Fehler alles aus der Bahn wirft. Machen Sie sich klar, dass Fehler zum »Spiel« gehören, und betrachten Sie es als eine Herausforderung an sich, den Fehler wegzustecken. Versuchen Sie sofort wieder auf höchstem Level zu »spielen«.

Lassen Sie sich von nichts dazu bringen, und scheint es Ihnen noch so hart und gnadenlos, den Kopf hängen zu lassen und damit das auszudrücken, was das Ende eines jeden Wettkämpfers wäre: die Resignation. Wenn Sie innerlich resignieren, zeigen Sie Ihrem Gegner, dass Sie aufgegeben haben, und Sie reißen ihm die Tür sperrangelweit auf. Dann wird für ihn alles möglich, er bekommt die Chance, Sie regelrecht vorzuführen. Bewahren Sie Ihren Kampfgeist, auch wenn die Situation völlig aussichtslos scheint. Versuchen Sie, mit Ihrer Körperhaltung auszudrücken dass man Sie vielleicht *heute* besiegt hat. Aber dass für das nächste Mal wieder alles offen ist, dass beim nächsten Mal alles schon wieder ganz anders aussehen kann. Durch eine positive Körpersprache bewahren Sie

Ihre Würde, selbst dann, wenn Sie einmal den Eindruck haben, gerade vollständig untergegangen zu sein.

Signalisieren Sie zu jedem Zeitpunkt, dass Sie heute zwar verloren haben, aber schon morgen wieder obenauf sein werden. Morgen werden sie wieder die dominierende Person sein. Das heute war ein Ausrutscher, nicht mehr.

Quick Check!

- *Der Körper kommuniziert mit seiner Umgebung – ob wir es wollen oder nicht. Er kommuniziert aber auch »mit sich selbst«.*

- *Eine aufrechte, selbstbewusste Haltung hilft uns, Stärke, Zuversicht, Selbstbewusstsein zu entwickeln.*

- *Eine resignative Körpersprache trägt dazu bei, dass wir uns auch mental schwach fühlen und uns nichts zutrauen.*

Körpersprache mit Untertiteln: Der Dialog zur Körpersprache.

Wer innere Dialoge führen kann, ist in der Lage, sich selbst zu beeinflussen. Ich habe das beim Thema »starkes Denken« ja schon gesagt. Wer innere Dialoge führen kann, der hat für jeden aufkommenden negativen Gedanken sofort eine innere Antwort parat. Aber damit nicht genug, jeder positive Gedanke kann auch körpersprachlich unterstrichen und damit verstärkt werden. Hier zum Auffrischen noch mal ein paar Beispiele für den inneren Dialog.

Gedanke: »Das ist jetzt wirklich brutal!«
Innere Antwort: »Super! Gib mir noch mehr davon! Ich liebe es einfach!«

Gedanke: »Die wollen mich verlieren sehen.«
Innere Antwort: »Sehr gut! Dann zeige ich denen mal, wie ich kämpfen kann!«

Gedanke: »Die mögen mich hier scheinbar nicht.«
Innere Antwort: »Umso besser! Dann werde ich die davon überzeugen, wer ich bin und was ich kann!«

Gedanke: »Oh nein! Ich glaube das nicht! Das durfte jetzt auf gar keinen Fall passieren.«
Innere Antwort: »Weiter geht's! Jetzt geht's erst richtig los!«

Gedanke: »Verdammt, warum muss das jetzt ausgerechnet mir passieren?«
Innere Antwort: »Das soll alles sein? Da kann ich doch nur lachen! Komm, gib mir mehr davon, ich kann noch viel mehr wegstecken! Ich bin heute hierhergekommen, um zu siegen!«

Gedanke: »So, die lachen mich also aus.«
Innere Antwort: »Lacht nur, wir werden ja sehen, wer zuletzt lacht! Denen wird ihr Lachen noch ganz gewaltig vergehen!«

So könnte ein »innerer Dialog« aussehen. Die Antworten, die Sie sich bei Ihren inneren Dialogen geben, sollten Sie versuchen, mit einer starken Körpersprache zu begleiten. Erziehen Sie Ihr Wettkampf-Ich dazu, in solchen Situationen nicht resignativ zu reagieren, sondern immer nach vorne gerichtet zu denken. Machen Sie sich bewusst, dass es vor allem die Ausstrahlung ist, die den Unterschied macht zwischen einem durchschnittlichen Wettkämpfer und dem überdurchschnittlichen Wettkämpfer. Dem Wettkämpfer, dem es selbst in der Hitze des Gefechtes noch gelingt, alle Register zu ziehen. Zeigen Sie durch Ihre Körpersprache, dass Sie erst richtig stark werden, wenn sich der Wettkampf zuspitzt.

Gut möglich, dass Sie gerade bei meiner Aufforderung, die inneren Dialoge mit der Körpersprache zu verzahnen, gedacht haben: *»Ist der verrückt? Bin ich Akrobat?«* Natürlich braucht diese Art der positiven Körpersprache Übung. Noch mehr braucht sie die Bereitschaft, aktiv mit seiner Körpersprache zu arbeiten. Fangen Sie an, sich zu beobachten, wie Sie in bestimmten Situationen reagieren, und ziehen Sie Ihre Lehren aus Ihrem Verhalten. Versuchen Sie, aus Fehlern zu lernen, und versuchen Sie natürlich zu vermeiden, dieselben Fehler wieder und wieder zu machen. Seien Sie aber gnädig mit sich selbst, wenn Ihnen ein schon mal begangener Fehler noch mal unterläuft. Es kommt vor. Finden Sie einen inneren Dialog, der Sie (unmissverständlich) dazu auffordert, es jetzt aber wirklich bleiben zu lassen. Verstärken Sie diesen inneren Dialog durch eine Körperhaltung, die für Sie persönlich Selbstsicherheit ausdrückt. Und noch etwas: Nehmen Sie sich wirklich viel Zeit – neben Ihrer »eigentlichen« Arbeit – zum Üben der Körpersprache. Denn Sie wissen ja jetzt, wie viel Bedeutung ihr zukommt – bei Ihrer Außenwirkung auf Ihre Umgebung wie bei Ihrem Einwirken auf Ihr inneres Gestänge.

Alle gegen einen: Der Quatsch von der höheren Macht.

Die British Open sind im Golfsport in etwa das, was Wimbledon für Tennis ist. Wer dieses »Major-Turnier« gewinnt, gehört zu den ganz Großen des Golfs. Ich bin ein ziemlicher Golf-Enthusiast. Deshalb beziehe ich mich immer wieder mal auf diesen Sport. Das ist kein Zufall, denn gerade der mentale Aspekt, dieses »Fachgebiet«, dem ich auch für meinen Beruf des Torhüters so große Bedeutung beimesse, spielt auch beim Golf eine bedeutende Rolle. Bei Golfturnieren lassen sich immer wieder große Dramen verfolgen und, wenn man den Golfsport liebt, sogar miterleiden, insbesondere dann, wenn es auf die letzten Löcher zugeht und die Entscheidung kurz bevorsteht. In kaum einem Sport spielt das Denken der Spieler eine so große Rolle wie beim Golf. Vor allem natürlich, weil es eine ausgesprochene »Präzisions-Sportart« ist. Aber dann vor allem auch deshalb, weil die Spieler während einer Golfrunde – sie dauert unter normalen Umständen so zwischen vier und fünf Stunden – eine Menge Zeit haben zum Nachdenken. Ich habe Spieler erlebt, die zwischen zwei Schlägen vollkommen ihre Persönlichkeit gewechselt zu haben schienen. Wie Dr. Jeckyll und Mister Hyde. Sie gingen vom zurückliegenden Schlag als Löwe weg – und kamen am neuen als Häufchen Elend an. Oder umgekehrt. Jetzt ist die beste Gelegenheit: Man kann die Körpersprache der Spieler studieren, und es lässt sich sehr gut erkennen, wie sie die verschiedenen Situationen während des Wettkampfes bewältigen. Und welche Mechanismen ihnen helfen – oder schaden.

Der spanische Weltklassegolfer Sergio Garcia kommt mit einem Schlag Vorsprung an das 18. und damit letzte Loch des Turniers. Er benötigt zum Gewinn der British Open ein Par, in diesem Fall also vier Schläge, um den größten Erfolg seiner Karriere einzufahren. Er wirkt total fokussiert und konzen-

triert, und nichts scheint ihn negativ beeinflussen zu können. Seine Körpersprache wirkt stark, positiv und selbstbewusst. Sein Abschlag ist nicht ganz optimal, aber immer noch gut genug, um den zweiten Schlag aufs Grün zu spielen. Das 18. Loch von Carnoustie ist ein sehr langes und schwieriges Par-4-Loch, was den Spielern alles abverlangt. Überzeugt und siegessicher läuft er zu seinem Ball und nichts in seiner Körpersprache deutet darauf hin, dass er irgendwelche Zweifel an seinem Sieg haben könnte. Man merkt ihm seine Erfahrung mit solchen extremen Situationen an und keiner hat das Gefühl, dass er noch einen Fehler machen könnte. Allerdings ist sein zweiter Schlag schlecht und landet in einem Bunker links vom Grün. Ein leichtes Raunen ertönt von den Zuschauermassen rund ums 18. Loch. Jetzt wird die Situation schwierig, denn Garcia muss jetzt den Ball aus dem Bunker so nahe wie möglich an die Fahne bringen und ihn dann mit einem Putt im Loch versenken. Unter solchen Voraussetzungen auch für die erfahrensten Profigolfer eine schwierige Situation.

Doch Garcia lässt sich weiterhin nach außen nichts anmerken. Er weiß mit solchen Drucksituationen umzugehen, aber es sind eben doch die British Open, es ist nicht irgendein Turnier. Tausende von Zuschauern und Millionen am Fernsehschirm beobachten gespannt die Szenerie. Jede kleinste negative Regung des Wettkämpfers würden die Beobachter nun sofort registrieren. Garcia wirkt weiterhin ruhig und überzeugt. Sein Bunkerschlag landet zwei Meter entfernt von der Fahne. Zwei Meter ins Loch, um den größten Triumph seiner Karriere zu feiern, und sich mit einem Sieg in den Geschichtsbüchern des Golfsports zu verewigen! Zwei Meter!

Wer Golf spielt, weiß, was ein Putt über zwei Meter unter Druck bedeutet. Nichtgolfer können es sich vielleicht schwer vorstellen, aber: Es ist nicht einfach, wirklich nicht.

Garcia macht weiterhin keine Anstalten, irgendwelche Zweifel aufkommen zu lassen. Zumindest drückt das seine Körpersprache aus. Wenn er diesen Ball nicht versenkt, müsste er in ein Stechen über vier Löcher gegen den Iren Pedraig Harrington. Die Konsequenzen eines misslungenen Putts wären also nicht so verheerend, da es im Stechen noch eine zweite Siegchance gäbe.

Erfahren spult Garcia seine »Pre-Shot-Routine« ab und setzt seinen Putter an den Ball. Der Ball rollt Richtung Loch. Für einen Moment sieht es so aus, als würde er fallen – aber er balanciert an der Kante des Loches entlang und bleibt neben dem Loch liegen.

Ein grausamer Moment für jeden Wettkämpfer. Das ist, wie wenn dir einer mit dem Putter auf den Kopf schlägt. Es ist einer dieser typischen Momente im Leben eines Wettkämpfers, die er bewältigen muss. Ich weiß, was es heißt, in einer solchen Situation den Kopf oben zu halten. Sich nichts anmerken zu lassen. Alle möglichen Gedanken blitzen im Kopf auf. Und wenn es den Gedanken gelingt, auch nur ein ganz kleines Bisschen Aufmerksamkeit auf sich zu lenken, von der Fokussierung auf das Spiel abzuzweigen, die Konzentration zu stören, dann beginnt sich plötzlich Verzweiflung breitzumachen.

»Warum mir? Warum passiert das ausgerechnet mir? Ich hatte den Sieg doch schon in der Hand. Ist das nicht ungerecht?«

Nein, es ist *nicht* ungerecht. Es ist eine Prüfung, wie stark wir in Wirklichkeit sind, und ob wir fähig sind, solche Situationen zu bewältigen. Das ist das Leben des Wettkämpfers, und das Risiko, das er eingeht, wenn er sich an die großen Aufgaben wagt. Jetzt ist der Moment gekommen, den der Wettkämpfer eigentlich sucht. Der Moment der extremen Emotionen. Die Frage, die er sich als Wettkämpfer stellt. Werde ich solche Augenblicke bewältigen können? Jetzt gilt es, die richtige Antwort zu geben.

Garcia macht nach dem verschobenen Putt den ersten und einzig *wirklichen* Fehler des Turniers. Er beginnt, durch seine Körpersprache seine Verzweiflung über das Geschehene auszudrücken. Damit beginnt er auch, sich unbewusst darauf zu programmieren, dass er selbst nicht mehr an seine Siegchance glaubt. Er beginnt, sich unterlegen zu fühlen. Und er fängt an, seinem Gegner Schwäche zu signalisieren, die *der* natürlich, kaum dass er sie spürt, sofort für sich ausnutzen wird. Das Signalisieren der eigenen Schwäche wird dazu beitragen, den Gegner stark zu machen. Vor allem aber tragen diese körpersprachlichen Signale der Schwäche dazu bei, sich selber schwach zu machen.

Natürlich ziehe ich Querverbindungen zwischen sportlichen Ereignissen. Mich erinnert so eine Situation etwa an das Spiel des FC Bayern gegen den Hamburger SV im Meisterschaftskampf 2001, als es uns gelang, in der Nachspielzeit das 1:1 zu machen. Ich habe es Ihnen geschildert. Das war brutal, es schien vorbei, aber es wurde doch noch möglich. Wir hatten vier Minuten Zeit dazu. Die haben wir genutzt. Auch Garcia hatte noch vier Löcher Stechen vor sich. Vier Löcher, bei denen alles möglich war. Genau das hätte er im Moment des verschobenen Putts mit seiner Körpersprache ausdrücken sollen.

»Okay, dieser verdammte Putt wollte nicht fallen. Ich habe mich jetzt nicht 72 Loch abgemüht, um mich von diesem

einen Putt unterkriegen zu lassen. Jetzt erst recht! Vier Löcher noch! Ich gehe jetzt wieder da raus und kämpfe um mein Leben. Niemals gebe ich dieses Turnier noch her! Niemals! Herrlich! Ich liebe solche Situationen! Nur deshalb bin ich Wettkämpfer geworden!«

Garcia schaffte es nicht mehr, den verschobenen Putt wegzustecken. Harrington gewann das Stechen und damit auch die British Open. Aus dem, was Garcia nach dem verlorenen Turnier sagte, lässt sich einiges über seine innere Verfassung erfahren. *»Ich verstehe immer noch nicht, wie der danebengehen konnte…«*, haderte der Spanier, *»…es sollte wohl einfach nicht sein.«* Auch im anschließenden, über vier Löcher ausgetragenen Stechen verfolgte ihn das Pech, etwa als ein Annäherungsschlag an die Fahne klatschte, von dort aber meterweit zurückprallte. *»Bei anderen wäre er einen Fuß daneben liegen geblieben…«*, trauerte Garcia, *»und wissen Sie, was das Traurigste ist? Es ist nicht das erste Mal. Ich spiele wohl gegen ein paar mehr Jungs da draußen als nur gegen meine Gegner.«*

Mehr Jungs da draußen? Garcia befürchtet also eine höhere Macht, die seine Erfolge verhindern möchte. Eine Verschwörung, nicht von Menschen, sondern von Kräften. Nach einer harten Niederlage ist eine solche Reaktion verständlich. Man steht noch unter dem Eindruck der Geschehnisse, und man braucht ein wenig Zeit, um sich davon zu erholen. Klar, auch ich hatte solche Gedanken nach Niederlagen. Aber ich wusste immer, wie wichtig es war, diese Gedanken schnellstmöglich wieder loszuwerden, bevor sie sich »verfestigten«. Wenn wir uns zu lange mit dem Scheitern beschäftigen, beginnen wir unbewusst, gedankliche Gebäude, »Konstrukte«, zu bauen: *»Ich mache immer denselben Fehler…«*, *»Ich kann es einfach nicht…«*, *»Ich kann es nicht mehr…«*, *»Das Schicksal ist gegen mich und lässt mich nicht mehr gewinnen…«*.

Solche Konstrukte erscheinen uns, wenn wir uns hineinsteigern, völlig zutreffend und plausibel – obwohl es in der Realität keinerlei Entsprechung dafür gibt. Es gibt keine »Jungs da draußen«, es gibt keine »Macht«, die gegen uns ist, wenn wir es nicht selbst so »wollen«.

Übrigens kann die Sache mit den Konstrukten natürlich jedem passieren. Ich möchte Ihnen an einem schrullig-sympathischen Beispiel, an das ich mich leider nur noch dünn erinnern kann, zeigen, dass es nicht viel braucht, um einen dazu zu bringen, sich Konstrukte zu basteln. Das Beispiel handelt von einem italienischen Fußballfan – nicht »irgendein« Fan. Er war, wenn ich mich recht entsinne, sogar ein ziemlich berühmter italienischer Schriftsteller. Der Schriftsteller, ein sehr geselliger Mann, liebte es, Fußballspiele zusammen mit Freunden im Fernsehen zu verfolgen. Blöderweise fühlte er sich aber gezwungen, ausgerechnet die Spiele seines *Lieblingsvereins* einsam und allein zu Hause anzuschauen. Der Grund war: Ein Spiel »seines« Vereins, obendrein ein wichtiges, hatte er aus irgendwelchen Gründen tatsächlich einmal alleine bei sich zu Hause ohne seine Freunde gesehen. Seine Mannschaft gewann die wichtige Begegnung, und seither war er der festen Überzeugung, dass ein Zusammenhang zwischen dem Gewinnen seines Vereins und der Kleidung bestehen musste, die *er* an diesem Abend getragen hatte. Dummerweise waren dies an besagtem Abend – es war ein sehr warmer Abend gewesen – nicht mehr als ein T-Shirt und eine Unterhose. Sein Konstrukt war es also tatsächlich, dass sein Verein nur dann gewinnen konnte, wenn er die immer gleiche Unterwäsche dieses einen Abends trug, und *nur* diese. Kein Hemd, keine Hose, nur T-Shirt und Unterhose. Das machte ihn zwangsläufig zu einem einsamen Beobachter der Spiele seines Vereins, denn einen solchen Aufzug konnte er seinen Freunden schließlich nicht zumuten ...

Indem wir uns bewusst von destruktiven Gedanken trennen, können auch keine Konstrukte entstehen, und es verschwinden auch die »Jungs draußen«.

»Der Putt zum Sieg war schwierig, und ich habe mein Bestes gegeben.«

»Beim nächsten Mal werde ich das Glück auf meiner Seite haben. Davon bin ich total überzeugt.«

»Es liegt allein an mir, die nächsten British Open zu gewinnen. Denn ich habe heute gezeigt, dass ich die Klasse habe, dieses Turnier für mich zu entscheiden.«

»Diesmal war ich sehr nahe dran, und nächstes Jahr werde ich noch besser auf alles vorbereitet sein und wieder voll angreifen.«

Quick Check!

- *Denken und Körpersprache bilden einen Kreislauf.*
- *Das Denken beeinflusst Haltung und Sprache des Körpers.*
- *Die Sprache des Körpers beeinflusst das Denken.*
- *Es ist ein verhängnisvoller Kreislauf, wenn es uns nicht gelingt, konstruktives Denken mit einer ebenso konstruktiven Körpersprache zu verzahnen.*
- *Es ist ein äußerst produktiver Kreislauf, der unsere Kräfte potenziert, wenn es uns gelingt, konstruktiv zu denken und »körperzusprechen«.*

So gefasste Gedanken lassen dem Frust keine Chance, überhaupt erst aufzukommen. Allesamt sind sie nach vorne gerichtet. Und alle so formulierten Gedanken können auch in Form der Körpersprache zum Ausdruck gebracht werden. Die Körpersprache unterstreicht sie sogar noch, und sie steigert die Wirkung der Gedanken nicht nur in der Wahrnehmung der Menschen, die uns beobachten, sondern auch in unserer Selbstwahrnehmung.

Für den Wettkämpfer, und auch für Sie, ist es wichtig, durch konsequentes Training die Gedankenwelt und die Körpersprache miteinander zu »verzahnen«. Übrigens entsteht daraus mit der Zeit eine regelrechte Aura des Wettkämpfers, die die Kontrahenten sehr wohl wahrnehmen, die ihnen Respekt einflößt, und an der sie erst einmal vorbeikommen müssen, wenn sie selbst erfolgreich sein wollen. Schade, dass es nie gemessen worden ist – wenn man es überhaupt messen könnte –, aber ich bin überzeugt, dass der FC Bayern in seiner Zeit mit Effenberg Furcht einflößender war als je in einer anderen Zusammensetzung.

7.

»You can't win the game – if you don't play it.«
(SERGEJ CHRUSCHTSCHOW)

7. Das Wissen, wie noch:

Vorbereitung, Perfektion, Disziplin.

*Die drei Aspekte, um die es hier geht, sind extrem ent-
lastend. Sie sind gewissermaßen das Handwerkszeug und die
Methodik für den Erfolg. Wer in diesen Bereichen Meisterschaft erlangt, für den wird es kaum etwas geben, das er
nicht in den Griff bekommt – auf dem Weg zum Erfolg.*

Gute Vorbereitung:
Es wird gebeten, nicht nackt im Büro zu erscheinen.

Ich weiß, wir sind alle gut erzogen. Wir tragen ein natürliches Schamgefühl mit uns herum, und würden so was nie machen, nackt ins Büro. *Ich* habe schon Fußballspieler nackt zu einem Spiel kommen sehen, und sie sind auch so vors Publikum getreten, vor sechzigtausend Leute oder mehr. Glauben Sie nicht? Stimmt auch nicht. Und es stimmt *doch*. Sie kamen nackt, blank, unvorbereitet.

Jetzt habe ich Sie erwischt! *Sie also auch*. Doch schon mal *nackt* im Büro gewesen. Ich kenne Sie ja nicht, aber ich hätte es Ihnen trotzdem zugetraut. Weil es jedem passieren kann. Ich kann mich noch sehr lebhaft an die qualvollen Augenblicke erinnern, wenn ich in der Schule »blank« in eine Prüfung schlitterte. Es gibt da ja den schlauen Spruch, wir würden nicht für die Schule, sondern fürs Leben lernen. Ich bin überzeugt, das stimmt. Allerdings glaube ich nicht, dass der Spruch sich auf das Wissen bezieht, das wir dort möglicherweise lernen, sondern auf die Erfahrungen, die wir bereits aus der Schule mitnehmen können. Als Schüler wäre es mir nicht klar gewesen, aber heute weiß ich: Es war die Starre im Hirn, die mich wegen des Gefühls befiel, nicht vorbereitet zu sein, nicht das »Nichtwissen« an sich, das mir so manche miese Zensur einbrachte.

Die Anspannung, die Aufgeregtheit, das schlechte Gewissen haben den Zugriff auf das Wissen einfach blockiert. Eine Bekannte hat mir einmal von ihrem Konzept »MzL« erzählt, das sie ihre ganze Schulzeit über und auch später im Studium praktizierte. MzL steht für »Mut zur Lücke«. Sie hat sich zum Beispiel für ihr Geschichtsabi auf nur *ein einziges* Thema vorbereitet, und dann hatte sie, Sie ahnen es bereits, auch noch das unverschämte Glück, dass genau dieses Thema drankam. Mich hätte das MzL-Konzept nervlich ruiniert.

Schlechte Vorbereitung stresst. Dieser Stress erschwert den Zugriff auf das vorhandene Leistungspotenzial oder verhindert den Zugriff sogar völlig. Es sollte also niemand als eine Zumutung empfinden, wenn man ihn bittet, rechtzeitig mit der Konzentration auf ein wichtiges Ereignis zu beginnen. Unter unserem Trainer Ottmar Hitzfeld war es kategorische Auflage für jeden Spieler, sich bereits am Vortag des Matches mental mit der bevorstehenden Begegnung auseinanderzusetzen und jede Ablenkung vom kommenden Spiel zu vermeiden.

Vor jedem Spieltag ist die Mannschaft für mindestens 24 Stunden zusammen, dies sowohl bei Auswärtsspielen wie bei Heimspielen. An der Auflistung werden Sie gleich sehen, dass wir selbst bei Heimspielen die Nacht vor dem Spiel gemeinsam in einem Hotel verbringen. Der ganze für das anstehende Spiel gesetzte Kader ist jetzt zusammen, also sowohl die Spieler, die in der Anfangsformation stehen, als auch die Spieler, die auf der Bank sitzen werden. So etwa sieht der Zeitablauf zum Beispiel vor einem Champions-League-Spiel aus:

Der Tag vor dem Spiel:

15.30	*Abschlusstraining*
17.30	*Abfahrt mit dem Mannschaftsbus in das Mannschaftshotel*
19.00	*Gemeinsames Abendessen*
23.00	*Schlafen*

Der Spieltag:

9.00	*Gemeinsames Frühstück*
11.00	*Abschlussanalyse des Gegners*
12.30	*Gemeinsames Mittagessen*

17.00   *Mannschaftsbesprechung*
18.45   *Abfahrt mit dem Mannschaftsbus ins Stadion*
20.10   *Warmmachen*
20.45   *Anpfiff*

Für Leistungssportler sollte es sich eigentlich von selbst verstehen, dass sie sich in einer optimalen körperlichen Verfassung befinden. Aber schon in dieser Hinsicht, in Fragen der physischen Fitness, gibt es Unterschiede in der Auffassung, was gute Vorbereitung ist. Vielleicht haben Sie es selbst schon einmal beobachtet, wie platt in einer Fußballbegegnung die eine Mannschaft sein kann, während die andere aufspielt, als wäre »nichts gewesen«.

Im Bereich der mentalen Vorbereitung habe ich im Laufe der Jahre erstaunliche Erfahrungen gemacht. In einer modernen Fußballmannschaft bekommt man es schließlich mit Spielern aus vielen unterschiedlichen Ländern und mit ganz unterschiedlichen Mentalitäten zu tun. Da lässt sich gut beobachten, dass jeder so seine eigene Art der inneren Vorbereitung vor einem Wettkampf hat. Alle meine Mitspieler der Saison 2007/2008 waren in der glücklichen Situation, ihre Profikarriere fortzusetzen, da will ich natürlich nichts über eventuelle Gepflogenheiten preisgeben, solange die Jungs aktiv sind. Ich erzähle Ihnen deshalb lieber von einer Geschichte, die weit genug zurückliegt, genauer gesagt etwa vierzig Jahre. Das müsste reichen, um niemandem mehr weh zu tun …

Die Geschichte ereignete sich ausgerechnet nach einem Pokalderby des TSV 1860 München gegen den FC Bayern München. Die Sechziger hatten das Derby mit 1:0 gewonnen, aber ihr Trainer, der legendäre Max Merkel, verordnete unmittelbar nach dem Spiel strikte Ruhe, um der Mannschaft eine konzentrierte Vorbereitung auf die anstehende

Bundesligabegegnung zu ermöglichen. Nix war's also mit dem Feiern des Sieges über die Bayern, die gesamte Mannschaft wurde ins Hotel in Pöcking am Starnberger See »weggesperrt«. Zwei Spieler wollten sich das Feiern aber nicht nehmen lassen, einer von beiden der in München ebenfalls legendäre Rudi Brunnenmeier. Sie seilten sich aus dem Fenster ihres Zimmers ab, schoben Brunnenmeiers Porsche sogar ein Stück vom Hotel weg, weit genug, dass das Starten des Motors am Hotel nicht mehr gehört würde, und düsten ab, nach Herrsching am Ammersee, um sich auf ihre Weise vorzubereiten – in der Disco. Der Trainer bekam aber Wind von der Sache und rächte sich bitter. Er lud die beiden den nächsten Abend zu sich ein, um die »Vorbereitungsarbeit« der beiden Spieler fortzusetzen. Zusammen leerte man sechs Liter Wein, und tags darauf bat Merkel zum Konditionstraining. Natürlich machten die beiden Spieler mehr als schlapp, und Merkel stellte sie vor versammelter Mannschaft bloß: »Saufa kennan's wia di Ochs'n, aber ned g'scheit trainier'n.«[19] *(Zu deutsch ungefähr: Viel trinken können sie, aber nicht viel trainieren.)*

Auch wenn es ein bisschen schablonenhaft aussieht, im Wesentlichen zerfallen die Eigenheiten der Spieler in zwei große Gruppen. Vielleicht finden Sie's nicht weiter überraschend, aber ich persönlich habe mich schon gelegentlich darüber gewundert, dass es den ersten Typ, den ich Ihnen gleich vorstelle, unter Profis überhaupt gibt.

Der *lockere Typ* lehnt jede ernsthafte, tiefere Beschäftigung mit dem, was auf ihn im Wettkampf zukommt, weitestgehend ab. Er hat immer einen lässigen Spruch auf den Lippen und beschäftigt sich mit irgendwelchen Dingen, die ihn von dem, was vor ihm liegt, ablenken. Er ist sehr extrovertiert. Er glaubt, dass eine innere, konzentrierte Vorbereitung nur stört, ihm seine Lockerheit nimmt und damit seine Leistungsfähigkeit sogar reduziert. Er spielt kurz vor dem Spiel im Mannschaftsbus noch Karten, hört Musik, oder er telefoniert auf der Fahrt zum Stadion noch mal kurz mit seiner Frau oder Freundin – oder mit beiden (*ein Scherz!*). Er versucht jedes Gefühl von Leistungsdruck zu vermeiden, nichts in dieser Richtung an sich heranzulassen, und dafür scheint ihm jede Ablenkung willkommen. Wenn ich gerade gesagt habe, dass mich der lockere Typ irritiert, dann meine ich das nicht abfällig. Ich finde es sogar bewundernswert, wenn es klappt, und es ist tatsächlich nicht so, dass dieses Konzept der mentalen Vorbereitung grundsätzlich zum Scheitern verurteilt wäre. Es gibt Spieler, die sich auf diese Weise zu ihrer individuellen Höchstleistung »hochschrauben«.

Der *konzentrierte Typ* beginnt schon ein oder zwei Tage vor dem Spiel, sich in sich zurückzuziehen. Er wirkt daher sehr introvertiert. Er beschäftigt sich detailliert mit den Dingen, die im Wettkampf auf ihn zukommen, und scheut jede Form der Ablenkung, da sie ihn in seiner Konzentration stören könnte. Er bereitet sich sowohl körperlich wie geistig auf alles vor, was ihm bevorsteht. Wer ihn in seiner Konzentration stört, wird sofort mit ihm aneinandergeraten. Er ist sich des Leistungsdrucks sehr wohl bewusst, nimmt ihn an und versucht, ihn in die richtigen Bahnen zu lenken.

Ich habe es ja oben schon verraten, drum kann ich leider auch keine Preise mehr vergeben, wenn Sie jetzt richtig tippen, welchem von beiden Typen *ich* eher entspreche. Einmal abgesehen von der Tatsache, dass es immer richtig ist, wie *ich* es mache *(noch ein Scherz!)*, hat es weiter keinen Sinn, darüber zu diskutieren, welcher Typ nun der erfolgreichere ist. Jeder sollte sich auf einen wichtigen Augenblick so vorbereiten, wie er es für sich richtig findet. Jeder sollte sich dazu aber auch ehrlich auf den Zahn fühlen – und sich nichts vormachen. Hinter einem vermeintlich lockeren Auftreten steckt leicht mal ein Mensch, der vor irgendetwas auf der Flucht ist, der ein Problem, eine Schwäche, eine Ungereimtheit nicht wahrhaben möchte.

Wenn man sich einen lockeren Typen vorzustellen versucht, richtet sich der Blick natürlich gleich mal nach Süden, nach Italien, und von dort nach Südamerika. Das stimmt schon einerseits, die südländischen Fußballer gehen vielleicht wirklich manches lockerer an. Aber man macht es sich damit auch ein bisschen leicht, sie arbeiten in der Regel nicht weniger konzentriert als wir »Nordlichter«.

Ich habe durchaus im Laufe der Zeit auch ein paar Eigenschaften des »lockeren Typs« übernommen und so die für mich passende Art der Vorbereitung, vor allem das »auf Dauer Praktizierbare« gefunden. Wem die Vorstellung zu abstrakt ist, sich auf ein Ereignis vorzubereiten, weil es *besonders bedeutend* für ihn ist, dem hilft vielleicht ein anderes Denkmodell: Bereiten Sie sich auf ein Ereignis vor, indem Sie sich vorstellen, dass das Ereignis *besonders kurz* ist, dass Sie also besonders wenig Zeit zu Verfügung haben, Ihre volle Leistung zu entfalten. Auch dieses Denkmodell ist gar nicht so weit vom Fußball entfernt. Denn 2 mal 45 Minuten sind schneller rum, als man denken würde, vor allem dann, wenn man einen Rückstand aufzuholen hat. Ein klassisches Bild für dieses Denkmodell ist die »Fahrt im Fahrstuhl«: Stellen Sie sich vor, Sie müssen jemandem etwas wirklich Wichtiges präsentieren. Sie steigen mit ihm im Erdgeschoß in den Fahrstuhl, und wenn er oben im sagen wir zwölften Stock wieder aussteigt, müssen Sie ihn »in der Tasche« haben. Wenn ich Ihnen nur gesagt hätte: Bereiten Sie sich vor, es ist *wirklich wichtig*, hätten Sie vielleicht gesagt »*Jaja …, ich mach' das schon irgendwie!*«. Wenn ich Ihnen aber sage: Sie müssen es in zwölf Stockwerken schaffen, sagen Sie vielleicht »*Oh Gott!*« und machen sich echt an die Arbeit, all das zusammenzukramen, was Sie wirklich dafür brauchen, und peinlich darauf zu achten, alles Überflüssige wegzulassen. Genau das ist es, was ich auch mache in meiner Vorbereitung, nicht mehr und nicht weniger.

Perfektion, spießig.

Perfektion ist spießig. Perfektion ist das Glatte, das Gesichtslose. Perfektion ist das Ende der Individualität. Perfektion ist vielleicht auch die Angst vor dem Anderssein. Ich halte Perfektion als unbedingte Forderung, als Ziel, als Selbstzweck für falsch. Die Kunst ist nicht, perfekt zu sein, das kann sogar zur reinen Zeitverschwendung führen. *»Perfektion ist der Feind des Anfangens«*, könnte man sagen. Die Kunst ist es, herauszufinden, wo Perfektion wirklich den Unterschied macht. Es geht also darum, herauszufinden, wo es auf Perfektion gar nicht ankommt, und in diesen Bereichen konsequent zu vereinfachen.

Für mich ist Perfektion – jedenfalls *die* Form von Perfektion, die ich für relevant halte – die Einstellung, sich mit voller Überzeugung und mit vollem Einsatz auf das zu stürzen, was es gerade zu tun gibt. Und das, was es zu tun gibt, so anzupacken, als sei es das Wichtigste und Beste, was es überhaupt zu tun geben kann – selbst wenn es sich eigentlich nur um eine wirklich kleine Aufgabe handelt. Die Perfektion liegt hier gerade

Quick Check!

- *Schlechte Vorbereitung stresst.*

- *Unabhängig davon, ob Sie eher der lockere oder der konzentrierte Typ sind: Jedes wichtige Ereignis muss mit entsprechendem zeitlichen Vorlauf auch mental vorbereitet werden.*

- *Machen Sie den Fahrstuhltest: Haben Sie Ihre sieben Sachen so beisammen, dass eine Fahrt im Fahrstuhl ausreichen würde, um das Wesentliche zu erledigen?*

und genau darin, diese Einstellung »perfekt« hinzubekommen. Dank dieser Einstellung gibt es für mich zum Beispiel kaum ein »*Na-ja-Spiel*«, kaum ein »*Dieses-mal-ist-es-nicht-so-wichtig-aber-beim-nächsten-Mal-bin-ich-dann-aber-konzentriert-Spiel*«. Es gibt nur das »*JETZT-Spiel*«, *dieses* Spiel, das »*Dieses-Spiel-ist-das-beste-Spiel*«, *mein* Spiel. Mein bestes Spiel. Das Tolle daran, Perfektion so zu sehen, ist, dass sie nur auf Befriedigung hinauslaufen kann: »*Toll, diese Aufgabe hab' ich super gelöst …*«, »*Klasse, auch die nächste Sache hab ich wieder perfekt hingekriegt …*«, und so fährt man eine Befriedigung und Bestätigung nach der anderen ein.

Diese Perfektion ist eine »Perfektion des Machens«, nicht eine Perfektion des Resultats. Ich arbeite so gesehen nicht auf ein quantitatives Ergebnis hin, etwa »*Ich möchte, dass wir heute hier zu null spielen*«, sondern auf ein qualitatives Resultat, also »*Ich möchte, dass wir heute hier gewinnen*«.

Bei meiner Perfektion des Machens geht es auch um das einfach *Machen*, das *Anfangen*, anstatt sich mit einem »*Es muss perfekt sein*« zu blockieren. Es ist eine Perfektion des Möglichen, Sie erinnern sich vielleicht – wir haben dieses Kapitel damit begonnen.

Natürlich werden Sie sich darauf gefasst machen müssen, dass die Perfektion des Machens auf etwas hinauslaufen wird, was gelegentlich ziemlich nah an die Perfektion selbst herankommt. Sie sollen ja nicht sagen: »*Lass uns aufhören, bevor es zu gut wird.*« Das nahezu Perfekte wird sich also fast von selbst einstellen, wenn es Ihnen wirklich wichtig ist, sich ständig zu verbessern. Ich zum Beispiel war immer bereit, so lange an mir zu arbeiten, bis es sich für mich nahezu perfekt angefühlt hat, und wenn das bedeutete, Tag und Nacht zu trainieren – ganz gleich, um welchen Aspekt des Torwartspiels es sich handelte.

Das ging bei mir schon los, als ich noch in der Jugendmannschaft des Karlsruher Sport-Clubs spielte. Zum Beispiel war ich eine Zeit lang nicht zufrieden mit meinem Timing bei Flanken und Freistößen. Zu oft segelte ich unter den Bällen hindurch. Ich bekam sie nicht zu fassen. Also ordnete ich für mich täglich Sondertraining an, oder vielmehr, ich ordnete es für meinen Vater an, denn er war es, der die Flanken für mich schlagen sollte. Schließlich war bereits mein Vater Fußballprofi, ein sehr guter Fußballer. Natürlich stand er sofort parat, und wir legten los. Eines Tages waren alle Plätze komplett überflutet, es hatte tagelang geregnet in Karlsruhe. Keiner konnte trainieren. Aber ich wollte, ich wollte unbedingt weiter daran arbeiten, mein Timing zu verbessern. Kaum einer schaute den beiden Verrückten zu, es regnete immer noch in Strömen, wir hätten genauso gut im großen Becken des städtischen Freibads trainieren können. Der Platzwart kam und brachte mir ein paar deftige neue Flüche bei. Mich interessierte wenig, was er sagte, ich wolle ja nicht das Fluchen, sondern das Fliegen lernen. Wir ließen uns nicht vertreiben.

Damit ich aber nicht zu gut wegkomme hier, und damit Ihnen noch mal etwas klarer wird, wo ich die Grenze ziehe zwischen der Perfektion des Machens und der Perfektion der Zeitverschwendung, wenn ich das mal so nennen darf, gebe ich Ihnen noch ein Gegenbeispiel, allerdings nicht eines aus dem Sport, sondern eins aus meinem Privatleben.

Irgendwann fing ich aus einer Laune heraus an, mich für Rasen zu interessieren. Ich schicke es gleich voraus: Die Phase ist überwunden. Ich wollte damals in meinem Garten *den* perfekten Rasen haben, Rasen in einer Qualität, der dem eines Kunstrasens in nichts nachstand. Also machte ich mich daran mit allem nur erdenklichen Werkzeug, mit jeder Formel von Hochleistungsdünger, mit Nagelschere und mit allem, was man sonst noch so braucht für das perfekte Ergebnis. Wochenlang schnitt, bürstete, wässerte und mähte ich die Grashalme mit einer Leidenschaft, die eigentlich in meiner Nachbarschaft so langsam für Verwunderung hätte sorgen müssen. Selbst meine Frau fand es irgendwie fragwürdig, welche Hingabe man zu einer wirklich kleinen Rasenfläche entwickeln kann. Jeden Abend saß ich auf der Terrasse und betrachtete mein Kunstwerk. Es wollte aber einfach nicht so werden, wie ich mir das vorstellte. Also besserte ich ständig nach, mal hier, mal da, mal dort. So wie bei den Golf Masters in Augusta wollte mein Rasen aber einfach nicht werden. Meine Nachbarin sah es anders, sie beglückwünschte mich immer, wenn sie mich sah, für meinen schönen Rasen. Aber war da nicht ein klitzekleiner Unterton in dem, was sie sagte? Etwas wie »So san's, die Fußballer, entweder Wilde – oder wahnsinnig«?

Heute habe ich wieder einen normalen Rasen, mehr Moos als Gras, mehr Acker als Augusta. Vielleicht hätte ich den Abschnitt überhaupt lieber mit »Professionalität« statt mit »Perfektion« überschrieben? Denn die scheint mir in jedem Fall ein funktionierendes Regulativ zu sein. In meinem Rasen(an)fall hätte ich mich fragen können: »*Hey, es ist dein Privatleben, willst du das hier wirklich so professionell angehen?*« Und im Beruf würde die Professionalität fragen: »*Ist das drin, kannst du dir das leisten, dass du dich hier so im Detail verpusselst? Reicht es nicht schon, so wie es jetzt ist? Solltest du dich nicht lieber um das Nächste kümmern?*«

Disziplin: Bitte nichts zu tierisch angeh'n.

Es ist gewissermaßen die »tierische Fraktion« der Fähigkeiten und Eigenschaften, die in den letzten Abschnitten sowie in diesem hier abgehandelt werden »muss«: die Konzentration, die Perfektion und die Disziplin. Wenn wir hier durch sind, dürfen Sie wieder in den Garten zum Spielen. Ich komm dann auch mit raus. Aber hier müssen wir noch durch – es *muss* nicht, aber es *kann* eben auch anstrengend zugehen auf dem Weg zum Erfolg.

Wie schon gesagt, Sie sollten sich überlegen, welche der Eigenschaften, die Sie in Ihrem Wettkampf-Ich pflegen, Ihnen auch in Ihrem privaten Ich nützlich sein können, und welche Wettkampf-Eigenschaften Ihnen im Privaten sogar im Wege stehen könnten. Ich habe Ihnen empfohlen, auch mal loszulassen, sogar undiszipliniert zu sein, wenn die Disziplin eine für Sie wichtige Eigenschaft des Wettkämpfers ist. Jetzt, an dieser Stelle, rudere ich wieder zurück. Und ich finde das kein bisschen inkonsequent, wenn ich Ihnen nun sage: Für Ihren Erfolg werden Sie die Disziplin natürlich schon brauchen, denn sie ist definitiv eine unabdingbare Eigenschaft für den »Wettkampf«, also für Ihr Businessleben und für jeden Ihrer anderen Lebensbereiche.

Die Disziplin beziehungsweise die Selbstdisziplin ist die Fähigkeit, bestimmte Bedürfnisse wenn nicht zu unterdrücken, so sie zumindest hintanzustellen. Bedürfnisse, die einem auf dem Weg zu einem bestimmten Ziel hinderlich oder sogar schädlich sein könnten. Meine Grundeinstellung war immer sehr einfach, verlangte aber von mir eine Menge Disziplin. Ich war, und bin es immer noch, davon überzeugt, dass ich durch Training und Arbeit an allen anderen vorbeiziehen kann. Das bedeutete, dass mein Arbeitspensum immer höher war als das der anderen. Wenn Sie sich entschlossen haben einen bestimmten Weg zu gehen, müssen Sie auch die Entbehrungen dafür in Kauf nehmen. Meine hohe Trainingsintensität verlangte von mir immer einen soliden und geregelten Lebenswandel, was natürlich immer auch hieß: Verzicht. Verzicht auf die sogenannten schönen Dinge des Lebens. Ständig auf meine Ernährung, mein Gewicht und meinen körperlichen Zustand zu achten ist nur die Grundvoraussetzung, und es verlangt nur ein »normales« Maß an Disziplin. Mit dem Training ist das schon etwas fordernder.

Es ist vor allem die Regelmäßigkeit und die Konstanz, mit der das Training absolviert werden muss, die etwas Mühlenhaftes hat. Die mentalen Belastungen, die Psyche, der mannschaftsinterne und öffentliche

Druck, das alles lasse ich hier mal weg, die körperlichen reichen. Ich war immer extrem ehrgeizig, und eine Folge dieses Ehrgeizes war es, dass mir die Disziplin zur zweiten Natur geworden ist. So ungefähr sah mein Trainingsprogramm bereits in meiner Anfangszeit aus, als ich noch nicht (einmal) die Nummer eins war beim Karlsruher SC.

Montag:	10.00 Training mit den Profis
	15.00 Training mit den Profis
	18.00 Kraftraum
Dienstag:	10.00 Training mit den Profis
	18.00 Kraftraum
Mittwoch:	10.00 Training mit den Profis
	15.00 Training mit den Profis
	18.30 Training mit den Amateuren
Donnerstag:	10.00 Training mit den Profis
	18.00 Kraftraum
Freitag:	15.00 Abschlusstraining mit den Profis
	18.30 Abschlusstraining mit den Amateuren
	20.00 Trainingslager mit den Profis vor dem Spiel
Samstag:	15.30 Spiel mit den Profis (auf der Bank)
Sonntag:	15.00 Spiel mit den Amateuren

... und am Montag alles wieder von vorne.

Mit dem Erfolg stiegen die Anforderungen, dazu kamen jetzt auch Reisen zu den Auswärtsspielorten. Dann der Wechsel zum FC Bayern. Dafür legte ich noch etwas Training drauf, es sollte ja aufwärtsgehen. Dann internationale Spiele mit dem Verein, schließlich noch die Länderspiele, das Ganze verschärft sich noch einmal, ich leg noch einmal eine Schippe drauf.

Es ist klar: Ohne Disziplin geht da gar nichts. Nur dass ich eine Ewigkeit brauchte, um zu verstehen, welche Disziplin genau gemeint war. Es ist die Disziplin des »nicht zu viel«. Mein Ziel war es ja immer gewesen, der Beste meines Fachs zu sein. Das war es, was mich motivierte und mein Arbeitspensum absteckte. Meine innere Stimme half kräftig mit, sie sagte: »*Wenn du das oder das nicht tust, wirst du das Ziel, das du dir gesteckt hast, nicht erreichen.*« Klar, daraus erwächst die Disziplin für den Trainingsplan und für eine Lebensführung, die darauf abgestimmt ist, diese Disziplin aufrechtzuerhalten. Daraus erwuchs das, was ich meine »Ernsthaftigkeit« nannte.

Erst mit der Zeit habe ich gelernt, dass nur dann ein Ganzes daraus wird, wenn man auf geeignete Weise auch das jeweils Gegensätzliche mit in seine Arbeit einbezieht. Um Selbstdisziplin in dem Maße aufbauen und aufrechterhalten zu können, wie es der Profisport erfordert, ist es unabdingbar, sich auch die entsprechenden Entspannungszeiten zu verordnen. Es ist unverzichtbar die Erfahrung zu gewinnen, ab welchem Punkt die Disziplin einen zwanghaften Charakter bekommt und jetzt sogar kontraproduktiv werden, ja einen zerstörerischen Aspekt bekommen kann. Es *muss* darum gehen, eine Balance zu finden zwischen der Disziplin und dem Loslassen.

Natürlich können Sie in den individuellen Sportler nicht hineinsehen, man kann nicht genau wissen, was er aus dem macht, was man ihm an Anleitung anbietet. Aber die Angebote dazu jedenfalls sind da, in professionell arbeitenden Vereinen und Verbänden jedenfalls. Die Angebote zur professionellen Leistungssteigerung, im Gegensatz zur Leistungsausbeutung und schließlich zum Leistungsabbau, wenn nicht sogar zum persönlichen Raubbau. Und zumindest von dieser Seite her sind Leistungssportler heute optimal versorgt.

Das scheint in der Wirtschaft anders zu sein. Was ich so höre, ist es hier gang und gäbe, sich selbst (das ginge ja noch) und die Mitarbeiter

Quick Check!

- *Perfektion sollte kein Selbstzweck sein. Lassen Sie die Perfektion nicht zum »Feind des Anfangens« werden.*

- *Wer den Anspruch hat, eine Sache von Anfang an perfekt machen zu wollen, läuft Gefahr, sich damit nur zu blockieren.*

- *»Machen« ist also wichtiger als »perfekt machen«.*

- *Und wenn man am Machen ist, sollte man immer wieder mal überprüfen, wann es gut genug ist – und wann die »Perfektion der Zeitverschwendung« beginnt.*

- *Disziplin braucht, wie die Konzentrationsfähigkeit, Zeiten der Entspannung.*

- *Leistung braucht »Leistungspflege«, also nicht eine Disziplin des »immer mehr«, sondern eine Disziplin des »nicht zu viel«. Durch »gepflegte« Leistung kommen einfach bessere Ergebnisse zustande.*

rücksichtslos auszubeuten. Ich sage das wie immer nicht moralkeuleschwingend. Ich sage es lieber oberlehrerhaft. Weil wir, der Leistungssport, da einfach weiter sind. Leistung will »gepampert« sein, könnte man sagen, niemand braucht gestreichelt und gehätschelt zu werden, aber es braucht in jeder Disziplin, also in jeder Sportart genauso wie in jedem Beruf, einen professionellen Plan zur Leistungspflege für alle Arbeitskräfte.

Die Routine:
Auf zu den Sternen – dank des »mentalen Countdowns«.

Routine ist kein gern gehörter Begriff. Zu recht. Er wird in Zusammen-hängen benutzt, die nichts Gutes bedeuten. *»Das ist reine Routine bei uns ...«* oder *»Machen Sie sich keine Sorgen, es handelt sich um eine reine Routinemaßnahme ...«* oder *»Da machen wir eine Routineunter-suchung«.* Wer eine Dienstleistung bestellt hat, sollte sich von einem Satz wie *»Das spulen wir ganz routiniert runter ...«* nicht wirklich beruhigen lassen. Man hat möglicherweise den falschen Dienstleister erwischt. So verstandene Routine ist Gewohnheit, Standard, Schema F, das unreflek-tierte Durchziehen von etwas, was man schon immer so gemacht hat. So verstandene Routine geht nicht auf die individuelle Situation, den indi-viduellen Bedarf ein.

»Falsche« Routine kann auch heißen: Hamsterrad. Die Aufstehn-Frühstück-Autofahren-Arbeit-Mittagessen-Arbeit-Autofahren-Abend-essen-Schlafen-Aufstehn-Routine. Ersetzen Sie den Begriff »Arbeit« mit dem Begriff »Training«, fügen Sie noch an irgendeiner Stelle das Wort »Massage« ein, und Sie sind nah am Sportlerleben dran. Das kann demotivieren, frustrieren, zermürben, und man muss Strategien ent-wickeln, diese Form der Routine zu vermeiden – oder zu durchbrechen, wo sie sich bereits breitgemacht hat.

Aber – ich kann Sie beruhigen: Das hat nicht das Geringste mit dem zu tun, was ich Ihnen hier als Routine vorstellen möchte. »Meine Rou-tine« ist eine »gute Disziplin«. Sie ist eine hochwirksame Methode der Konzentration. Meine Routine ist ein *»Alles läuft auf eine mir bewusste Weise auf einen von mir gewünschten Punkt hin«.* Sie ist das *»fokussierte Vorbereiten auf etwas, das man im Begriffe ist zu tun«.* Sie ist ein *»fest-gelegter und immer gleicher Ablauf von bewussten Handlungen und Be-wegungsabläufen«.* Meine Routine wird ausgelöst von einem bestimmten

Signal, dem Eintreten eines bestimmten Ereignisses. Von diesem Signal an ist es praktisch nicht mehr zu stoppen. Außer von mir selbst.

Routine in diesem Sinne ist eines der Geheimnisse, die Sportlern dabei helfen, ihr volles Leistungspotenzial zu entfalten und sich nicht (mehr) von den äußeren – und interessanterweise nicht einmal mehr von den inneren Umständen – beeindrucken zu lassen. Eigentlich sollte man nicht von Routine, sondern von *Routinen*, also in der Mehrzahl sprechen. Denn es ist durchaus möglich, oft sogar sinnvoll, über mehrere solcher Routinen für jeweils individuelle Situationen zu verfügen. Die meisten Topathleten verlassen sich auf ihre Routinen und dies nicht nur in den schwierigen Situationen, nicht nur in Ausnahmesituationen. Ihre Routinen sind ein fester und aktiver Bestandteil ihres Sports.

Routine in diesem Sinne meint also nicht die Erfahrung des Sportlers, die er im Laufe seiner Karriere gesammelt hat. (Auch sie, die Erfahrung, das muss ich hier nicht betonen, ist natürlich eine wertvolle Hilfe.) Routinen lassen sich in vielen Sportarten beobachten. Der Tennisspieler, der sich auf seinen Aufschlag vorbereitet. Der Skifahrer oben im Starthäuschen. Der Basketballer am Freiwurfpunkt.

Ich schaue mir dieses Phänomen gerne am Beispiel des Golfsports an. Kein (wirklich guter) Spieler würde auch nur einen einzigen Schlag ausführen, ohne vorher seine immer wieder gleiche Abfolge von Bewegungsabläufen absolviert zu haben. Beobachten Sie Tiger Woods, wenn er einen Schlag ausführt, am besten natürlich einen Schlag, der über Sieg oder Niederlage entscheidet. Was macht er genau?

Ich persönlich halte nichts davon, Sportler wie Woods zu Ausnahmeerscheinungen zu »degradieren«. Sie haben richtig gelesen: degradieren. Ich halte es für eine Schmälerung ihrer Leistung, ihrer Kompetenz, ihrer Fähigkeiten, ihres Trainings, ihrer Arbeit mit sich selbst. Sie sind *keine* Ausnahmetalente, keine Halbgötter. Sie sind menschlich, normal, das macht sie so besonders, ihre Leistung so unfassbar gut. Auch Woods muss mit schwierigen Situationen fertig werden. Auch er spielt vor riesigem Publikum live auf dem Platz, dreißigtausend allein rund ums Grün, was natürlich Unruhe verbreitet. Vor Millionen von Fernsehzuschauern, von denen er ganz genau weiß, dass sie jede seiner Regungen gebannt verfolgen. Auch er kennt die Angst, die einen Athleten kurz vor der Ziellinie befallen kann. Und natürlich die Angst vor dem Scheitern. Er ist nicht einer, der das alles einfach nicht hat, es alles einfach nicht kennt. Das wäre einfach, es wäre keine Leistung. Er *hat* es, er *kennt* es – und er kommt damit *einfach* zurecht. Obwohl es so schwer ist.

Er verlässt sich in solchen Momenten ganz auf seine Routine. Seine Routine setzt sich zusammen aus einer Serie exakter Probeschwünge und einer »geistigen Visualisierung« dessen, was er machen möchte. Es ist wie eine Mischung aus einem Schweizer Uhrwerk und einem Sextanten, eine Kreuzung also aus *Zeitmesswerk* und *Raummesswerk*. Ich habe ihn oft beobachtet, und es scheint mir fast, als würde er mit seinen Routinen einen inneren Quarz aktivieren, dessen Schwingung es ihm erlaubt, die Zeitabläufe seiner Bewegungen exakt zu takten, die Räume und Entfernungen exakt zu vermessen, und alles schließlich im Eintreten des Zielereignisses, seines Schlags, zu verschmelzen.

Es ist ein Countdown, begleitet von feinen, präzisen Bewegungen und klaren, ruhigen, sich auf das Zielereignis fokussierenden Gedanken. Wenn Sie eine gute Uhr haben, stoppen Sie mit: Seine Routine wird immer auf die Sekunde genau die gleiche Länge haben. Das hilft ihm, alles Störende auszublenden und sich voll und ganz auf den entscheidenden Schlag zu konzentrieren. Die Routine bereitet ihn geistig darauf vor, das tausendfach Gelernte *jetzt* umzusetzen und nicht plötzlich etwas anderes zu machen, eine winzige Änderung nur, etwa als Reaktion auf eine extreme Situation.

Ich weiß, es ist nicht ganz einfach, das Konzept der Routinen auf das eigene Leistungsfeld zu übertragen. Da heißt es Abstrahieren. Wenn der Golfsport feinste Uhrmacherkunst ist, dann ist der Fußball eher Schlosserhandwerk. Ich weiß nicht, was Sie machen, aber weder Ihr noch mein »Handwerk« sollte das angreifen. Wir müssen einfach die für unsere »Gewerke« geeigneten Routinen entwickeln. Unsere Routinen mögen in ihrer Natur nur noch wenig mit den feinen Routinen des Golfsports gemein haben, aber es geht ja schließlich darum, dass sie funktionieren, also dabei helfen, uns auf das zu fokussieren, was wir unmittelbar davorstehen zu leisten.

Routinen können also verhindern, dass uns urplötzlich störende Gedanken befallen und es dadurch zu fehlerhaften Handlungen kommt. Routinen vermitteln ein Gefühl von Sicherheit, weil sie auf das konzentriert vorbereiten, was Sie eigentlich immer tun und wovon Sie vielleicht sogar geglaubt haben, dass Sie gerade deshalb keine Vorbereitung dafür bräuchten. Je wichtiger, je entscheidender eine Situation für Sie ist, umso mehr kommen Sie unter Druck, und umso wichtiger können Routinen sein, damit es auch wirklich sicher klappt.

Es ist wirklich erstaunlich, wie wenig es dazu braucht, eine eigentlich sicher geglaubte Sache zu versieben, eben weil man sich unter Druck setzt. Weil man beginnt, darüber nachzudenken, warum es eigentlich beim letzten Mal geklappt hat, wie man es genau gemacht hat. Und weil man sich von genau diesen Überlegungen vom einzig wirklich Wichtigen ablenken lässt: es einfach zu tun.

Das ist genau das Problem, das viele Fußballer befällt, zumal Stürmer. Sie treffen einfach nicht mehr, manchmal kann das über Monate so gehen. Sie kommen in eine Schusssituation, denken nach – und scheitern. Das ist das Geheimnis, was auch *Sie* tun müssen, wenn Sie vor einer für Sie wichtigen Situation stehen. Einfach das tun, was Sie immer tun würden. Nichts anderes.

Nicht einmal dann, und gerade dann nicht, wenn der Golfprofi vor dem entscheidenden Eine-Million-Dollar-Putt steht, oder der Fußballspieler vor dem entscheidenden Elfmeter in einem WM-Finale, darf er sein

Programm ändern. Ich kann Sie beruhigen: Es ist durchaus nicht so, dass alle Profis das verstanden hätten. Oft genug passiert es, dass auch sie in einer besonderen Situation das *Besondere* versuchen – und damit scheitern. Machen Sie das, was Sie immer getan haben, und verlassen Sie sich voll auf Ihre Routine. Nur weil eine Situation sich absolut extrem und außergewöhnlich anfühlt, heißt das nicht, dass Sie auch irgendetwas Außergewöhnliches tun müssen.

Ich habe es schon angedeutet, also wird es Sie jetzt nicht vom Sessel hauen vor Überraschung: Auch ich habe meine Routinen entwickelt, um mich auf mein Spiel vorzubereiten, oder um mit Drucksituationen zurechtzukommen. Und auch ich versuchte, mich von meinen einmal aktivierten Routinen nicht mehr abbringen zu lassen. Ich erläutere Ihnen gleich mal das wirklich einfache Prozedere der letzten Stunde vor dem Spiel, vom Aussteigen aus dem Mannschaftsbus bis zum Anpfiff des Spiels. Auch diese Routine läuft immer exakt nach dem gleichen Muster ab.

Dazu noch eine Anmerkung. Einerseits ist dies eine Routine aus dem »Fußball-Handwerk«, nicht aus der »Golf-Kunst«, wie ich vorhin sagte. Insofern ist sie einfach. Andererseits ist sie schwieriger durchzuführen und aufrechtzuerhalten, als man vielleicht denken würde. Denn Fußball ist, wie Sie wissen, eine Mannschaftssportart, und dazu noch eine – ich nenne es mal – recht gesellige. Es wird trotz aller Professionalität viel gealbert, gewitzelt, (mindestens) locker miteinander umgegangen. Jungs eben, unter sich. Unter lauter aufgedrehten Mannsbildern, da wird selbst das Aufrechterhalten einer einfachen »Handwerker-Routine« schließlich doch noch zur Kunst.

Hier meine Routine vor dem Spiel:

- *Betreten der Kabine*
- *Anziehen der Warmmachkleidung*

- *Gymnastik in der Kabine (immer dasselbe Programm, exakt 15 Minuten)*
- *Sportschuhe anziehen*
- *Betreten des Platzes (immer exakt 40 Minuten vor Spielbeginn)*
- *Warmmachen (immer dasselbe Programm, exakt 25 Minuten)*
- *Zurück in die Kabine (exakt 15 Minuten vor Spielbeginn)*
- *Anziehen der Spielkleidung*
- *Verlassen der Kabine zum Spielbeginn*

Die Kunst dieser Routine liegt nicht in der Finesse der einzelnen Abläufe. Sie liegt in der Konstanz und Konsequenz, mit der ich sie durchgezogen habe. Egal ob es sich um ein normales Bundesligaspiel handelte oder um ein WM-Finale. Sie half mir dabei, meine Nervosität in den Griff zu bekommen, und sie war für mich der Schlüssel dazu, das, was ich konnte, auch umzusetzen. Die Routine hat die Wahrscheinlichkeit erhöht, dass ich das, was haltbar war, auch wirklich halten würde.

Apropos Basketballer beim Freiwurf – ich habe Ihnen ja vorhin gesagt, dass Sie auch beim Basketball Routinen verfolgen können. Haben Sie mal beobachtet, was etwa Dirk Nowitzky nach einem Freiwurf mit seinem Wurf-Arm macht? Wenn der Ball längst weg, auf dem Weg zum Korb und schließlich sogar – bei ihm ziemlich wahrscheinlich – *im* Korb ist? Der Wurf-Arm ist fast durchgestreckt, das Handgelenk macht einen 90-Grad-Knick nach unten, die Finger sind unregelmäßig ausgestreckt und abgespreizt, und er vollzieht sowohl mit dem ganzen Arm wie mit der leicht um das Handgelenk kreisenden Hand eine Bewegung, fast ein bisschen ungelenkt, die mehr an die Bewegung eines Dirigenten erinnert, der sein Orchester durch eine besonders anspruchsvolle Passage führt. Ich habe nie mit ihm darüber gesprochen, aber ich glaube, es ist eine

Routine. Er führt den Ball zum Korb, er »ankert« das Gefühl für den gesamten Freiwurf-Ablauf in seinem Körper, das gute Gefühl, das sich bei einem erfolgreichen Abschluss einstellt mit inbegriffen. Es ist immer derselbe Ablauf, und weil er exakt programmiert ist, erfolgreicher Abschluss inklusive, wird er ziemlich sicher auch beim nächsten Mal erfolgreich enden.

Quick Check!

- *Routinen helfen dabei, das volle Leistungspotenzial »auf den Punkt« zu entfalten.*

- *Routinen helfen dabei, sich nicht mehr von äußeren Umständen, der »bewegten Umgebung«, ablenken zu lassen.*

- *Routinen helfen sogar dabei, sich nicht von inneren Umständen, also dem, was uns selbst »bewegt«, ablenken zu lassen.*

- *Entwickeln Sie für alles, was Ihnen wichtig ist, einen regelrechten »Countdown der Routinen«.*

8.

»Von Kriegen und Stürmen liest man lieber.
Ruhe und Frieden aber sind besser zu ertragen.«
(JEREMY BENTHAM)

8. Das Wissen, wer noch:

Umfeld.

Erfolg findet nicht im »leeren Raum« statt. Er ereignet sich in einem Raum, der sich aus unserer privaten genauso wie aus unserer öffentlichen Umgebung zusammensetzt. Am angenehmsten ist es, wenn es in beiden Umgebungen so ruhig und geordnet wie möglich zugeht. Aber für den Erfolg muss es nicht schlecht sein, wenn hie und da auch einmal der Rauch aufsteigt – aber nur, solange es uns gelingt, das Feuer, das den Rauch verursacht, unter Kontrolle zu halten. Ein Spiel nicht ohne Risiken.

Ego ergo sum: Das »egozentrische Weltbild«.

Wie Sie ja wissen, ist die Erde *erstens* keine Scheibe, sondern eine Kugel. *Zweitens* dreht sie sich um sich selbst und *drittens* braust sie auf einer Art Kreisbahn um das Helle in der Mitte, die Sonne. Das war nicht immer so. Ich meine, es war nicht immer so, dass wir, die Menschheit, das hätten zugeben können. Natürlich, eine ganze Zeit lang haben wir es nicht besser gewusst. Jeder dachte, die Erde steht in der Mitte, und wenn es überhaupt etwas anderes gab, musste das gefälligst *um uns* herumkreisen. Man nannte dies das »geozentrische Weltbild«. Als jemand kam und Zweifel an dieser Sichtweise anmeldete, hat er sich damit keine Freunde gemacht. Allmählich wurde aus der frechen Behauptung aber doch die Wahrheit. Die Erde ist seitdem eine bildschöne Murmel, eingebunden in ein System von Planeten und vielen Monden, wir und sie umfahren die Sonne, und alle zusammen sind wir das Sonnensystem.

»Mann, Kahn, kommen Sie zum Punkt!« Mach' ich. Also dann: Das heute anerkannte Modell mit der Sonne in der Mitte nennt man das »heliozentrische Weltbild«. Das »helio« ist die Sonne, und »zentrisch« brauche ich Ihnen nicht zu erklären. Je erfolgreicher Menschen werden, je größer die Erfolge sind, die sie feiern, umso weiter scheinen sie »menschheitsgeschichtlich« zurückzufallen. Sie fallen in ein »egozentrisches Weltbild« – mit sich in der Mitte, und alles andere soll sich gefälligst *um sie* drehen.

Auch ich hatte, zumindest phasenweise, ein solches egozentrisches Weltbild. Wahrer und dauerhafter Erfolg braucht aber ein anderes Denkmodell. Er braucht einen anderen Blickwinkel auf sich selbst, und er braucht ein intaktes Umfeld, in dem man sich selbst an einer anderen Position sieht und wohlfühlt als knall in der Mitte. Ich nenne dieses Modell hier das »biozentrische Weltbild«. »Bio« heißt »Leben«, wir kreisen mit unseren Freunden ums Leben herum.

Ich habe meinen Begriff des »egozentrischen Weltbilds« bereits in der Überschrift dieses Kapitels verwendet. Was aber bedeutet der erste Teil der Überschrift, »ego ergo sum«? Vielleicht kennen Sie ja den Satz »cogito ergo sum«, »Ich denke, also bin ich«. Der Ausspruch stammt von René Descartes, einem französischen Philosophen des 17. Jahrhunderts. Ich habe ihn für unsere Zwecke ein wenig »umgebaut«: »Ego« ist lateinisch für »ich«, und man könnte den Satz jetzt ungefähr mit »Ich bin ein Egoist, also bin ich« übersetzen.

Ich war noch an den Arbeiten zu diesem Buch, als unser Land von einer Flut von Steuerhinterziehungsfällen überrollt wurde. In einem klugen Artikel dazu hieß es, man brauche sich über die Vorkommnisse nicht zu wundern. Die Menschen würden mit dem Andersdenken aufwachsen, und sie hätten gerade dem Andersdenken ihren Erfolg und ihr Vermögen zu verdanken. Gerade mit dem Andersdenken hätten sie aber auch die Fähigkeit verloren, sich einzugliedern, in eine Gesellschaft und in ihre Regeln.

Auch ich habe in diesem Buch ja schon davon gesprochen, wie wichtig das Andersdenken ist, wenn es darum geht, erfolgreich zu sein. Den Einstieg in unser neues Kapitel habe ich gewählt, um schon mal anzudeuten, dass es trotz allen Andersdenkens unverzichtbar ist, in einem Umfeld verankert und mit seinem individuellen sozialen System verwoben zu sein – und es zu bleiben. Wer nicht auf solche Weise »geerdet« ist, der hebt regelrecht ab. Und wer zu weit abgehoben ist, der ist für sein Umfeld und für die Gemeinschaft irgendwann nur noch schwer zu erreichen. Und schwer zu vermitteln. Oder schwer zu ertragen. Oder alles gleichzeitig.

Wenn Menschen sich Verhaltensweisen zu eigen machen, die mit den Normen der Gesellschaft nicht zu vereinbaren sind, muss das nicht die Folge eines zur Gewohnheit gewordenen Andersdenkens sein. Man könnte es auch als eine Konsequenz des Exponiertseins auffassen. Ich

Das *egozentrische* Weltbild.

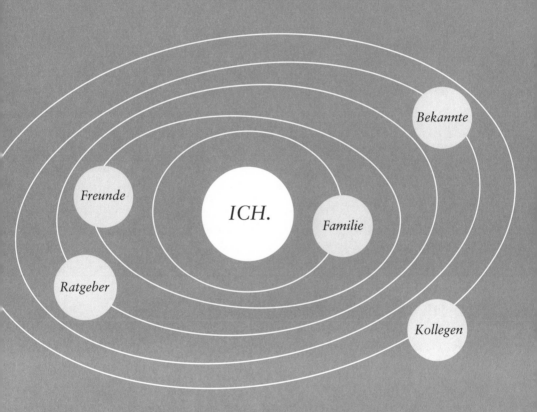

Im »egozentrischen Weltbild« sind wir selbst das Maß aller Dinge, und alle anderen, die in unserem Leben eine Rolle spielen, »dürfen« um uns herumkreisen (falsch).

Das *biozentrische* Weltbild.

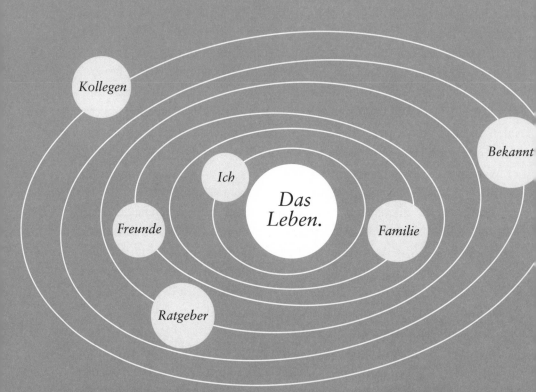

*Im »biozentrischen Weltbild« kreisen wir gemeinsam mit unseren
Freunden und allen anderen, die in unserem Leben eine Rolle
spielen, im System unseres Lebens herum (richtig).*

will damit niemanden, der sich etwas hat zuschulden kommen lassen, zu einem »Opfer« seiner Umstände machen und ihn damit »aus der Verantwortung schreiben«. Wenn ich das Thema hier betrachte, dann deshalb, weil mich die Rolle, der Einfluss und die Wirkung der Umstände und des Umfelds auf den »Erfolgsmenschen« interessieren. Gerade im Fußball, der im Vergleich zu vielen anderen Sportarten ein ungeheures Interesse genießt, und gerade bei einem Verein wie dem FC Bayern München sind die Spieler auf so extreme Weise exponiert, idealisiert und idolisiert (wenn es das Wort überhaupt gibt), dass es schon einer kolossalen Standfestigkeit bedürfte, um den Regeln einer allgemein akzeptierten Werteordnung »vollumfänglich« zu genügen.

Warum ist das so? Die Spieler sind jung, manche sogar *sehr* jung. Gerade sie, die sehr jungen, verfügen naturgemäß über wenig Lebenserfahrung. Sie verdienen sehr viel Geld. Sie sind extrem privilegiert. Sie erhalten jede Menge Vergünstigungen. Sie stehen im öffentlichen Rampenlicht, was – auch wenn es manchmal nervt – doch immer auch das Ego, die persönliche Eitelkeit tätschelt. Sie können alles haben, was sie wollen, Mädchen inbegriffen – ich muss ja nicht um den heißen Brei herumreden, und wir müssen auch nicht so tun, als sei das nicht wichtig, gerade in dem Alter.

In dieser »Gemengelage« kann es nicht überraschen, wenn Spieler mit kleinen Übertretungen des Erlaubten oder zumindest des Akzeptierten anfangen. Mal hier eine kleine Freiheit, mal dort eine kleine Unmöglichkeit, mal im Öffentlichen, mal im Privaten. Und natürlich kann sich das »auswachsen«, in allen Berufen, in denen die Leute viel Erfolg haben und viel verdienen. Da ich mich bisher wirklich bemüht habe, nicht selbstgerecht zu sein, erlauben Sie mir jetzt eine Frage: Würden *Sie* wirklich von sich behaupten, Sie wären grundsätzlich vor Fehlverhalten gefeit, wenn Sie sich in die Rolle des Spielers, in sein Alter, seine Einkommensverhältnisse, sein Gefragtsein in der Öffentlichkeit hineinversetzen?

Das ist die »Umfeldsuppe«, mit der wir es zu tun haben, und in der ich hier ein bisschen löffeln möchte. Auch wenn mir selbst nicht jeder Löffel davon schmecken wird. Das Thema ist wichtig, denn wie alle anderen Bereiche, über die wir uns in diesem Buch unterhalten, ist auch der Aspekt des Umfelds erfolgsrelevant. Ein intaktes Umfeld allein schafft noch keinen Erfolg, aber es trägt einen erheblichen Teil dazu bei. Zu wenig Umfeld, ein falsches Umfeld, ein richtiges Umfeld falsch genutzt – all das wird sich umgekehrt nicht gut auf den Erfolg auswirken.

Schauen wir uns also zuerst einmal an, wie sich ein intaktes Umfeld zusammensetzt. Kommen wir dann dazu, was mit Menschen passiert, die im öffentlichen Interesse stehen. Und wie es »öffentlichen« Personen gelingen kann, das boulevardistische Interesse der Öffentlichkeit zu bedienen, ohne dabei mehr von sich herzugeben, als sie herzugeben bereit sind. Beleuchten wir dann noch (ganz kurz) das engere, also das private

Quick Check!

- *Wir haben nichts in der »Mitte des Weltbilds« zu suchen; wer einem »egozentrischen Weltbild« folgt, liegt verkehrt. Er tut sich, seinem Umfeld und letztlich seinem Erfolg keinen Gefallen.*

- *In die Mitte gehört das Leben selbst. Wir »kreisen« mit unseren Freunden und Bekannten, mit allem, was wir sind und was wir tun, im System des eigentlichen Lebens herum.*

- *Leben Sie also besser nach meinem »biozentrischen Weltbild«.*

Umfeld – nur »ganz kurz« deshalb, weil es ja eigentlich niemanden etwas angeht. Abschließend geht es dann zurück zu einem beruflichen Aspekt des Umfelds, der Konkurrenz. Hier stellen wir ein paar Überlegungen dazu an, warum Konkurrenz zwar wichtig ist, warum sie aber trotzdem »das Geschäft« nicht zwangsläufig beleben muss.

Die Dreamteams der richtigen Partner: Stabilitätsfaktoren Nummer eins.

Wenn ich in der Überschrift eben von den *Stabilitätsfaktoren Nummer eins* in der Mehrzahl spreche, dann meine ich ganz bewusst: Wir brauchen *mehrere* Menschen um uns, die uns wirklich nahestehen. Ich meine mit den *Stabilitätsfaktoren Nummer eins*, dass man nicht *einen* einzigen Menschen – etwa den Lebenspartner – mit allem belasten kann, was für einen selbst eine Last darstellt. Und dass *ein* Mensch nicht ausreichen wird, um mit ihm alles zu heben, was man allein nicht stemmen kann. Wir brauchen ein Dreamteam von Menschen um uns herum, die uns und unserem System Stabiliät geben.

Dabei muss es nicht einfach sein, *die* Menschen, die einem echt nahestehen, unter einen Hut zu bekommen. Es ist auch nicht einfach, die Beziehungen zu Menschen, die einem wichtig sind, ausreichend zu pflegen, damit diese Menschen einem erhalten bleiben. Und es muss auch nicht einfach sein, eine bestimmte Art von Menschen, die aber unbedingt in unser Dreamteam gehört, zu ertragen: Menschen die uns fordern. Menschen, die unbequem sind, weil sie uns Unbequemes sagen. Menschen, die uns konfrontieren, uns zwingen etwas anzuschauen, etwas, das man selbst nicht sehen konnte oder nicht sehen wollte.

Wie sieht nun zum Beispiel *mein* Dreamteam in Sachen *Stabilitätsfaktoren Nummer eins* aus? Ich habe meine Ehefrau, meine Lebenspartnerin, meine Kinder. Ich habe einen kleinen Kreis an Freunden, wobei ich das »klein« als einen Wert sehe, nicht als einen Mangel. Und ich unterscheide ganz bewusst zwischen *Freunden* und *Bekannten*. Ich habe meine Familie, also meine Eltern; das ist für mich unumstößlich, ansonsten bin ich aber kein ausgesprochenes Verwandtschaftstier. Ich habe mein Management, eigentlich ein Management-Team, zuständig fürs Geschäft, aber auch für menschliche Fragen. Team komplett.

Soziale Beziehungen: Das »dritte Bedürfnis«, aber nicht dritte Wahl.

Wir haben im Kapitel der »Motivation« bereits von der Maslow'schen Bedürfnispyramide gesprochen und von der »Hand der Bedürfnisse«. Die dritte Ebene dieser Pyramide, in meinem Bild also der Mittelfinger, das ist das Bedürfnis nach sozialen Beziehungen. Das Bauen von Beziehungen kann sich für uns Profifußballer zu einem schwierigen »Geschäft« auswachsen. Gerade die Tatsache, dass Profifußballer im Durchschnitt viel Geld verdienen, macht es nicht einfach, Kontakte aufzubauen.

Schnell ist jemand zur Hand, der gerne mit einem »befreundet« ist, und schneller noch jemand, der etwas von einem will – im Sinne von *haben* will. Andere, die gute Freunde waren, bevor alles losging, wenden sich ab, nicht selten trägt man selbst die Schuld daran. Man vergrätzt sie, man vergrault sie oder man vernachlässigt sie, weil man einfach keine Zeit mehr dafür hat, eine Freundschaft zu pflegen. Oder weil man seine Prioritäten verkehrt setzt. Man denkt, die sozialen Beziehungen seien nicht so wichtig, dritte Wahl eben. »*Erst kommt der Sport ...*«, sagt man sich, »*... dann die eigene Familie ...*« (bestenfalls), »*... und wenn dann noch Zeit überbleibt ...*« Es bleibt aber nichts übrig.

Quick Check!

- *Wer gehört alles zu einem für Sie intakten Umfeld?*

- *Stellen Sie Ihr eigenes Dreamteam auf!*

- *Listen Sie auch gleich noch Leute mit auf, die Sie in Ihrem Dreamteam vermissen, wen Sie also gerne dabei haben möchten.*

- *Notieren Sie die Funktionen oder Aufgaben, die Ihre Wunschmitglieder erfüllen müssten, oder die Fähigkeiten, die diese Leute mitbringen sollten.*

- *Notieren Sie sich konkrete Namen, wenn Sie bereits jemanden für bestimmte Rollen im Auge haben – und gehen Sie auf sie zu.*

In meiner Laufbahn war es zunächst die Familie, es waren also die Eltern, die für mich *den* Rückhalt darstellten. Ich habe Profis kennengelernt, die aus schwierigen Familienverhältnissen kamen, für die die Familie in ihrer Profizeit also keine Stütze, keinen Halt darstellen konnte. Bei mir war das zum großen Glück anders, ich pflegte und pflege bis heute mit meinen Eltern ein auf Vertrauen basierendes Verhältnis. Mit meinem Vater habe ich sogar trainiert – das hätte ich in einem schwierigen Vater-Sohn-Verhältnis nicht machen können.

Die Freunde in Karlsruhe waren leider schnell verloren, ich sagte Ihnen ja: Ich war »gelegentlich« trainieren. Wer meiner häufigen Abwesenheit aus Trainingsgründen trotzte und mir die Treue hielt, dem machte spätestens mein Wechsel nach München den Garaus. Ich dachte

»*Kein Problem, jetzt hagelt's neue Freunde*«. Ich mag München wirklich sehr, es ist eine schöne Stadt, aber neue Freundschaften ergeben sich auch hier nicht »automatisch«.

Ich war inzwischen verheiratet, meine Frau kam natürlich mit in die »Großstadt mit Herz«. Zum Glück hatte ich meine Frau. Was meine Frau perfekt konnte, war, mir den Rücken freizuhalten und ihn mir zu stärken. Nie und zu keiner Zeit hat sie gesagt: »*Ja muss das denn jetzt sein...?*« oder »*Warum willst du denn immer noch mehr...?*«. Sie hat es einfach akzeptiert, nein mehr noch, sie hat es *geteilt*, wenn ich fand, dass etwas *sein musste* oder *noch mehr sein* musste. Das halte ich für eine großartige Leistung, und es ist unerhört wichtig für den Erfolg.

Ich möchte aber noch einmal zurück zum Thema Freunde kommen. Ich habe Ihnen schon den Tony-Bennett-Song »Experiment« vorgestellt, aber ich habe Ihnen die zweite Strophe davon vorenthalten. Hier passt sie perfekt zum Thema. Sie geht:

> »*Experiment, though interfering friends may frown,*
> *get furious for each attempt to hold you down...*«

Das heißt: »*Experimentiere, auch wenn Freunde sich einmischen und was dagegen haben, und werde wütend, wenn sie versuchen, dich zurückzuhalten...*« Ich nenne es das Phänomen der »Beharrungskräfte«, dass nämlich das Umfeld des Sportlers oder Erfolgsmenschen durchaus versucht sein kann, einen »am Boden« zu halten. Da kommen dann gute Ratschläge wie »*Das würde ich lieber nicht probieren...*«, »*Da sind schon ganz andere dran gescheitert...*«, »*Mach das bloß nicht, das Risiko ist zu hoch...*«, »*Warum sollst ausgerechnet du das schaffen...*«, »*Es reicht doch schon, was du erreicht hast...*«. Oder Sticheleien wie »*Ach, was soll das, warum musst du jetzt schon wieder heim, du bist doch erwachsen...?*« oder »*Jaja, tu du nur immer schön wichtig, mit deinen Interviews und deinem Zeugs...!«* oder was weiß ich. Klar, könnte man sagen, gerade über solchen Frotzeleien muss man drüberstehen, aber ich habe das schon zu Schulzeiten nicht ausstehen können, und ich halte es auch heute noch für kontraproduktiv. Ich hasse Neid, Eifersüchteleien, Missgunst. Ich bin einfach der Typ, der grundsätzlich und immer die konstruktive Auseinandersetzung sucht und haben will. Wenn das nicht klappt, klappt's für mich auch nicht mit der Freundschaft.

Und noch ein letzter Punkt: Der Profisport *ist* zeitaufwendig, und soziale Kontakte sind es auch. Ich habe es schon gesagt: Man muss sie pflegen, also muss man auch die Zeit dazu haben. Und der Profisport stellt Anforderungen an das Leben des Sportlers, die neunundneunzig von hundert Menschen als »ungemütlich« empfinden: Er raucht nicht, er trinkt nicht, er achtet auf seine Ernährung, mal kann er gar nicht kommen, mal kann er leider erst spät dazustoßen, mal muss er schon früher wieder gehen. Mittwoch? Nein, leider Spiel. Dann Samstag? Nein, leider Spiel. Und Sonntag? Nein, leider auch nicht, noch 'n Spiel. Aber nächste Woche? Sowieso nicht, da isser im Trainingslager... Gemütlich, oder? Echt 'n Typ, mit dem man Pferde stehlen kann – wenn er mal könnte.

Presse *(deine Nase nicht an mein Wohnzimmerfenster).*

Es ist allgemein bekannt: Die Presse ist sehr interessiert an Menschen, die im öffentlichen Leben stehen. Die Presse gehört also definitiv zum Umfeld des Erfolgs. Deshalb interessiert mich hier auch die Frage, wie man mit ihr umgeht. Es ist hier vielleicht nicht weiter von Belang, aber trotzdem interessant, dass das Interesse der Presse an öffentlichen Personen viel älter ist, als man gemeinhin denken würde. Vielen fällt dazu vielleicht der Fellini-Film *La dolce vita (Das süße Leben)* ein. Marcello

Mastroianni spielt hier einen Klatschreporter, der immer und überall seinen Fotografen im Schlepptau hat. Im Film heißt dieser Fotograf »Paparazzo«, und er ist der Namenspatron geworden für eben die Jungs mit den Fotoapparaten, die einem so auf den Senkel gehen können, die »Paparazzi« eben. Ich habe mal eine TV-Dokumentation über Bismarck, den ersten Reichskanzler des Deutschen Reiches, gesehen, die etwas Überraschendes erzählte.

> *Als bekannt wurde, dass Bismarck im Sterben lag, bestachen zwei Fotografen (1898!) die Hausangestellten, um ein exklusives Foto des toten Bismarck auf dem Sterbebett schießen zu können. Sie stiegen mit einer Leiter in das Sterbezimmer ein – die bestochenen Angestellten hatten ihnen heimlich das Fenster geöffnet – und machten ihre Aufnahmen. Die Welt damals war aber (zumindest in dieser Hinsicht) noch empfindlicher, man empfand das als abstoßend, und die Fotografen wanderten ins Gefängnis.*

Genau genommen ist das Thema hier ja gar nicht die *Presse*, das Thema ist die *Öffentlichkeit*. Die Presse ist im Grunde »nur« die Leinwand, auf der sich das Publikum einen Film anschaut. Allerdings verliert man in diesem Spiel leicht die Übersicht, wer eigentlich zuerst da war, die Kinobesucher oder die Leinwand. Zeigt die Presse also das, was das Publikum sehen will, oder ist das Publikum gezwungen, das anzusehen, was die Presse dem Publikum eben zeigt?

Ich befürchte, wir kriegen diese Frage hier nicht gelöst, sie führt uns auch ein bisschen sehr vom Thema weg. Mich interessiert ohnehin mehr die Frage, warum die Presse für Menschen, die in der Öffentlichkeit stehen, zu einem Problem werden kann. Der Schauspieler Ben Kingsley hat einmal gesagt, er habe noch nie in seinem Leben einen Artikel gelesen, wenn auch nur der Hauch einer Möglichkeit bestand, dass etwas über ihn drinstehen könnte. Vielleicht sollte man diese Technik übernehmen. Denn gerade diejenigen, über die etwas in der Presse erscheint, geraten in eine Zwickmühle. Einerseits *verhalten* sie sich, sie *agieren*, sie sagen etwas in der Öffentlichkeit, und sie haben, während sie dies tun, natürlich ein bestimmtes Bild von sich selbst. Und andererseits sehen sie, zeitlich versetzt, das Bild von sich, wie es die Presse gemalt hat. Es ist also ein ständiges Handeln und ein Beobachten des Resultats, dann wieder ein Handeln und so fort. Dazu ein Beispiel.

Ein Fußballspieler spielt nicht so oft, wie er gerne wollen würde. Das heißt, er sitzt viel auf der Bank. Dort tut er zwar nicht viel, aber eines macht er schon, weil er ja gar nicht anders kann: Er schaut.

Mal lacht er, weil einer einen Spaß gemacht hat, mal lacht er nicht, weil keiner nichts gemacht hat. Jetzt schaut die Presse hin und schreibt am nächsten Tag: »Warum lacht der, ist der so zufrieden auf der Bank, will der nicht spielen, hat der keinen Biss mehr, was ist aus dem geworden ...?« Das liest der Spieler, denkt zwar noch: »Ich hab doch nur gelacht, weil was lustig war.« Und nimmt sich gleichzeitig vor, beim nächsten Mal nicht mehr zu lachen, egal was passiert. Das kriegt er dann auch prima hin, die Presse sieht's wieder und schreibt: »Was schaut der so böse, so schaut einer, der abgemeldet, ganz unten ist, ein Verlierer, der wird bestimmt bald verkauft, wenn er nicht überhaupt aufhört.«

Dem Spieler droht die Krise. Solange er nicht aufhört, zu vergleichen und zu verwechseln: das Fremdbild mit dem Selbstbild, das Außen mit dem Innen, das Darstellen mit dem Verkörpern, das Image mit seinem eigenen Ich, den Schein mit dem Sein. Die Presse schreibt eben nicht in ihrem Bericht: »... *Spieler XY saß auf der Bank, wo er mal gelacht, mal ernst geschaut hat...*« Geben Sie's zu: Das würde auch niemanden interessieren. Die Presse interpretiert, und sie schafft durch ihre Interpretationen eine neue Wirklichkeit. Gerade im Zusammenhang mit der Presse kann ich ein Lied davon singen, wie schwer es ist, nicht ständig wie das Kaninchen auf die Schlange zu schielen, sich autark, also unabhängig davon zu machen, sich auf sich selbst zu besinnen und zu konzentrieren, seine Authentizität zu bewahren.

Ein wirklich sehr bekannter Mann beim FC Bayern hatte neben seinem Amt im Verein, er war der *Präsident*, ein Engagement bei einer großen Zeitung. Dort war er *Kolumnist*. Gelegentlich gelang es ihm, geradezu artistisch, in seinen beiden Rollen völlig gegensätzliche Meinungen zu vertreten. Im Verein konnte er dann einen Spieler loben und in der Zeitung ihn verreißen. Einer der so »zweigeteilten« Spieler des FC Bayern wurde einmal gefragt, ob er von der Kritik des »Präsidenten/Kolumnisten« gehört habe, und der Spieler erkundigte sich klug zurück: »*Wen meinen Sie jetzt, den Präsidenten oder den Kolumnisten?*«[20] Ein anderer Fall von Don Quichotte gegen die Pressemühlen geht so:

Einer unserer sehr bekannten Spieler beim FC Bayern kam längere Zeit nicht zum Einsatz. Als er endlich mal von Anfang an und dann auch gleich über volle 90 Minuten »mitmachen« durfte, dankte er dies dem Trainer mit zwei Toren, einer Torvorbereitung und überhaupt einem ziemlich spritzigen Spiel. Beim anschließenden Interview wollte der Journalist wissen, ob sich der Spieler mit seinen zwei Toren den Frust vom Leibe geschossen habe, der sich doch aufgestaut haben müsse, und der Spieler erwiderte: Wieso, er sei doch gar nicht frustriert. Einige Sätze später fragte der Pressemüh-

lenmann: »Wenn Sie jetzt wieder zurück auf die Ersatzbank müssen, ist das doch sicher frustrierend für Sie?« Der Spieler aber blieb standhaft und verwies auf den Beginn des Interviews, wo er ja bereits klargestellt habe, er sei doch gar nicht frustriert, und die Aufstellung mache im Übrigen der Trainer. Am nächsten Tag rekapitulierte die Sportseite einer Tageszeitung das Interview und fand den Spieler »gut gelaunt und dennoch gefrustet«, sprach von des Spielers »Humor, der den Frust kontrolliert«, zitierte den Spieler nochmal wörtlich mit »Ich habe keinen Frust« – und kommentierte das Zitat mit der Interpretation, der Spieler »wirkte doch etwas angestrengt« und »Flunkern ist nicht sein Ding«.[21]

Wenn das kein Kampf gegen Windmühlen ist! »*Einmal frustriert, immer frustriert, das sind hier immer noch wir, die Presse, die die Attribute zuweisen – ja wo kämen wir denn hin, wenn hier jeder glaubt sich fühlen zu können, wie er gerade will ...*«

Ich weiß nicht, warum im eben geschilderten Beispiel der Spieler unbedingt frustriert sein *muss*, warum es der Presse so wichtig ist, es so zu sehen und darauf zu bestehen, dass es so ist. In diesem Fall halte ich es für falsch, aber im Allgemeinen bin ich nicht der Typ, der ständig auf der Presse herumhackt. Kurz gefasst ist meine Haltung zum Thema Presse ungefähr so:

Erstens: Es ist meine Erfahrung, dass man als »öffentlicher Mensch« im Umgang mit der Presse einen bestimmten Rhythmus finden kann, wie (in meinem Fall) mit dem Spielen und mit dem Trainieren. Und dass man einen solchen Rhythmus finden muss. Aus diesem Rhythmus heraus entwickelt sich das Gefühl für die eigene mediale Person. Es entwickelt sich das Gefühl für die Rolle, die man spielt oder spielen möchte.

Und zweitens: Als »öffentlicher Mensch« muss man die Presse als eine »Selbstverständlichkeit«, als eine Tatsache auffassen. Sie ist sozusagen »Papier gewordene Öffentlichkeit«. Man muss sich klar machen: Wenn man die Türe aufmacht und rausgeht aus dem Haus, dann ist man in der Öffentlichkeit. Wenn der »öffentliche Mensch« sich »draußen« bewegt, sollte er sich immer schon mal Gedanken gemacht haben, was er tun könnte, wenn jemand ihn beobachtet, oder was er sagen könnte, falls jemand etwas von ihm wissen will. Das heißt allerdings nicht, dass er sich in der Öffentlichkeit und von der Öffentlichkeit alles gefallen lassen müsste. Signalisiert er klar, dass er in Ruhe gelassen werden möchte, hat er auch ein Recht darauf, in Ruhe gelassen zu werden.

Die Überschrift zu diesem Abschnitt lautete »*Presse deine Nase nicht an mein Wohnzimmerfenster*«. Damit ist auch die Trennlinie schnell gezogen, die zwischen öffentlichem Interesse und dem Anspruch auf Privatheit verläuft. Die Trennlinie verläuft dort, wo das private Leben beginnt und das öffentliche endet. In der Praxis funktioniert das aber nicht, es klappt manchmal nicht einmal bei den offensichtlichen Grenzen, die man ziehen *muss* – mein Garten, mein Haus, mein Wohnzimmer. Und wenn es schon bei den offensichtlichen Grenzen nicht klappt, wie soll es dann bei all den anderen Grenzen klappen, die man gerne ziehen *möchte*, die sich aber nur schwer ziehen und sichtbar machen lassen?

Idealerweise könnte es eine Art »Abkommen auf Gegenseitigkeit« geben zwischen der Öffentlichkeit und der öffentlichen Person. Die öffentliche Person könnte gemäß diesem »Abkommen« akzeptieren, dass sie öffentlich ist, solange sie nicht klar und deutlich signalisiert, dass sie jetzt in Ruhe gelassen werden möchte. Und die Öffentlichkeit müsste akzeptieren, dass die öffentliche Person »privat da« ist, wenn sie das in ihrem Verhalten deutlich zum Ausdruck bringt. Wenn ich mich also etwa auf der Terrasse eines Cafés in die erste Reihe setze, bräuchte ich mich nicht zu beschweren, falls ich hier keine Ruhe hätte. Aber ich hätte ein Recht, in Ruhe gelassen zu werden, wenn ich mich in die hinterste Ecke des Lokals »verkröche«.

Aber ich verstehe ja, dass es nicht einfach ist – nicht einfach für alle, die aus privaten Gründen interessiert an »Promis« sind. Vielleicht ist es für sie sogar gerade dann schwer, wenn eine öffentliche Person »privat da« ist. Es ist dann ein bisschen so, als würde man sagen: »*Kuck nicht hin – da hinten sitzt ein rosaroter Elefant!*« Wer würde da nicht reflexhaft hinschauen. Bei Presse, Paparazzi und Co. handelt es sich aber nicht mehr um ein »spontanes Bedürfnis hinzuschauen«, für sie ist es kein Reflex mehr. Für sie ist es hartes Business. Manche öffentliche Person wird regelrecht verfolgt, über alle Grenzen hinweg, egal, wie deutlich sie signalisiert: »*Lasst mich jetzt mal in Ruhe!*«

Celebrity, skandalös: Leben in der Doku-Soap.

Der Sport gewinnt immer mehr an Showcharakter. Und wenn ich sage »gewinnt«, meine ich das auch so. Ich sehe es als positiv an und in seiner Entwicklung nur als konsequent. Sport lebt nicht nur davon, dass ihn jemand betreibt, nämlich die Sportler, sondern auch davon, dass ihnen jemand »beim Treiben« zusieht. »*Akteuren bei ihrem Handeln zuschauen*«, das würde ich sagen, ist eine von vielen möglichen Definitionen von »Unterhaltung«.

Die Profisportler stehen also heftig im Mittelpunkt des öffentlichen Interesses. Das macht auch sie, ob sie es wollen oder nicht, zu *Celebrities*, zu Prominenten, zu von der Öffentlichkeit (meist) gefeierten Menschen. Wenn die »Leistungsträger des Leistungssports« gefragt sind, viel zu sehen sind und somit den »Tatbestand« der Celebrity erfüllen, habe ich ehrlich gesagt überhaupt nichts dagegen. Dann ist es halt so, dann sind wir von mir aus Celebrities. Es ist ja nichts Unanständiges dabei, jedenfalls nicht automatisch, und man kann viel bewegen, wenn man nur will.

Alle Menschen lechzen nach Anerkennung. Wenn wir wissen, dass andere Menschen nicht nett von uns denken (oder sprechen), beeinträchtigt das unser Befinden. Niemand ist davor gefeit, egal wie unabhängig oder überlegen er sich fühlt. Den *Celebrities* geht es da nicht anders. Auch sie befürchten, egal wie unabhängig oder überheblich sie sich geben, dass sie es nicht beeinflussen können, was andere von ihnen denken.

Jeder würde ja behaupten, es seien die Celebrities, die beobachtet werden – aber die Celebrities beobachten zurück! Und das führt die Celebrity geradewegs in die »Extrinsik«, also in die Äußerlichkeit, und damit in genau den Bereich, den wir nicht beeinflussen können. Schließlich kann man es nicht beeinflussen, was jemand aus dem macht, was er beobachtet. Man kann nicht beeinflussen, wie das eigene Handeln durch die öffentliche Meinung interpretiert wird. Wenn man sich jedoch von diesen Fremdinterpretationen beeinflussen lässt in seinem Tun, dann sitzt man in der Falle. Man ist nicht mehr *authentisch*. Man ist nicht mehr so, wie man wirklich ist, sondern man beginnt, sich zu inszenieren. Man gerät in einen Kreislauf: Man verhält sich, prüft die Reaktion der anderen auf dieses Verhalten, regelt und justiert das eigene Verhalten nach, prüft wieder, wie die anderen darauf reagieren, und so fort. Falsch an diesem Kreislauf ist, dass er in einem an sich sinnfreien Raum ab-

Quick Check!

- *Jeder Mensch hat ein Umfeld, mit dem er kommunizieren muss; das ist Ihre »persönliche Öffentlichkeit«, Ihre »persönliche Presse«.*

- *Gehen Sie die Kommunikation mit Ihrer Öffentlichkeit offensiv an und finden Sie dabei Ihren persönlichen Rhythmus.*

- *Prüfen Sie, wie wichtig es Ihnen ist, was andere von Ihnen denken oder wie Sie bei anderen ankommen.*

- *Überprüfen Sie regelmäßig Ihr Verhalten: Verhalten Sie sich so, wie Sie es aus sich heraus wollen, oder so, wie Sie glauben, dass es von Ihnen erwartet wird?*

- *Wenn Sie in »Ihre Öffentlichkeit«, vor »Ihre Presse« treten, müssen Sie dafür »präpariert« sein. Das gilt nicht nur für »Promis«; es gilt für Unternehmen, für Privatpersonen, einfach für alle.*

- *Seien Sie grundsätzlich »zentriert«, wenn Sie »rausgehen«: Wer bin ich (heute)? Wer will ich (heute) sein? Was ist (heute) die Situation? Was ist (heute) der Kontext? Wo setze ich (heute) die Grenzen? Was erlaube ich (heute)? Was verbiete ich (heute)?*

- *Seien Sie konsequent, auch sich selbst gegenüber. Zwingen Sie sich, die Grenzen klar zu setzen – und sie auch selbst einzuhalten.*

läuft. Das heißt: Der in diesem Kreislauf »gefangene« Mensch kann hier kein Ziel erreichen, keine Belohnung oder Befriedigung daraus ziehen. Er »kreiselt« in der »Doku-Soap«. Der Mensch in diesem Kreislauf schwächt sich, er droht auszubrennen, er kann davon sogar aggressiv, depressiv, süchtig oder (noch) Schlimmeres werden.

Es gibt da einen schlauen Spruch: »*Wer die Presse zu seiner Hochzeit einlädt, braucht sich nicht zu wundern, wenn sie auch zu seiner Scheidung kommt …*« Vielleicht sollte man den Spruch auch »berüchtigt« nennen. Sicher wird es Prominente geben, die das eine haben wollten *(»Kommt zu meiner Hochzeit«)*, ohne bereit zu sein, das andere zu ertragen *(»Bleibt von meiner Scheidung weg«)*. Aber den weitaus meisten Promis würde ich bescheinigen, dass sie einfach nur Menschen sind, die mehr versehentlich einmal die Tür aufgemacht haben, vielleicht nur einen Spalt weit. Aus Nettigkeit, aus Gefälligkeit, aus Naivität oder auch aus Eitelkeit. Und sie plötzlich nicht mehr zubekommen, die Tür. Da kann das *einmal* schon einmal zu viel gewesen sein.

Ich habe ja gesagt, dass es nicht immer einfach ist, eine Linie zwischen privatem und öffentlichem Leben zu ziehen. Dass es auch nicht immer leicht ist, zwischen seinen verschiedenen Rollen und Aufgaben zu unterscheiden. Wenn ich im Tor stand, war das mein Beruf und damit klar »öffentlicher Bereich«. Wenn ich eine Vereinsfeier schwänzte, war das Schwänzen an sich ebenfalls öffentlich. Aber mit wem ich die Feier schwänzte, war eigentlich meine Sache, also privat. Wenn ich mich von jemandem trenne, ist es …? Genau. Privat.

Unter Giganten: Konkurrenz suchen. Konkurrenz meiden.

Es liegt was in der Luft. Ein Berufsbild ist im Begriff, sich zu verändern. Das Berufsbild des Torhüters. Früher war der Torhüter vor allem: eine Bank (wenn er gut war). Das heißt, auf ihn war im Idealfalle immer Verlass. Mit der Mannschaft hatte er, könnte man fast sagen, nicht viel zu tun. Er war da, er war gesetzt, und wenn er mal verletzt war, musste es halt jemand anderes machen. Zur Not, selbst das kam vor, sogar ein Feldspieler – was soll schon groß dabei sein, Ball fangen, abschlagen, fertig.

Heute ist auch der Torhüter anerkannter Leistungssportler. Der Torhüter ist dabei, endlich dort anzukommen, wo er hingehört: in der Mannschaft. Natürlich war man lange Zeit der Auffassung, der Torwart bräuchte das Vertrauen seines Trainers. Dieses Vertrauen erst gäbe ihm die Sicherheit und damit die Grundlage dafür, seinen Job gut zu machen. Und das wiederum sei erforderlich, damit die Mannschaft jemanden in ihrem Rücken weiß, auf den sie sich verlassen kann. In Deutschland gibt es in jüngster Zeit eine ganze Reihe hochtalentierter junger Torhüter. Immer wieder fallen sie durch super Leistungen auf. Aber noch mehr fallen sie dadurch auf, dass sie diese Leistungen noch nicht mit der erforderlichen Konstanz bringen können. Plötzlich sind sie über mehrere Spiele hinweg so unzuverlässig, dass man gar nicht anders kann, als ihnen eine Pause zu »gönnen«.

Konkurrenz ist ein Phänomen, das gerade in Märkten hoher Leistungsdichte vorkommt. Dort *muss* sie zwingend vorkommen. Sonst stimmt irgendetwas nicht. Vielleicht kennen Sie den Satz: *»Wo es keine Konkurrenz gibt, da gibt es auch keinen Markt.«* Ein Satz aus der Wirtschaft, der aber auch für den Sport gilt, natürlich.

Sicher wurde zu allen Zeiten zwischen Torhütern um die Vormachtstellung gerungen, dies sowohl in den Vereinen wie auch auf nationalem

Niveau – und vor allem dort. Schließlich ging es um die enorm prestigeträchtige Position im Tor der Nationalmannschaft. Ein Torhüter, der es geschafft hatte, die Nummer eins im Tor der Nationalmannschaft zu sein, konnte sich dann aber auch darauf verlassen, dies eine gute Zeit lang zu bleiben. Man wünschte sich auch hier, in der Nationalmannschaft, auf dieser Position Kontinuität und Stabilität, nicht nur der Torwart selbst, sondern der Trainer, die Mannschaft, das Management. Sogar das Publikum. Natürlich wird man auch in der Zeit des »sicheren« Gesetztseins von seinen Kontrahenten bekämpft, ich zum Beispiel von Jens Lehmann, aber der Kampf sollte acht Jahre dauern, bis er mich schließlich verdrängen konnte. Andreas Köpke (der heutige Torwarttrainer der Nationalmannschaft) wurde von mir abgelöst. Köpke löste Bodo Illgner ab und der wiederum Harald Schumacher.

Worin liegt also das Gute im »Umfeldfaktor Konkurrenz«? Konkurrenz kann motivieren. Konkurrenz kann die Möglichkeit zur Orientierung bieten. Was macht die Konkurrenz besser? Woran liegt das, dass sie es besser können? Was setzen sie für Techniken ein, was haben die für Mitarbeiter (im Fußball etwa: Trainer, Taktiker, Fitnesstrainer, Physiotherapeuten, Spielerbeobachter, Management und, und, und), was für Material, welche Informationen, die wir nicht haben? Wie sind ihre Strategien, wie gehen sie vor? Und wo – wenn überhaupt – sind wir dennoch besser?

Wo es keine Konkurrenz gibt, gibt es wahrscheinlich auch keinen Markt. Entweder man ist in einem Geschäft, wo wirklich »was geht«, und man hat dafür auch mit Konkurrenz zu kämpfen. Oder man möchte sich die Konkurrenz ersparen, dann muss man sich auch in ruhigere Märkte zurückziehen. Welcher der beiden »Märkte« einem besser liegt, das muss jeder für sich selbst herausfinden. Ich habe Ihnen ja bereits erzählt, wie sehr man in »ruhigeren Märkten«, in unserem Beruf also etwa bei einem kleineren Verein, aufblühen kann. Wenn einem Spieler

Quick Check!

- *Haben Sie es in Ihrem Arbeits- oder Interessenfeld mit Konkurrenz zu tun?*

- *Schreiben Sie sich eine Liste Ihrer Konkurrenten.*

- *Verschaffen Sie sich einen Überblick darüber, was Ihre Konkurrenten besser können als Sie.*

- *Verfügen Sie über etwas, was Sie definitiv besser können als Ihr Konkurrent?*

- *Es hat keinen Sinn, exakt dasselbe zu tun wie die Konkurrenz.*

- *Man könnte sich also überlegen: Was kann ich anders machen als die Konkurrenz?*

- *Da gibt es einen tollen englischen Spruch dazu: »Hit them where they aren't« – »Schlage den Gegner gerade dort, wo er nicht ist«.*

das reicht, ist es doch wunderbar. Und wenn er dort die Gelegenheit bekommt, sich zuerst zu finden, sich zu festigen, dann richtig in Fahrt zu kommen und es noch einmal in »rauherem« Gewässer und »unter Haien« zu versuchen – umso besser. Es sind nicht immer die geraden Verbindungen, die zu den größten Erfolgen führen.

Ich persönlich fand es in meiner Zeit als Profi nach der Beobachtung und Analyse der Konkurrenz fast *noch* wichtiger, alles Gesehene wieder zu vergessen. Oder zumindest es aus dem aktiven Bewusstsein »herauszunehmen«. Eine besonders nette Geschichte dazu, was passieren kann, wenn man den Konkurrenten nicht aus dem Kopf kriegt, weiß Alfredo di Stéfano zu erzählen. Er ist einer der Granden des Fußballsports weltweit und außerdem einer der Bewohner des »Fußball-Olymps« von Real Madrid, wo er lange Jahre gespielt hat (er ist heute bereits in seinen 80ern).

> *Bei einem Spiel, das auf einem Sandplatz stattfand, legte der Linksaußen ein Superdribbling hin und schloss es mit einem Treffer ab. Danach lief er exakt den Weg auf dem Platz zurück, den er mit seinem Dribbling genommen hatte, und wischte dabei mit den Schuhen im Sand herum. Auf die Frage der verwunderten Mitspieler, was er da eigentlich mache, antwortete der Linksaußen: »Ich verwische die Spuren, damit niemand mein Dribbling kopiert.«[22]*

Ich gehe mit der Konkurrenz eher so um:

- *Die Konkurrenz beobachten.*
- *Von der Konkurrenz lernen.*
- *Die Konkurrenz vergessen.*

Diesem Vorgehen liegt die Überzeugung zugrunde, die ich nirgends schöner und klarer ausgedrückt fand als in einem Satz des englischen Künstlers Peter Saville. Er sagt: »*Das Einzige, was es noch nicht gab, ist man selbst.*« Für mich heißt das, es ist die eigene Art, etwas zu tun, und der eigene Weg, den man beschreitet, was wirklich zum Ziel und zum Erfolg führt.

Der Vollständigkeit halber will ich Ihnen nicht vorenthalten, dass es natürlich auch so etwas wie Nachahmer-Strategien gibt – man macht genau dasselbe wie der Konkurrent. Das war es ja auch, wovor sich der Linksaußen aus der Geschichte von eben »fürchtete«. Außer bei ihm scheint mir diese Strategie aber eher in der Welt der Waren und Dienstleistungen vorzukommen. Das Entscheidende dabei ist aber meiner Meinung nach: Man muss an irgendeiner Stelle etwas *besser* machen als der Konkurrent. Man macht es schneller, man macht es billiger, man macht es in einer anderen Farbe oder in weniger Farben als der Konkurrent. Vor etwas weniger als hundert Jahren hat der Autobauer Henry Ford dieses Prinzip erkannt und angewandt. Er konnte seine Autos auch deshalb billiger anbieten als der Wettbewerb, weil er die Farbpalette reduzierte, ach was, sie einfach wegließ. Er sagte zu seinen Kunden: *»Sie können Ihren Wagen in jeder Farbe haben, die Sie wollen – solange es schwarz ist.«*

Konkurrenz kann also sehr motivierend und anregend sein. Konkurrenz kann aber auch ein extrem negatives Potenzial entfalten. Deshalb kann ich dem Spruch *»Konkurrenz belebt das Geschäft«* auch nichts abgewinnen. Was stimmt daran nicht? Volkswirte und Makroökonomen dürfen jetzt ruhig anderer Auffassung sein, aber für mich stimmt daran nicht, dass Konkurrenz eben nicht grundsätzlich das Geschäft belebt. Wenn sie das Gegenteil davon tut, also das Geschäft bremst, behindert, erschwert oder gar abwürgt, macht der »Spaß eine Kurve«, wie man so sagt, dann ist Feierabend. Und welche Anregung steckt dann doch darin? Für mich ist es die Aufforderung, sehr gewissenhaft zu prüfen, ob in einer Konkurrenzsituation wirklich etwas Belebendes für uns drinsteckt. Oder ob sie uns eher lähmt.

Konkurrenz hat keinen Sinn, wenn sie dazu führt, dass wir wie das Kaninchen auf die Schlange glotzen, panisch vor Angst, augenblicklich verschlungen zu werden. Konkurrenz hat genauso wenig Sinn, wenn sie uns von unseren eigentlichen Aufgaben ablenkt. Konkurrenz ist kein Selbstzweck. Im Fußball ist es ein »gern« gemachter Fehler, dass man sich auf die Konkurrenz konzentriert anstatt auf sich selbst. Der FC Bayern zeigt hier immer wieder, wie man es richtig macht. In Deutschland gibt es mit Sicherheit keinen zweiten Verein, der es mit so kalter Präzision beherrscht, nur auf sich selbst zu schauen, wenn es darauf ankommt. Schließlich ist der FC Bayern München als der deutsche Rekordmeister auch mit weitem Abstand am geübtesten darin, sich in entscheidenden Phasen der Meisterschaft nicht am Gegner, sondern ausschließlich an sich selbst zu orientieren. Auch wenn sie es nicht müde werden abzustreiten, allzuoft gewinnt man den Eindruck, dass weniger im Erfolg geübte Vereine, wenn sie einmal oben stehen, nichts anderes tun, als nach unten zu schauen, was der FC Bayern macht. Und nicht selten überholt der sie dann. So wichtig Konkurrenz also sein mag – grundsätzlich wichtiger ist es, sich um sein eigenes Geschäft zu kümmern. Seinen gesamten Fokus einzig und allein auf das Ziel auszurichten, das vor einem liegt. Und sich dabei so wenig wie möglich ablenken zu lassen.

Wer sich etwa auf eine Prüfung vorbereitet, die er unbedingt bestehen möchte, der wird alle anderen Dinge des Lebens kompromisslos diesem einen Ziel unterordnen und erst wieder »auftauchen«, wenn er das Ziel in der Tasche hat. Bei mir hat diese Form der Fokussierung seine extremste Ausprägung vor WM, EM, Champions-League-Endrunden und K.-o.-Spielen angenommen. Für mich gab es in diesen Phasen nichts außer der totalen Konzentration auf diesen Event. Geradezu pedantisch achtete ich darauf, dass nichts und niemand meinen »Feldzug« stören konnte. Ich überließ nichts dem Zufall und plante detailliert jede Kleinigkeit, von der ich glaubte, dass sie für die Sache von Bedeutung war. Es konnte mich sogar nervös machen, wenn ich feststellte oder auch nur den Eindruck hatte, dass sich meine Mitspieler mit nebensächlichen Dingen beschäftigten, von denen ich der Ansicht war, dass sie nicht förderlich für die Konzentration waren.

*In der ersten Runde des DFB-Pokals der Saison 2007/2008
geht es gegen Wacker Burghausen. Für mich ist das, was
jetzt kommt, ein gutes Beispiel dafür, wie man Konkurrenzsituationen systematisch als Ansporn für Selbstfokussierung
nutzen kann.*

*Burghausen war in Führung gegangen, ein Freistoß hoch
in meinen Sechzehner, ein Burghausener Mann steigt hoch,
Kopfball, scharf in den Winkel, Unterkante Latte, Tor, keine
Chance für mich. Weiter. Wir schießen aus allen Positionen,
Latte, Pfosten, Außennetz, oder der Burghausener Torhüter
hat den Ball. Ecke Bayern, Ribéry tritt, Klose köpft, Tor.
Ausgleich. Endlich. Aber es geht weiter so, wir stürmen und
stürmen und kriegen den Ball nicht ins Netz. 90 Minuten
sind vorbei, jetzt 120, kein Tor fällt mehr. Elfmeterschießen.
Ribéry tritt als erster von uns an, verwandelt sicher, 1:2.
Burghausen haut den Ball nur gegen den Pfosten. Van Bom-
mel verwandelt sicher, 1:3 sind wir jetzt vorne. Burghausen
trifft, obwohl ich in der richtigen Ecke bin; nur noch 2:3.
Sosa verschießt, es bleibt beim 2:3, und auch Burghausen
kriegt den nächsten Ball nicht rein. Auch Altintop bringt seinen Ball nicht unter, dafür aber Burghausen, ich bin in der
falschen Ecke, es steht jetzt 3:3. Philip Lahm schießt den
perfekten Elfer, ein wunderschöner Ball in den Winkel, und
bringt uns 3:4 in Führung. Aber jetzt wird's frech. Burghausens Torhüter tritt zum nächsten Elfer an – und haut ihn
mir ins Netz. 4:4! »Rotzfrech …!«, höre ich später, dass der
Kommentator das genannt hat, und ich hab's genauso empfunden. So nicht! Jetzt reicht's! Ich lass mich hier nicht
schlachten! Demichelis tritt als Nächster für uns an – und
Burghausens Torhüter hält auch noch diesen Ball. »Er kann*

257

der Held der Partie werden...!«, sagt der Kommentator. Nicht, solange ich mich wehren kann! Jetzt ist's saueng. Wenn ich den nächsten nicht halte, sind wir weg vom Fenster! Schon wieder mal alles oder nichts! Der Burghausener Spieler läuft an, ich gehe rechts runter – und kriege, was ich wollte. Gehalten! »Kommt jetzt...!«, brülle ich meine Leute an, meine rechte Hand krampft sich zur Faust, ich tobe, »So nicht...!«, »...hier nicht...!!«, »...jetzt nicht...!!!«, »...und schon gar nicht mit mir!!!!«. Unseren nächsten Elfer legt Lell supercool ins Netz des Gegners, 4:5 für uns. Jetzt kommt der letzte! Jetzt mach' ich hier das Licht aus! Tauche runter. Links diesmal. Hab' den Ball. Sieg! Sieg! Wir sind weiter!

Für mich war völlig klar: Ich wollte niemals hier und heute aus dem Pokal ausscheiden. Ich hatte keine Lust, den Hohn und den Spott zu ertragen, der für den Fall des Ausscheidens fällig gewesen wäre. Und schließlich war das meine letzte Saison, die unter allen Umständen erfolgreich sein sollte. Zu guter Letzt wollte ich ganz sicher nicht, dass ein achtzehnjähriger Torwart zum großen Helden hochstilisiert würde und ich, der das ganze Spiel über so gut wie unbeschäftigt war, nicht im Ansatz zeigen konnte, in welch guter Form ich mich befand.

Staunen Sie jetzt ruhig, oder finden Sie es eitel, »... der Kahn hat es in seiner letzten Saison noch nötig, es einem zwanzig Jahre jüngeren Kollegen zu zeigen?«. Ja! Denn man kann es auch andersherum sehen: Ich habe nicht das geringste Problem, mich auch mit 38 Jahren noch mal mit einem so jungen Konkurrenten wie dem Torhüter Burghausens »anzulegen«, also zu messen. So gesehen bin ich völlig uneitel, ich will es einfach wissen. Wer der Herr im Stadion ist.

Solches Denken macht mir Feuer unterm Hintern, wenn ich das mal so salopp sagen darf. Das gibt meinem Willen die nötige Nahrung, und so »genährt« ist es für mich nicht mehr schwierig, mich total auf mein Ziel zu konzentrieren. Das ist der Schleifstein, an dem ich den Willen meines inneren Wettkämpfers schärfen kann. Jetzt geht es nur noch darum, alles Störende auszublenden. Sämtliche äußeren und auch die inneren Einflussfaktoren haben nun keine Bedeutung mehr, der Wettkämpfer ist stark und scharf gemacht. Er nimmt nun nichts mehr wahr. Außer dem, was zu tun ist. Er ist vollkommen fokussiert.

Es geht sicher nicht jeder gleich mit Konkurrenzsituationen um. Ich will hier mal drei »Konkurrenz-Temperamente« definieren, ich nenne sie den »Wellenreiter«, den »Windhund« und den »Tiefschneefahrer«: Der eine Typ, der *Wellenreiter*, hat es lieber, wenn er der sich brechenden Welle immer voraus ist und sie auf Distanz halten kann, von ihr also nie eingeholt wird. Der zweite Typ, der *Windhund*, hat gerne jemanden vor

Quick Check!

- *Sie müssen sich nicht unbedingt einem der drei Typen zurechnen: Wellenreiter, Windhund oder Tiefschneefahrer.*

- *Sie können sehr wohl in einem Projekt den einen, in einer anderen Angelegenheit einen anderen Typen verkörpern.*

- *Könnte es nicht sogar Vorzüge haben, aktiv zu versuchen, in verschiedenen Bereichen verschiedene Konkurrenz-Temperamente zu verkörpern? Den Wellenreiter, den Windhund oder den Tiefschneefahrer?*

sich, an dem er sich orientieren kann, dem er hinterherjagen kann. Und der *Tiefschneefahrer*, der dritte Typ, fährt gerne überhaupt abseits der Piste, er zieht einsam seine eigene Spur. Welchem Typ würden Sie sich zuordnen – dem Wellenreiter, dem Windhund oder dem Tiefschneefahrer?

Enemy mine: Der Konkurrent, mein bester Feind?

Gerade bei der Darstellung des Themas Konkurrenz möchte ich bei einer Sprache bleiben, die meinem Sport angemessen ist. Das könnte man leicht in den falschen Hals bekommen. Fußball ist ja kein Spitzentanz, unsere »Ballettschuhe« haben grobes Stollenwerk über die ganze Sohle verteilt. Also will ich Ihnen auch sagen können, dass mein »Konkurrent« auch mein »Feind« sein kann – ohne dass ich befürchten muss, Sie lassen sich davon zu unverantwortlichem Handeln verleiten. Ich kann es Ihnen nicht verbieten, aber ich möchte nicht, dass Sie (ohne Not) irgendjemanden als Feind sehen. Nicht Ihren Kollegen im Büro, nicht den Mitarbeiter eines anderen Unternehmens, nicht ein ganzes anderes Unternehmen oder wem immer Sie eben begegnen, in welchen Kontexten auch immer.

Wenn man den Fußball als Sportart betrachtet, hat er den großen Vorteil, dass man Aggressionen, die man vor und während des Spiels aufbaut, schon beim Spielen, also mit der körperlichen Betätigung, gleich wieder abbauen kann. Da bleibt nichts hängen, jedenfalls so gut wie nie. Beobachten Sie es mal, wenigstens im *deutschen* Fußball. Ja, ich sage es geradeaus, ich kann einen gegnerischen Spieler im Spiel »hassen«, ich will ihn besiegen, kleinkriegen, aber es ist alles nur ein Spiel, jede Emotion baut sich im Spielen des Spiels wieder ab. Es muss schon etwas ganz Außergewöhnliches passieren, dass sich Spieler, wenn der Schiedsrichter abgepfiffen hat und das Spiel vorüber ist, nicht die Hand reichen können. Übrigens haben Verhaltensforscher festgestellt, dass durch das körperliche Spielen gezielt Konflikte eingedämmt werden.

»Wir können den Kahn nicht mit seinem Kollegen auf ein Zimmer legen. Nicht, dass der dem Famulla nachts, wenn der schläft, das Kissen über den Kopf drückt...«, haben meine Mitspieler gesagt, schon ganz am Anfang, in Karlsruhe. Natürlich haben sie es nicht ernst gemeint, jedenfalls nicht im Wortsinne. Alexander Famulla war übrigens die damalige Nummer eins im Tor des Karlsruher SC. Schon ernst gemeint habe *ich* aber den Konkurrenzkampf an sich, die Konkurrenz musste mit aller Macht verdrängt werden. Bei meinem ärgsten Kampf, dem um das Tor bei der Weltmeisterschaft 2006 in Deutschland, hat dies zu meiner bittersten Niederlage als Profisportler geführt.

Jeder Konkurrenzkampf ist eine enorme Stresssituation. Er ist eine Auseinandersetzung, die das gesamte physische und psychische Potenzial des Menschen fordert. Wer sich in Konkurrenzkämpfe begibt, muss wissen, dass sie eine Menge an Durchhaltevermögen und Kraft kosten. Und dass es nicht sicher ist, wer sich am Ende durchzusetzen vermag. Dass jeder Konkurrenzkampf die Möglichkeit der Niederlage in sich birgt, verschärft den inneren Druck, dem man sich aussetzt. Und noch weiter steigt der Druck, wenn das Ganze in der Öffentlichkeit ausgetragen wird.

Die Standards des Konkurrenzkampfs gehen so: Für den, der die Nummer eins ist und der gegen seine direkte Konkurrenz verliert, können die Konsequenzen unangenehm sein. Die Nummer zwei hat dagegen erst mal nichts zu verlieren, und sie kann frisch und ungehemmt angreifen. Wer die Nummer eins ist und sich verteidigen muss, hat wesentlich mehr zu verlieren. Und die Nummer zwei mehr zu gewinnen.

Ich sagte gerade »Standards«, weil man das Ganze auch ganz anders sehen kann. Ich habe Ihnen ja schon die Kategorien, die Konkurrenztypen genannt. Der *Wellenreiter* kann sich daran, die Nummer eins zu sein, hochziehen und sich zu Spitzenleistungen motivieren, während er als Nummer zwei ein Problem haben wird. Der *Windhund* wird sich als Nummer eins gehetzt fühlen, während er als Nummer zwei, der Nummer eins hinterherjagend, in seinem Element ist. Im American Football endete die Saison 2007/2008 mit einer Sensation. Die New England Patriots hatten die ganze Saison über dominiert, und es war ihnen das Kunststück gelungen, alle Spiele der Saison zu gewinnen, 18 Siege, keine Niederlage. Einmalig in der 42-jährigen Geschichte des Super Bowl, des Endspiels um die Meisterschaft im American Football. Gegner der Patriots im Super Bowl 2008 waren die New York Giants, die die ganze Saison über weit unter ihren Möglichkeiten gespielt hatten, sie waren sogar unterirdisch schlecht in die Saison gestartet. Der Ausgang war klar, alle Wetten lauteten haushoch für die Patriots – aber sie verloren.[23]

Meinem Konkurrenztypenmodell entsprechend würden die Patriots Windhunde sein. Sie jagten dem Ziel hinterher und verloren es im letzten Augenblick aus den Augen. Die Witterung war weg, der Gegner, mit dem man es zu tun bekam, war unter oder hinter einem selbst. Als Windhund konnte man das Spiel fast nicht gewinnen.

Ein weiterer Standard, eine weitere Plattitüde, geht meiner Meinung nach so: »*Sie müssen sich Ihrem Feind stellen, Sie dürfen ihm nicht aus dem Wege gehen, nichts lässt mehr Schwäche erkennen.*« Selbst für den Fußball stimmt das nur bei allervordergründigster Betrachtung. Natürlich müssen wir aufs Feld, das ist abgemacht. So gesehen können wir schlecht kneifen. Aber natürlich können wir dem Gegner aus dem Weg gehen, wir können sein Spiel analysieren, seine Stärken herausfiltern, seine Schwächen ermitteln und ihn mit dem, was er kann, ins Leere laufen lassen, während wir uns mit unserem eigenen Spiel auf seine Schwächen orientieren. Das ist »intelligenter Konkurrenzkampf«. Der italienische Fußball hat etwas Ähnliches über viele Jahre, eigentlich Jahrzehnte

Quick Check!

Wie geht noch mal das »Aus-dem-Wege-Gehen-und-doch-Gewinnen«?

- *Das »Spiel« des Gegners analysieren.*
- *Die Stärken des Gegners herausfiltern.*
- *Die Schwächen des Gegners ermitteln.*
- *Den Gegner mit dem, was er kann, ins Leere laufen lassen.*
- *Das eigene »Spiel« auf die Schwächen des Gegners ausrichten. Schlagen Sie ihn »dort, wo er nicht ist«.*

praktiziert und kultiviert: das mächtige und unüberwindbare Bollwerk, das jeden Gegner in seinem Angriffsspiel zermürbt und ihn dann mit spitzen Stichen schließlich kunstfertig niederdolcht. Die konnten das, auch wenn ich mir nicht ganz sicher bin, ob es ein defensives Standardsystem war oder wirklich eine individuell auf die Schwächen des Gegners zugeschnittene Maß-Taktik.

Wenn Sie so »spielen«, werden Sie nicht nur *nicht* verlieren, Sie werden vor allem wachsen. Sie gewinnen an Stärke. Und an Zuversicht. Apropos Zuversicht: *Keine Angst vor Fehlern!* Versuchen Sie nicht, Fehler zu vermeiden. Versuchen Sie nicht, keine Fehler zu machen. Entspannen Sie sich, denn Sie wissen ja: Wir lernen aus unseren Fehlern. Versuchen Sie sich darauf zu konzentrieren, das *Richtige zu machen*, nicht darauf, das *Falsche nicht zu tun*. Wenn Sie sich sagen würden: Ich darf gar keine Fehler machen, werden ihnen mindestens *kleine* Fehler unterlaufen. Wenn Sie sich sagen, sie dürfen keine *fundamentalen* Fehler begehen, ist die Möglichkeit groß, dass genau das passiert: ein fundamentaler Fehler. Das ist ein Kahn-Gesetz, Sie dürfen es weitersagen, wenn Sie die Quelle nennen.

Zuletzt möchte ich noch an einem weiteren Beispiel eine »Lanze brechen« für das Kahn-Gesetz des richtigen Denkens. Vor vielen Jahren, ebenfalls in der Zeit beim Karlsruher SC, und ebenfalls, als Alexander Famulla noch die Nummer eins des KSC war, kam ich auf eine wirklich *dumme* Idee. Ich hängte das Bild meines Kontrahenten an die Wand und sagte mir: »*Das ist dein Feind…*« und »*…den musst du besiegen!*«. Seltsamerweise spielte Famulla exakt während dieser Zeit eine hervorragende Saison, und *ich* kam meinem Ziel keinen Schritt näher. Ich nahm das Foto wieder ab, und es wurde langsam besser.

Also: Finger weg vom Voodoo! Ab sofort wird richtig, also konstruktiv gedacht!

The Winner's Skill: Registrieren, ignorieren, demontieren.

Der gute Wettkämpfer *registriert* seine Konkurrenz, er *beobachtet* seine Konkurrenz, er hat vielleicht sogar Respekt vor seiner Konkurrenz. Er macht jedoch nie den Fehler, sich von seinen Konkurrenten in den Bann ziehen zu lassen. Die hohe Kunst des Wettkämpfers besteht darin, dem Konkurrenten das Gefühl zu geben, er sei so unbedeutend, dass er ihn vollkommen ignorieren kann. Darin liegt ein wesentlicher Unterschied, ich würde sagen »the winning one«, derjenige, der über Triumphieren oder Unterliegen entscheidet. Viele Wettkämpfer erliegen der Versuchung, sich im Laufe des Wettkampfes auf die Konkurrenz zu konzentrieren, anstatt den Fokus auf die eigenen Stärken zu legen. Insbesondere bei

Konkurrenzkämpfen, die sich über lange Zeitspannen erstrecken. Im Laufe des Kampfes werden sie gegen ihren Willen, aber dennoch fast magnetisch vom Tun des Gegners angezogen.

Ich habe Tiger Woods schon mit Edelholz verglichen, aber hierin ist er reinstes »Samarium-Cobalt« – er ist ein edler und besonders starker Dauermagnet. *Seine* Konzentration liegt wie immer vollständig bei seinem Spiel. Es interessiert ihn kaum, was seine Mitspieler machen. Er registriert es zwar, wenn einer seiner Konkurrenten einen guten Lauf hat, aber er lässt sich dadurch so gut wie gar nicht beeindrucken. Man hat oft das Gefühl, er spiele alleine auf dem Platz. Aber sein direkter Mitspieler! Der spürt die mentale Dominanz. Die Aufmerksamkeit seines Mitspielers zieht er an sich, der Edelmagnet. *Er* hat die Fähigkeit, seine Konkurrenz praktisch zu ignorieren, und *sie* müssen es sich gefallen lassen, dass er ihre Konzentration auf sich lenkt.

Dabei geschieht das alles gar nicht wirklich bewusst. Die Quelle des Wood'schen Magnetismus liegt in der tiefen Überzeugung, immer und zu jedem Zeitpunkt das volle Potenzial abrufen zu können und damit besser zu sein als die Konkurrenz. Es beeindruckt ihn nicht besonders, wenn der Gegner den Ball bis auf einen Meter an die Fahne heranspielt. Er antwortet mit einem Schlag, der einfach noch besser ist. Diese Fähigkeit nenne ich die »Winner's Skill«, die zentrale Fähigkeit des Siegers. Es ist die Fähigkeit, in Momenten, in denen die Konkurrenz groß aufspielt, selbst mit einem noch besseren Spiel zu antworten. Es ist die Fähigkeit des Champions, sich durch nichts beeindrucken zu lassen. Der Wettkämpfer mit der »Winner's Skill« nutzt geradezu die Konkurrenzsituation für sich, indem er jede Aktion des Gegners als Motivation und Herausforderung begreift, diese noch zu toppen. Das macht das Aufeinandertreffen echter Champions so interessant. Wenn beide diese Fähigkeit beherrschen und es nur noch Millimeter sind, die entscheiden – plus gelegentlich das ominöse Quäntchen Glück.

Im Grunde kann das jeder, jeder kann es üben, das Registrieren-Ignorieren des Spiels des Gegners und das Magnetisieren der Aufmerksamkeit des Konkurrenten. Gerade die Nationalmannschaft ist ein gutes Übungsfeld dafür. Denn da sind sie ja alle auf einem Haufen zusammen, die »üblichen Verdächtigen« sozusagen. Natürlich wird dort die Konkurrenz »beäugt«. Es ist ein bisschen wie ein Laufsteg, nur mit Leistung statt mit Mode. Stell dir vor, es ist Modenschau und keiner schaut hin – das wäre ja absurd, eine prima Gelegenheit ist es fürs »Competition-Watching«. Jetzt kann man es üben, sich nur auf sein eigenes Training, rein auf seine eigene Leistung zu konzentrieren, und doch gleichzeitig mitzubekommen, was die Konkurrenz so treibt. Per ganz genauem Wegschauen, sozusagen. Und ihr mit jeder Pore zu signalisieren, mehr noch: der Konkurrenz aufzudrängen, dass es einen nicht die Bohne interessiert, was sie da so zusammenspielt. *»Was, bei dem schwachen Schüsschen musst du dich schon strecken?«*, *»Wie, war der Ball etwa schon zu hart für dich geschossen?«*, *»Hast du grad geträumt oder reagierst du nur so langsam?«*, und was man sich halt so alles denken kann. Aber natürlich habe ich sehr wohl mitbekommen, auf welchem Niveau die Konkurrenz trainiert.

Wer meint, solches Verhalten aus dem Fernsehen zu kennen, aus dem Tierfilm, der liegt vielleicht gar nicht so verkehrt. Es mag schon sein, dass das ganze Spiel eine Art Imponiergehabe ist, wie man es bei irgendwelchen buntgefiederten Vögeln – oder auch wilderen Tierarten – beobachten kann, die ihr Revier beanspruchen und gegen mögliche Ansprüche der Artgenossen abgrenzen. Ich finde den Vergleich mit dem Tierreich ganz passend. Hier wie dort ist es eine Art der Konzentration auf das eigene Interesse einerseits und der Blick auf den Konkurrenten andererseits, dem es zuvorzukommen gilt. Und hier wie dort ist es eine »Unterhaltung«, die weitgehend »in Körpersprache« geführt wird, bei den einen, weil sie es verbal (vermutlich) nicht können, bei den anderen, weil sie es körpersprachlich eben *auch* können.

Der Anfang vom Ende einer Begegnung beginnt für den Wettkämpfer immer dann, wenn er anfängt, sich auf seinen Gegner »überzukonzentrieren«. Wenn er sich nicht damit begnügt, die Stärken und Schwächen der Konkurrenz zu analysieren, sondern es sich selbst gestattet, sich mit dem Kontrahenten zu vergleichen. Dann ist eine »Datenleitung« gelegt, eine Energieverbindung geschaffen. Dann fängt es an, dass jede gute Aktion der Konkurrenz die eigene Leistung schwächt. Langsam wandert die Energie jetzt hinüber zum Gegner, und der gewinnt an Macht. Das ist keine vage Theorie, das ist ein psychologischer Grundsatz, eine Tatsache. Je mehr Sie sich mit jemandem anderen beschäftigen, desto mehr Raum »räumen« Sie dieser Person in Ihrem Unterbewusstsein ein. Versuchen Sie mit allen Mitteln zu verhindern, dass die Konkurrenz beginnt, sich in Ihrem Unterbewusstsein festzusetzen. Wenn Sie das hinkriegen, können Sie den Gegner »auseinandernehmen«.

Provokation: Spielers Werk und Teufels Beitrag?

Ich beschreibe Ihnen jetzt mal zwei unterschiedliche Szenen. Hier die Szene 1: *Die 90. Spielminute ist vorüber. Pünktlich pfeift der Schiedsrichter das Spiel ab. Der Torhüter läuft hinter sein Tor, auf die Fankurve zu. Er reckt die Arme in die Luft, lacht dem Publikum zu und klatscht in die Hände.* Und nun die Szene 2: *Die 90. Spielminute ist vorüber. Pünktlich pfeift der Schiedsrichter das Spiel ab. Der Torhüter läuft hinter sein Tor, auf die Fankurve zu. Er reckt die Arme in die Luft, lacht dem Publikum zu und klatscht in die Hände.*[24] Haben Sie den Unterschied bemerkt?

Bevor Sie sich die Arbeit machen, beide Szenen noch mal zu lesen und sie nach dem Unterschied abzusuchen – vielleicht hat er einen Schreibfehler drin versteckt? –, sage ich Ihnen: Es gibt keinen Unterschied.

Jedenfalls keinen Unterschied, den man hier, im Buch, erkennen könnte. Aber draußen, im Stadion, im Leben, gibt es doch einen. Der Unterschied heißt: Provokation.

Der Torwart – übrigens handelt es sich dabei nicht um mich – war nicht »unvorbelastet« und frei von Hintergedanken auf das Publikum zugelaufen, so wie man es eingentlich fast nach jedem Spiel macht. Es hatte mehrere für den Torhüter knifflige Spielsituationen gegeben, das Publikum hatte »ungnädig« reagiert, und der Torhüter hatte daraufhin unfreundliche Gesten an das Publikum gerichtet. Nun wurde das, was unter normalen Umständen ein normaler Vorgang, eigentlich sogar eine freundschaftliche Geste ist, plötzlich zu einem Angriff. Der Torhüter provozierte das Publikum, weil es ihm nicht passte, dass die Fans nicht einverstanden waren mit seinen Leistungen. Da er selbst es eben anders sah, legte er sich, anstatt die Wogen zu glätten, mit dem Publikum an – und damit mit einem wahrlich übermächtigen Gegner. Der Fall wirkt unspektakulär, aber er hatte das Potenzial, einen Keil zwischen das Publikum und die Mannschaft, ja den ganzen Verein zu treiben. Dem Verein konnte das nicht recht sein, er befand sich zur Zeit des Vorfalls in erheblichen sportlichen Nöten und war in seiner schwierigen Situation auf die Unterstützung des Publikums angewiesen. In den anstehenden Begegnungen sollte es um den Klassenerhalt gehen, da wollte der Verein nicht auch noch die Fans gegen sich haben. Entsprechend barsch nahmen Trainer und Vereinsführung den Torhüter ins Gebet. Der kam mit einem blauen Auge davon und durfte für die kommenden Partien zwischen die Pfosten zurückkehren.

Provokation kann wirklich eine Menge anrichten, insofern ist es nicht überraschend, wenn sie gelegentlich als eine Art diabolisches Treiben aufgefasst wird. Im Fußball ist die Provokation fast schon eine eigene Disziplin, auch wenn das so explizit natürlich niemand sagen würde, sie wird ja nicht etwa aktiv trainiert. Und natürlich gibt es viele Spieler, die sie überhaupt nicht praktizieren. Andere wiederum haben eine ziemlich starke Neigung dahin. Bei einigen Spielern könnte man sogar sagen, dass es sich um eine Ausnahme handelt, wenn sie gerade mal *nicht* provozieren.

Aber was ist das noch mal genau, das Provozieren? Lassen Sie mich hierzu wieder Wikipedia bemühen. Wikipedia meint: »*[…] Provokation [...] ist ein oft bewusstes Reizen, das als Ziel hat, beim Gereizten Reaktionen hervorzurufen.*« Nett gesprochen, könnte man sagen: Sie kitzeln jemanden, und der muss lachen. Oder: Sie locken jemanden auf das Eis, das sich in der Folge für ihn »als zu dünn« herausstellt. In Talkshows ist das ein probates Mittel: Man treibt den Gesprächspartner in ein Thema, in dem er sich nicht auskennt, und »seziert« ihn genüsslich nach allen Regeln der Kunst. »*Provokationen können Übertreibungen bis hin zur Regelverletzung (zum Beispiel normenverletzendes Verhalten) sein*«, meint Wikipedia weiter, und das klingt jetzt schon recht konkret nach Fußball. Der italienische Stürmer, mit dem ich beim FC Bayern in meiner letzten Saison zusammenspielte, Luca Toni, hat ein wirklich ausnehmend sonniges Wesen, aber im Viertelfinale des DFB-Pokals hat selbst er sich vom ständigen Gezupfe des Gegners an seinem Trikot provozieren lassen; er schaffte es, den gegnerischen Belastungstest seines Oberkleids mit einem kleinen Rempler zu beenden; der Schiedsrichter beendete dafür aber Luca Tonis Teilnahme am Spiel.

Selbst heute angesehene Repräsentanten des Fußballs haben sich in ihrer aktiven Zeit provozieren lassen, ein hoher Vertreter meines Vereins sogar einmal dazu, den Gegner niederzuwatschen (auf deutsch: dem Gegner eine Ohrfeige zu geben mit der Folge, dass dieser umfiel). Es trägt nichts zum Verständnis des Phänomens Provokation bei, aber der Vollständigkeit halber möchte ich anmerken, dass beide Vorfälle sich im Rahmen eines Derbys ereigneten (natürlich nicht demselben, es liegen mindestens 30 Jahre dazwischen), also einem Aufeinandertreffen der beiden »großen« Münchner Vereine, des FC Bayern München und des TSV 1860 München. Begegnungen, bei denen es traditionell emotional zugeht.

Zuletzt weist Wikipedia noch darauf hin, dass »*Provokationen [...] dazu eingesetzt werden [können], um Situationen eskalieren zu lassen*«, und das ist ziemlich genau der Fall, den ich eingangs erwähnt habe. Bereits das provozierende Klatschen des Torhüters kann, so unglaublich das klingt, dazu führen, dass eine Mannschaft am Ende der Saison absteigt. Kleine Ursache, große Wirkung. Man nennt das auch den »Schmetterlingseffekt«, und man umschreibt ihn gerne mit dem Bild: »*Der Flügelschlag eines Schmetterlings am Amazonas kann einen Orkan in Europa auslösen.*« Das Bild will sagen, dass »*in komplexen, dynamischen Systemen eine große Empfindlichkeit [...] besteht*« (Wikipedia) und dass schon kleine Ursachen große Wirkungen erzeugen können. Klitzekleine Unterschiede im Verhalten etwa können im langfristigen Verlauf zu überraschenden Entwicklungen führen, völlig anderen, als man erwartet hätte. Und unter Umständen zu vielfach gravierenderen, als man es je befürchtet hätte. Der Torwart klatscht. Er provoziert. Der Verein steigt ab. Ein Millionenschaden für den Verein.

Auch das Victory-Zeichen eines hohen Bankangestellten vor laufenden Kameras war eine Provokation. Ein spezifische Fingerhaltung, ein kleines, überhebliches Lächeln dazu, und fast hätte es die Kraft entwickelt, einen hochkompetenten Manager für das Unternehmen unhaltbar zu machen. Dabei ist es in diesem Fall noch nicht einmal ganz klar, ob die Geste wirklich beabsichtigt war. Wie Wikipdia sagt: Eine Provokation muss dem Provokateur noch gar nicht mal bewusst sein, um ihm als eine solche ausgelegt zu werden. Im Fußball braucht man in diesem Sinne allerdings kaum Zweifel zu haben: »Unsere« Provokationen sind in der Regel schon so gemeint, wie sie aufgefasst werden. Auch wenn mal ein Spieler im Nachhinein versucht, die Wogen zu glätten: ein Missverständnis, man wollte dem Schiedsrichter nur zeigen, dass einem der Gegner auf den Mittelfinger getreten ist …

Ich will damit nicht prahlen, aber ich möchte Ihnen schon noch zeigen, was richtig subtile Provokation ist. Alle Beispiele für Provokation, die ich Ihnen bisher genannt habe, gingen nach dem Muster: Ich provoziere oder lasse mich provozieren und habe die negativen Konsequenzen zu tragen. Das geht auch geschickter.

In einer Bundesligabegegnung kommt der Ball in den Strafraum geflogen, ein Stürmer des Gegners und ich versuchen den Ball zu kriegen. Ich bin etwas früher dran als er, und überhaupt ist der Ball keine große Kunst. Das lässt mir – neben dem Fangen des Balls – die Zeit, dem Gegner einen kleinen Rempler zu versetzen. Nichts Ernsthaftes, nichts Schlimmes, aber eben doch ein klitzekleiner Schubs. Wir

Quick Check!

- *Bleiben Sie beim Provozieren freundlich, und provozieren Sie in konstruktiver Weise! Provokation kann durchaus ironisch oder sogar humorvoll sein.*

- *Provokation will immer etwas haben, etwas erreichen.*

- *Überlegen Sie also zuerst, was Sie haben wollen, was Sie mit der Provokation erreichen wollen.*

- *»Provozieren« Sie Ihr Gegenüber dazu, das zu tun, was Sie möchten, oder Ihnen das zu geben, was Sie haben wollen.*

fallen beide zu Boden, ich hab' den Ball, und er eine Mords-wut. Ich ignoriere ihn kunstvoll, springe wieder auf und starte mit dem Ball los, um einen schnellen Abschlag zu machen, ein möglicher Vorteil für meine Mannschaft. Jetzt reicht's dem gegnerischen Spieler, er angelt mit dem Bein nach mir und holt mich von den Füßen. Obwohl ich es wirklich kann, das Sich-Beschweren nach einem Foul, tue ich in diesem Augenblick das reine Gegenteil. Ich springe sofort wieder auf und gebe den Tapferen, der ja gar nichts anderes will, als brav sein Spiel fortsetzen. Jetzt erst pfeift der Schiedsrichter ab – und stellt den gegnerischen Spieler vom Platz. Natürlich hatte der Spieler nachgetreten, aber ich hatte ihn davor provoziert. Und gerade dadurch, dass ich mich danach so »edel und mannhaft« gegeben hatte und gar nicht auf das Foul einging, habe ich dazu beigetragen, das Zünglein an des Schiedsrichters Waage auf Platzverweis zu »biegen«.

Die Provokation.

Jetzt haben Sie schon bis hierhin gelesen, und doch können Sie es immer noch nicht…

(… weglegen, mein Buch.)

Wenn Sie jetzt kurz etwas gedacht haben wie
»Spinnt der jetzt, der Kahn?« oder »Jetzt wird er aber
unverschämt!«, dann ist es mir gelungen:
Dann haben Sie sich von mir provozieren lassen!

9.

*»Denselben Versuch wieder und wieder zu machen, ohne etwas
am Versuchsaufbau zu verändern, ist eine Form der Geisteskrankheit.«*
(ALBERT EINSTEIN)

9. Das Wissen, wie nicht:

Scheitern.

*Im Scheitern liegt – mehr als im Gelingen – die Möglich-
keit zu lernen. Das ist es, was mich daran interessiert. Das
Scheitern als etwas Positives zu betrachten. Als ein Phänomen, bei dem es eigentlich »nur« darum geht, sich neu
zu sortieren, sich zu straffen, sich zu professionalisieren –
und wieder loszulegen. Die größte Schwierigkeit liegt darin,
die Mechanismen der Selbstsabotage, der Selbstaufgabe,
gar der Selbstzerstörung zu durchbrechen. Wem das gelingt,
der ist, einmal gescheitert, unendlich viel reicher als
jemand, dem diese Erfahrung fehlt.*

What goes up: must come down.

Es wäre übertrieben zu behaupten, das Verlieren und das Scheitern wären meine Lieblingsbeschäftigungen. Ich bin auch sicher nicht der Erste, der auf die Idee verfallen ist, es könnte mehr im Scheitern liegen als die pure Tatsache, dass etwas, das man versucht hat, halt nicht funktionierte. Man braucht nur ein bisschen rumzufragen, und sofort kriegt man von allen Seiten Zustimmung, dass das Fehlermachen wertvoll ist. Jake Burton, der Chef eines Sportartikelherstellers, sagt: »*Mein Erfolg ist das Ergebnis einer ganzen Menge von Fehlern*...« Gerade weil das Scheitern so einfach ist und seine Gesichter so »bunt«, ist es schwierig, das Thema des Scheiterns zu fassen zu kriegen. Zu vielfältig sind die Möglichkeiten, etwas »falsch« zu machen. Oder auch alles »richtig« zu machen und trotzdem zu unterliegen.

Es ist verlockend zu glauben, es könnte immer nur aufwärtsgehen. Das tut es *nicht*. »*What goes up, must come down.*« Oder wollen Sie die Naturgesetze aushebeln? Ich sage das hier nicht, um Sie davon abzuhalten, überhaupt erst mit dem Erfolg-haben-Wollen anzufangen. Ich sage das, um Sie vorzuwarnen. Sie werden auf Probleme stoßen, wenn Sie davon ausgehen, dass es immer nur aufwärts geht. Wie ich, bis 1999 habe ich das nämlich auch getan.

Im Jahr 1999 verloren wir mit dem FC Bayern München das Endspiel um die Champions League. Ich habe es sogar noch ein bisschen über 1999 hinaus geglaubt, dass es immer weiter aufwärtsgeht. Habe weitergemacht, wie ich es bis 1999 gelernt und praktiziert hatte, und es führte mich geradewegs in den Burn-out. Dann habe ich begonnen, meine Denkmodelle zu überprüfen und nach und nach zu verändern, und *das* führte mich zum Gewinn der Champions League im Jahr 2001, dem höchsten Titel des europäischen Vereinsfußballs, dem größten sportlichen Erfolg meiner Laufbahn.

Ich sage »*What goes up, must come down*« nicht, um den Vertretern des »*Du wirst auch noch auf die Schnauze fallen*« das Wort zu reden. Es gibt durchaus etwas, das immer zunehmen kann: Das ist das Wachstum an sich. Wachstum nimmt nicht unbedingt »linear« zu, also nicht zwangsläufig im Sinne einer konstant ansteigenden geraden Linie. Und erst recht nicht unbedingt »exponentiell«. Aber im Wesen des Wachstums liegt es zuzunehmen, zu steigen, mehr zu werden. Es gibt (eigentlich) kein nega-

Quick Check!

- *Wer wachsen will, muss innovativ sein und seine »Geschäftsmodelle« regelmäßig überdenken.*

- *Auch wenn man im Leben nicht um Niederlagen herumkommt, wäre es fatal, sich in seinem Denken auf die Möglichkeit des Scheiterns zu konzentrieren.*

- *Die Konzentration darauf, etwas unbedingt vermeiden zu wollen, zum Beispiel einen Fehler oder eine Niederlage, führt auf dem direkten Wege geradewegs dorthin: in den Fehler oder in die Niederlage.*

- *Wenn Sie eine Herausforderung vor sich haben, bereiten Sie sich so gut wie möglich vor und entwickeln Sie eine Strategie, die Sie für umsetzbar halten.*

- *Wenn es dann darum geht, die Strategie umzusetzen, seien Sie hundertprozentig von ihr überzeugt und programmieren Sie sich voll auf den Erfolg.*

tives, kein abnehmendes Wachstum, auch wenn zum Beispiel die Wirtschaft ab und an diese eigentümliche Bezeichnung verwendet: »Negativwachstum«, ein Kunstwort, ein Widerspruch in sich. Die Wirtschaft will damit ausdrücken, dass kein Wirtschaftswachstum mehr stattfindet, es meint die »Stagnation«.

Wachstum, egal ob lineares oder exponentielles oder welches auch immer, ist aber nicht dadurch zu erreichen, dass man unablässig und stur das immer Gleiche macht. Um zu wachsen, muss man kontinuierlich neue »Produkte« entwickeln, dazu muss man beständig innovativ sein, und dazu muss man vielleicht auch seine Strategie, vielleicht sogar sein Geschäftsmodell einmal ändern. Auf den ehemaligen Röhrenkonzern, der heute ein Mobilfunkunternehmen ist, habe ich schon hingewiesen.

Ein Strategiewechsel setzt keineswegs voraus, dass man einmal auf dem Nullpunkt angelangt ist, dass man also eine echte Krise durchlebt hat. Im Idealfall erkennt man die Zeichen der Zeit so rechtzeitig, dass man sich schon im vollen Lauf, im größten Erfolg, im blühenden Leben entschließt, etwas zu verändern. Dann kann man mit vollen Segeln und bei voller Fahrt auf einen neuen Kurs schwenken. Das ist das Ideal. Es wäre äußerst empfehlenswert, es so zu machen. Aber selbst das reine Gegenteil davon, der kapitale Crash, kann zum Erfolg zurückführen.

Die Niederlage als Katharsis: *Vom Trauma zum Traum.*

Rückschläge und Niederlagen werden missverstanden. Sie werden als etwas Statisches, als Zustand, als eine Art Endstation aufgefasst. Das ist verständlich, man ist down im Augenblick der Niederlage. Aber es ist falsch. Ich finde, Niederlagen sind etwas Dynamisches, Momentaufnahmen in einem Kontext, der sich bewegt. Die Niederlage ist ein *Film-Still*, ein Einzelbild im Film des Erfolgs. Niederlagen und Rückschläge sind *die* Gelegenheit, alles noch einmal zu durchdenken, zu überprüfen und möglicherweise alles noch mal neu auszurichten.

In vielen Fällen wird ein Rückschlag sogar eine Art von Rückversicherung sein, eine Garantie dafür, dass das, was man sich vorgenommen hat, überhaupt klappen kann. Der Rückschlag gibt wichtige Hinweise, wo man nachbessern muss oder was man vielleicht sogar ganz anders machen sollte. Damit schafft der Rückschlag die Voraussetzung dafür, richtig durchstarten zu können.

Neil Armstrong wurde vor seinem legendären Flug zum Mond immer wieder danach gefragt, was alles *schiefgehen* könnte bei dem Vorhaben. Das war aber nicht die Herangehensweise an das Projekt. Das ganze gewaltige Projekt war auf Gelingen, nicht auf Scheitern ausgerichtet. Die ganze Sache war so konzipiert, dass eigentlich gar nichts schiefgehen konnte – so fantastisch das klingen mag. Für alle Eventualitäten hatte man Vorkehrungen getroffen, auf alle Fragen hatte man Antworten, und für alles, was sich ereignen konnte, hatte man Gegenmaßnahmen parat. Alles hatte man auf diese Weise kategorisiert, für jeden Plan A gab es einen Plan B, falls A nicht funktionieren würde.

Zwei Kategorien blieben allerdings über. Zwei Kategorien, auf die man keine Antworten wusste, für deren Eintreten man tatsächlich »dünn angezogen« gewesen wäre. *Erstens:* Wenn etwas eingetreten wäre, wofür man »konstruktionsbedingt« keine Ersatzlösung hatte. Wäre zum Beispiel das zum Verlassen der Mondoberfläche nötige Triebwerk nicht angesprungen, man hätte nichts unternehmen können, um die Astronauten zurückzuholen. *Und zweitens:* Wenn etwas eingetreten wäre, das man nicht kannte. Das klingt seltsam, aber es meint: Alles, wirklich alles, was dem Menschen an Wissen zur Verfügung stand, wurde für dieses Projekt herangezogen und »bedacht«. Nur das *Unbekannte*, etwas, das kein Mensch kennt, konnte eben auch nicht bedacht werden, und entsprechend konnte es keine Lösung dafür geben.

Barcelona 1999. Wir stehen mit dem FC Bayern München im Finale der Champions League. Unser Gegner heißt Manchester United, die stärkste Mannschaft der Ära. Es geht um den größten Vereinstitel, der für eine europäische Mannschaft zu gewinnen ist. Vergleichbar ist dieser Titel nur mit dem Gewinn der Weltmeisterschaft mit der Nationalmannschaft.

Der FC Bayern hat die historische Chance, nach fast 25 Jahren vergeblicher Versuche den Titel nach München zurückzuholen. Für uns Spieler war es die Chance, aus dem Schatten der ganz Großen des Vereins zu treten, der Müllers, Maiers, Beckenbauers. Sie waren es, die den Pokal 1976 zum letzten Mal an die Isar geholt hatten. Und wir haben die Gelegenheit, drei hässliche Scharten in der Vereinshistorie auszuwetzen, drei Endspielniederlagen, die der Verein in der Vergangenheit hatte einstecken müssen.

Es sieht gut für uns aus. Zehn Minuten vor Schluss führen wir mit 1:0, wir dominieren die mächtigste Mannschaft des Jahrzehnts. Aber wir werden ein anderes Stück ins Geschichtsbuch des Fußballs schreiben, rabenschwarze oder sogar blutrote Tinte wäre dem Drama angemessen, das vor den Augen von 80 000 Zuschauern im Stadion und 1,5 Milliarden Menschen an den Fernsehgeräten seinen Lauf nimmt.

Ein Drama mit geradezu zersetzendem, zerstörendem Charakter. Wir führen mit 1:0 und sind die klar bessere Mannschaft. Es sind noch ein paar Minuten zu spielen, der Pokal ist mehr als in Reichweite, wir haben die Hand schon dran. Wir haben Chance um Chance, das erlösende zweite Tor zu machen. Aber es gelingt uns einfach nicht. Jetzt ist die offizielle Spielzeit vorbei, drei Minuten Nachspielzeit werden angezeigt. Manchester bekommt eine Ecke, der Ball kommt scharf in den Strafraum. Wir kriegen den Ball nicht richtig aus dem Sechzehner, irgendwie springt er einem Man-U-Spieler vor die Füße, der zieht aus siebzehn Metern ab, ein weiterer Man-U-Mann geht noch dazwischen – und lenkt den Ball unhaltbar ins linke Toreck. Es steht 1:1. Sofort nach dem Anstoß verlieren wir den Ball, Manchester greift wieder an, wir haun den Ball ins Toraus. Noch mal Ecke Manchester! Der Ball kommt über mehrere Stationen in unseren Strafraum, schlägt im Tor ein, 1:2. Wir sind erledigt! Draußen! Manchester United hat innerhalb von zwei Minuten – zwei von drei unfasslichen Minuten der Nachspielzeit, keiner hätte je geglaubt, dass sowas überhaupt möglich ist! – das Finale der Champions League auf den Kopf gestellt.

Niemand hatte mit dieser Entwicklung gerechnet. Selbst der damalige Präsident der UEFA, Lennart Johanson, hatte sich schon auf den Weg von den Ehrenplätzen hinunter ins Innere des Stadions gemacht, um uns nach Abpfiff des Spiels den Pokal überreichen zu können. Nicht einmal er schien es recht wahrhaben zu wollen, dass er den Pokal plötzlich an Manchester United übergeben sollte.

Was sich hier fast schon lustig anhört, »*UEFA-Präsident überreicht Pokal der falschen Mannschaft*«, war für uns, für den FC Bayern, eine Niederlage mit vernichtenden Zügen. All das, wovon man ein Sportlerleben lang geträumt hatte, wurde in Minuten zerstört. Wer hätte schon sagen können, ob sich für uns noch einmal die Möglichkeit ergeben würde, das Finale zu erreichen? Wer hätte wissen können, wie lange wir, die Spieler, der Trainer, der Verein diesen Makel mit sich würden herumschleppen müssen, dieses verdammte Finale auf so grausame Weise verloren zu haben? Und ob sich daraus nicht sogar ein Trauma entwickeln würde, das uns das Siegenkönnen regelrecht unmöglich macht? Nie habe ich einen Spieler, einen Jungen, einen Mann so weinen sehen wie unseren Verteidiger Samy Kouffour, er lag platt auf dem Rasen, er konnte nicht mehr aufstehen, so fertig war er, und sein ganzer Körper wurde gebeutelt. »WARUM?«, fragte am Tag danach eine Zeitung in riesigen Lettern quer über die Titelseite.

Im Moment der Niederlage ist es unvorstellbar, dass man wieder auf die Beine kommt. Aber im Nachhinein kann ich sagen, wir sind an der Niederlage gewachsen. Wie das? Weil wir aus dieser Lektion etwas gelernt haben. Auch wenn es eine Lektion mit dem denkbar miesest-bitteren Geschmack war. Jetzt hatten wir die Erfahrung gemacht, wir besaßen das Wissen, dass es nie vorbei ist, bis der Schiedsrichter abpfeift. Eine Binsenweisheit, sicher. Aber eine, die gerade der FC Bayern und vielleicht niemand so sehr wie wir gelernt und verinnerlicht hat. Unterschätzen Sie das nicht: Es gibt Spieler, Mannschaften, Vereine, die es einfach nicht schaffen, den Sack zuzumachen; die im Kopf aufgeben, weil sie hintenliegen und vom Spiel nur noch Sekunden übrig sind. Für mich wurde die Lektion, spätestens jetzt, ein Lebensmotto, sagen wir ein Spielerlebensmotto. Und ich wünsche dem FC Bayern, dass es ihm gelingt, diese Lehre für alle Zeiten zu konservieren.

Nicht dass wir es künftig darauf angelegt hätten, *»Lass locker, wir verlegen das Siegen auf die letzten Sekunden«*, aber ich würde schon sagen, dass wir in der Folge dieser »Vereinskatastrophe« extrem souverän wurden im Umgang mit kniffligen Situationen. Souverän nicht aus Arroganz, sondern aus der Erfahrung. Ab jetzt wussten wir einfach, dass alles möglich war. Dass auch das Unmögliche möglich gemacht werden kann, wenn wir bis zum Schluss daran glauben. Das belegt auch die Art und Weise, wie wir die Deutsche Meisterschaft 2001 holten, in den letzten Sekunden der Nachspielzeit. Ich bin überzeugt, dass wir nur deshalb, nur dank dieser Erfahrung in der Lage waren, in Hamburg bis zum

Schluss an unsere Chance zu glauben und das Spiel tatsächlich noch zu drehen.

Im selben Jahr, drei Tage nachdem wir auf so spektakuläre Weise den Meistertitel gesichert hatten, gelang es uns schließlich, auch die Champions League zu gewinnen, in Mailands gewaltigem San Siro, gegen den FC Valencia. Wir hatten unsere Lektion gelernt und die richtigen Schlüsse aus der Niederlage von 1999 gezogen.

Quick Check!

- *Niederlagen sind nicht dazu da, sie zu verdrängen.*

- *Niederlagen sind nicht dazu gedacht, den Glauben an sich selbst zu verlieren oder gar an ihnen zu zerbrechen.*

- *Niederlagen sind dazu da, innezuhalten und sich Zeit zu geben.*

- *Niederlagen sind dazu da, analysiert zu werden.*

- *Niederlagen sind dazu da, die Botschaften herauszufiltern, die in ihnen stecken, und aus ihnen zu lernen.*

Negative Verstärker:
Nur immer schön aufs Scheitern programmiert sein.

Neun Wochen vor Beginn der Weltmeisterschaft 2006 in Deutschland habe ich meinen Posten als Nummer eins im Tor der deutschen Nationalmannschaft verloren. Ich habe meinen Traum nicht erfüllt gekriegt, die Weltmeisterschaft im eigenen Land. Das ganze Schlamassel mit dem sogenannten Torwartkrieg ist in seinem Kern eine Eins-a-Bestätigung der Kahn'schen Regel: *»Du sollst dich nicht negativ programmieren!«* Wenn ich in meinem Innersten grabe, habe ich gewusst, dass es nicht zu schaffen war. Ich habe mich unaufhörlich damit beschäftigt, *»was wäre wenn ...«*. Mit Spekulationen über eine mögliche Zukunft, dabei noch über eine mögliche Zukunft des Scheiterns. Anstatt einfach in der Gegenwart zu bleiben, Spiel um Spiel. Wie hätte es also klappen sollen, wie hätte es klappen *können*? Das ganze Grübeln, so verständlich es gewesen sein mag, hat überhaupt nichts gebracht. Wogegen hätte es mich absichern können? Der »Torwartkrieg« war ja kein artistischer Drahtseilakt, für den es überhaupt eines Netzes und doppelten Bodens bedurft hätte. Niemand hätte sich gegen nichts absichern können, niemand hätte direkten Einfluss darauf nehmen können. Die permanenten *Was-wäre-Wenns* waren also zu nichts nutze. Und sie haben noch nicht einmal dazu getaugt, dass die Niederlage dadurch für mich erträglicher gewesen wäre.

Im Sommer 2004 wird Jürgen Klinsmann der Trainer der deutschen Nationalmannschaft. Sofort eröffnet er den Konkurrenzkampf auf der Torhüterposition. Der »Torwartkrieg« wird zwei Jahre lang die Fußballszene in Atem halten, die Torhüter sowieso. Ich bin die Nummer eins im deutschen Tor, aber Jens Lehmann, seit Jahren mein Konkurrent, soll nun öfters mal die Chance bekommen, seine Klasse zu zeigen. Im August, vor dem Länderspiel gegen Österreich, kommt Klinsmann zu mir aufs Zimmer und teilt mir mit, dass ich nicht länger Kapitän der Nationalmannschaft bin. Er will in Michael Ballack einen Feldspieler zum Spielführer machen. Vom Kapitän zum »Vizekapitän« degradiert, die Position der Nummer eins im deutschen Tor in Frage gestellt: Das ist die neue Situation, der ich mich stellen muss.

Will mich Klinsmann ablösen? Geht er davon aus, dass ich mir die »Degradierungen« nicht gefallen lassen würde? Spekuliert er darauf, dass ich mich früher oder später zu Äußerungen in der Öffentlichkeit hinreißen lassen würde, die es ihm ermöglichen würden, mich rauszuwerfen? Aber warum sollte er mich ablösen wollen? Ich bringe weiterhin Topleistungen, im Verein wie in der Nationalmannschaft. Ich habe riesige Erfahrung auf internationaler Ebene. Ich will nach dem zweiten Platz bei der WM 2002 in Japan und Südkorea unbedingt im eigenen Land Weltmeister werden. Ich bin echt »hungrig«.

Haben nicht Lehmann und Klinsmann denselben Berater? Aber was hat das schon zu bedeuten? Sind irgendwelche finanziellen Interessen im Spiel? Wer will das beantworten? Dass der Manager des Teams, Oliver Bierhoff, schon seit Jugendtagen mit Lehmann befreundet ist, spielt das eine Rolle? Dass auch die Ehefrauen sehr gut befreundet sind? Will das was heißen?

Will Klinsmann sich an mir profilieren? Will er an mir sein Profil schärfen und sich Respekt verschaffen im Team? Wer den Kahn in Frage stellt, den nimmt man ernst? Kann er niemanden gebrauchen, der ihn noch selbst in seiner aktiven Zeit erlebt hat, als Spieler beim FC Bayern München? Der vielleicht sogar Schwächen von ihm kennt? Will er sein ganz eigenes Team aufbauen, das voll und ganz seine Handschrift trägt und das für ihn durchs Feuer geht? Kann er niemanden gebrauchen, der zu dominant ist? Der »zu viel« Persönlichkeit hat? Weil er voll und ganz auf das Team

setzt und mich mit meiner Individualität als störend für das
»innerbetriebliche« Klima empfindet?
Spinn' ich jetzt schon, sind das alles reine Hirngespinste?
Will er mich durch seine Maßnahmen, durch dieses Durch-
einanderwirbeln der Hierarchien, einfach nur zu neuer
Höchstleistung treiben?

Ich stand vor einer Herausforderung, vor einer »gewaltigen«, wie ich es damals empfand. Bei jedem Spiel genauestens beobachtet, beim kleinsten Fehler sofort in Frage gestellt. Im Laufe dieser zwei Jahre des erbitterten Konkurrenzkampfes unterlief mir der *eine* entscheidende Fehler. Das, was im Zusammenhang mit mentaler Stärke von elementarer Bedeutung ist. Das, was deutlich zeigt, welche Macht die Gedanken haben können. Je länger ich mich damit beschäftigte, ob ich bei der WM als Nummer eins abgelöst werden sollte, desto verkrampfter wurde ich. Meine Risikobereitschaft im Spiel senkte sich. Es ging mir nur noch darum, keine Fehler zu machen. Ein typisches Phänomen des Konkurrenzdrucks unter Torhütern. Ohne wirkliche Risikobereitschaft sinkt aber langsam auch die Qualität des Torwartspiels, man muss ja immer ein wenig Risiko gehen, um die wirklich spektakulären Bälle zu halten. Nur noch zeitweise gelang es mir, mich von den negativen Gedankenkonstrukten zu lösen. So trug ich dazu bei, der Konkurrenz den Weg zu ebnen. Die Gedanken setzten sich fest – und wurden Realität.

Natürlich war es schwierig, mit den Gedanken etwas anderes zu machen, als sie zuzulassen. Sich nicht verunsichern zu lassen. Am Rande eines Länderspiels gegen Holland ließ mich Klinsmann wissen, er würde meinen Rücktritt annehmen, wenn ich ihn denn anbieten würde. Das war ein ungeheures Ding, von hinten direkt ins Herz gestochen, vorläufig noch ohne darin zu rühren, dankenswerterweise. Ich zog »den Dolch« heraus und steckte ihn weg, ohne mir etwas anmerken zu lassen. Nichts passiert, Kleinigkeit, blutet nur ein bisschen nach, literweise. Im darauf folgenden Länderspiel stand ich »etwas« unter Druck, das Spiel endete 2:2, ich spielte ordentlich, aber nicht überragend.

Im Achtelfinale der Champions-League-Saison 2004/2005 erreichte die Situation einen ersten Höhepunkt. Es kam zum direkten Aufeinandertreffen zwischen dem FC Bayern München und Arsenal London. Jens Lehmann im Tor von Arsenal und ich standen uns nun direkt gegenüber.

»Wer in der Champions League weiterkommt, verschafft sich einen deutlichen Vorsprung gegenüber dem anderen ...«, meinten die Medien. Das war natürlich Blödsinn, beide Torhüter konnten eine Topleistung bringen und trotzdem mit ihrem Team ausscheiden. Wir gewannen das erste Spiel in München 3:1 und verloren in London 1:0. Das brachte uns ins Viertelfinale, und Arsenal war draußen.

Tatsächlich kehrte nun wieder etwas Ruhe ein, und meine Position schien gefestigt. Ich schien es »geschafft« zu haben: »Wenn heute die WM wäre, dann wärst du die Nummer eins ...« Meinte Klinsmann.

Die Bundesligasaison 2005/2006, an deren Ende die Weltmeisterschaft stehen sollte, spielte ich konstant, mit dem FC Bayern München wurden wir, wie auch schon im Jahr davor, sowohl Deutscher Meister wie auch Pokalsieger. Jens Lehmann hatte jedoch den »Vorteil«, im Weltmeisterschaftsjahr mit Arsenal London bis ins Finale der Champions League vorzudringen. Ich war mit dem FC Bayern bereits im Achtelfinale ausgeschieden. Jedes weitere Spiel von Arsenal in der Champions League brachte mich mehr unter Druck – die internationale Bühne des Fußballs zieht eine ungeheure Aufmerksamkeit auf sich.

Durch die Erfolge von Arsenal in der Champions League verlagerte sich die Stimmung spürbar in Richtung Lehmann. Ich konnte daran nichts ändern, wir waren international nicht mehr im Geschäft. Die Medien erhöhten den Druck auf mich weiter. Sie setzten die Daumenschrauben an und pressten mir mein Mantra raus: »*Der Klinsmann hat gesagt, solange ich meine Leistung bringe, bin ich auch die Nummer eins.*«

Dann kam der 1. April 2006. Wir spielten daheim gegen Köln. Ich war ausgehöhlt von den ständigen Diskussionen um meine Person, dem Ständig-in-Frage-gestellt-Werden. So ging ich auf den Platz. Ich wusste es: Es passierte, was passieren musste. Ein Schuss auf mein Tor aus 25 Metern. Ein unangenehmer Aufsetzer, der im letzten Moment noch seine Richtung ändert. Ich bekomme den Ball nicht zu fassen, er trudelt ins Tor, fast mitten rein. Ein Fehler. Mein Fehler. Der erste seit Langem. Zum ungünstigsten Zeitpunkt. Die Verantwortlichen des FC Bayern reagieren. Sie sind empört, haben die Nase voll vom Druck, den Klinsmann aufgebaut hatte, und fordern ihn auf, sich in der Torwartfrage endlich festzulegen. Damit der Psychoterror ein Ende habe. Und ich wieder befreit spielen könne ...

Ich weiß nicht, ob die Sache anders ausgegangen wäre, wenn ich mich positiv programmiert hätte. Ich habe nach wie vor das Gefühl, hier lag vieles nicht in meinem Einflussbereich. Aber darin bin ich mir sicher: Es ist grundsätzlich besser, sich positiv zu programmieren.

Ich habe mal von einem Unternehmen gehört, dessen Motto es war: »*Verliere nie allein!*« Was für ein Schwachsinn! Das Unternehmen hat sich noch nicht einmal davon abbringen lassen, als man versuchte, den Verantwortlichen zu erklären, was alles daran falsch ist. Aber was ist denn nun falsch daran? Das Motto, das sich das Unternehmen gegeben hat, ist kein Positivziel, sondern ein Negativziel: das Verlieren. Das ist ganz verkehrt. Denn was sich festsetzt in den Köpfen der Menschen ist das Verlieren, so funktioniert das menschliche Gehirn nun einmal. Jedes Leitmotiv, das man sich als Mensch oder als Organisation gibt, sollte grundsätzlich Positivaussagen machen. Denn es geht ja darum – ich sagte es bereits – sich auf den Erfolg und nicht auf das Scheitern vorzubereiten. Wer sich positiv programmiert, kann im Wettkampf immer das volle Potenzial abrufen. Deshalb sollte man sich vor jeder Form der Negativprogrammierung hüten.

Ich will nicht in das Runterbeten gelungener Slogans verfallen. Um wie viel besser ist etwa der Leitspruch eines Autoherstellers: »*The Pursuit of Perfection*« – »*Das Streben nach Perfektion*«, heißt das. Oder der Leitspruch eines Fußballvereins, falls Sie der Meinung sind, ich soll mal schön bei meinen Leisten bleiben: »*You'll never walk alone*«, ich muss das glaub' ich nicht übersetzen, der FC Liverpool hat das in seinem Vereinswappen stehen. Das ist noch gar nicht mal so weit weg von dem schlechten Spruch, den wir gerade hatten, und doch so völlig anders und so unvergleichlich viel besser.

Vom »*Lass gut sein*« und dem »*göttlichen Na-wenn-schon*«.

Wissen Sie, was *mich* reizen würde? Das Schauspielern. Ja, Sie haben richtig gelesen. Nicht der Film, nicht das Fernsehen. Die Bühne, das Theater, das würde mich reizen. Nicht dass ich es könnte, ich meine, dass ich auch nur im Geringsten glauben würde, ich könnte es. Zwar glaube ich schon, dass ich eine gewisse Gabe zum Vorlesen, zum Vortragen eines Textes habe. Da brauche ich keine große Vorbereitung dazu. Sie geben mir einen Text in die Hand, und ich trage ihn vor. Ich würde behaupten, dass ich es auf Anhieb ganz gut hinbekomme. Das Gewichten des Textes, das Setzen der Betonungen, das Finden des richtigen Textrhythmus' und der Geschwindigkeit, die der Text braucht, alles das würde ich mir auf die Habenseite schreiben: Kann ich, krieg ich hin.

Auf die Sollseite würde gehören: mein immer noch vernehmbarer badischer Dialekt, dem auch zwanzig Münchner Jahre nichts anhaben konnten. Und dann natürlich das Fehlen jeglicher »schauspielerischer Vielseitigkeit«, die »Geländegängigkeit« im Darstellen von Rollen – ich könnte immer nur mich selbst spielen, das dafür natürlich gut.

Falls irgendjemand von Ihnen Kontakte zu einer kleine Bühne hat und sich beim Lesen dieser Zeilen denkt »*Mensch, das wär's doch, mal schaun, ob wir den Kahn nicht engagieren können, wäre doch der Renner für unser neues Stück...*«: Vergessen Sie's. Sie können mich definitiv nicht kriegen, es ist nur ein Denkmodell.

Es ist das Denkmodell, sich vorzustellen, etwas zu tun, was in einem völlig anderen Feld liegt als das, was man eigentlich tut – und kann. Seien Sie vorsichtig, bei manchen Menschen könnte dieses Denkmodell vielleicht sogar zu einer Art Initialzündung führen, und sie setzen es tatsächlich um, das andere. Mir genügt der »Kick«, den mir die Beschäftigung mit der Idee gibt. Der Kick, das ist eine innere Unruhe, ein kleines Unwohlsein in der Magengrube, eine Nervosität, vielleicht sogar schon das Vorwegnehmen eines ersten kleinen Lampenfiebers. Aber warum eigentlich das Ganze? Es dient dazu, sich ein Bewusstsein dafür zu erhalten, wie es sich anfühlt, das ganz andere zu tun, die Herausforderung zu suchen. Sie brauchen das andere deshalb noch lange nicht umzusetzen. Es reicht, das Gefühl zu »konservieren« und es auf Ihr »normales« Tun, auf Ihre eigentliche Tätigkeit zu übertragen. Bei mir funktioniert es: Wenn ich das Kribbeln im Bauch bei meiner »angestammten« Tätigkeit nicht aufbauen kann, hole ich es mir mit diesem Denkmodell aus einem anderen Bereich zurück. Probieren Sie's mal aus.

Ich nenne diese »Technik« das »göttliche Na-wenn-schon«. »*Bin ich froh, dass ich das nicht zu machen brauche, und was hab' ich für ein Glück, das tun zu dürfen, was ich so super kann …*«, sind etwa Gedanken, die das Konzept des »göttlichen Na-wenn-schon« bei mir auslöst. Über den Umweg, mir etwas vorzustellen, was ich nicht kann, komme ich gestärkt auf das zurück, was mir wirklich liegt. Den Begriff habe ich bei Woody Allen aufgeschnappt, in seinem Film »Anything Else«. Ich weiß nicht, was er damit meint, mir gefällt der Begriff jedenfalls.

Wenn das »*göttliche Na-wenn-schon*« nicht funktioniert, dann habe ich noch ein anderes, dieses Mal ein wirklich ganz einfaches Instrument parat. Eines, das aber trotzdem vielleicht viel zu selten angewandt wird, obwohl es so einfach ist. Oder vielleicht gerade, *weil* es so einfach ist und wir gewohnt sind, gerade den einfachen Lösungen zu misstrauen. Ich nenne es – einfach – das Konzept des »*Lass gut sein*«.

Wenn also echt mal was angebrannt ist, etwas schiefgelaufen oder verloren gegangen ist, dann ist damit vielleicht auch der Punkt erreicht, an dem einem einfach mal was egal sein sollte. Jetzt sollte man loslassen können. Jetzt ist es wichtig, »mehr von demselben« zu produzieren. Bewusst den Schritt heraus aus seinem Denkkreisel zu wagen. Vielleicht sogar einmal paradox zu denken oder sich paradox zu verhalten. »*Lass gut sein.*«

Bremens Trainer Thomas Schaaf hat es einmal in perfekter Manier vorgemacht. Er war gerade mit seiner Mannschaft im DFB-Pokal ausgeschieden, und das ziemlich unglücklich. Der Schiedsrichter hatte ein paar kritische Entscheidungen gegen Bremen gefällt. Nach dem Spiel, im Studio, sollten diese Entscheidungen »nachtarockt« werden, und die Situation drohte zu eskalieren, weil der Trainer der siegreichen Mann-

*schaft (Dortmund), Thomas Doll, nicht bereit war, anzu-
erkennen, dass seine Mannschaft auch dank der schiedsrich-
terlichen Fehlentscheidungen gewinnen konnte. In dieser
Situation brachte Thomas Schaaf die Größe auf, aus den
Denkmustern und Gefühlsschleifen der so enttäuschenden
und unglücklichen Niederlage auszubrechen. Er beendete
den Streit, indem er ja eigentlich sogar im Recht war, mit:
»Komm, wir haben das Spiel verloren, lass gut sein!«*

Vom Gau zum Guru. *Die »Lose-Win-Situation«.*

Fast zwei Jahre lang hatte ich einen harten Konkurrenzkampf gefochten,
den »Torwartkrieg«. Der schließlich verloren ging. Mit dem ich eine
gewaltige Niederlage einstecken musste. Der meinen Traum, Weltmeister
im eigenen Land zu werden, platzen ließ. Und der einen ganzen Lebensabschnitt beendet hat. Mein spontaner Gedanke war: »*Aufhören!*«
Konnte es für mich jetzt etwas anderes geben, als mich ganz aus der
Nationalmannschaft zurückzuziehen? Wie sollte ich denn sieben Wochen
bei einer WM auf der Bank aushalten? »*Unmöglich!*«, dachte ich. Und
entschied mich doch anders.

Wie geht es eigentlich, Niederlagen in Siege zu verwandeln? Wie geht
das, *richtig* zu scheitern? Ich meine nicht das Scheitern »mit Pauken und
Trompeten«, sondern das Scheitern *richtig* zu »verarbeiten«. Sich mit
dem Scheitern auseinanderzusetzen, ohne sich vor lauter Beschäftigung
damit zum »Fachmann in Sachen Scheitern« zu machen. Sich aktiv damit
auseinanderzusetzen, auch wenn es saumäßig weh tut.

*Erstens: Es ist wichtig, sich eine Niederlage einzugestehen.
Horace Engdahl, der Ständige Sekretär der Schwedischen*

293

*Akademie (die die Nobelpreise vergibt), hat ein Buch ge-
schrieben (Der Titel des Buchs ist »Meteore«), in dem er von
der großen Gefahr schreibt, »... Niederlagen zu kaschieren.
Sich nicht für besiegt zu erklären, wenn man es tatsächlich
ist«. Bei ihm geht das noch weit über unser Thema hier
hinaus, für ihn gefährdet die Unfähigkeit zu unterliegen sogar
den Frieden. Er nennt das Phänomen die »Arroganz der
Verlierer« und sagt, es sei eine »große Aufgabe [...], die
Menschen das Verlieren zu lehren«.²⁵ In die Politik will ich
mich nicht einmischen. Aber was den Stellenwert des Verlie-
ren-zugeben-Könnens anbelangt, sehe ich das ganz genauso.*

*Zweitens: Es ist wichtig, aus dem Verlieren seine Schlüsse zu
ziehen, also es nicht einfach »achselzuckend« vergehen zu
lassen, sondern die Gelegenheit zu ergreifen und daraus zu
lernen. Jede Niederlage möchte etwas mitteilen, auf etwas
aufmerksam machen. Wir wären also dumm, die Niederlage
nicht genau zu analysieren. Ich halte mich dabei allerdings
nie damit auf, »die richtigen Schlüsse« zu ziehen. Ich ziehe
»meine individuellen Schlüsse« daraus. Es gibt nicht die
richtigen, sondern nur die eigenen; andernfalls blockiere ich
mich nur zusätzlich; denn wenn ich gerade gescheitert bin
und also vermutlich nicht in der besten Verfassung, kann
mich die Frage »Oh Gott, was ist jetzt wirklich richtig?«
ja nur zusätzlich blockieren. Natürlich gehört es zur Analyse, nicht nur in sich selbst zu buddeln, sondern sich auch
Feedback von anderen Quellen einzuholen, von Freunden,
Bekannten, Fachleuten, wem immer man Vertrauen schenkt:
»Warum glaubt ihr, dass die Sache schiefging?«, »Was wür-
det ihr mir raten?«.*

Im Grunde geht es bei der Fehleranalyse darum, aus dem »gescheitert« ein »gescheiter« zu machen. Der Unterschied ist nur ein kleines, winziges »t«. Das ist eine Chance, ein großer Wert. Wer viel gescheitert ist, hat tatsächlich auch das Potenzial, viel »gescheiter« zu sein. Eine Zeitung hat mich in einem Artikel schon einmal zu einem »Guru« machen wollen, nur weil ich an irgendeinem Punkt während meines letzten aktiven Jahres beim FC Bayern München einfach nur mal ruhig auf einige Fragen geantwortet, gewissermaßen »altersmilde« reagiert hatte.[26] Das qualifiziert mich natürlich genauso viel zum Guru, wie es die Zeitung damit ernst gemeint hat – nämlich überhaupt nicht. Mit Niederlagen aber umzugehen, da habe ich sicher viel dazugelernt im Lauf der Jahre und bei der Menge an Gelegenheit.

Quick Check!

- *Sich niemals aufgeben!*
- *Man kann nie wissen, wie sich die Dinge entwickeln!*
- *Selbst wenn etwas zunächst »hoffnungslos« aussieht, können sich neue Chancen daraus ergeben.*
- *Sich also immer wieder neu sortieren.*
- *Die Fehler analysieren und daraus lernen!*
- *Lernen heißt dabei vor allem: aus den Erfahrungen Veränderungspotenziale ableiten.*
- *Sich aufrappeln und wieder loslegen!*

Angst essen Seele auf. Druck machen platt.
So haben wir schnell fertig.

Im Grunde ist es keine Kunst, von einer Sache voll und ganz überzeugt zu sein. Ich habe nur leider den Eindruck, dass es uns leichter fällt, von etwas Negativem voll und ganz überzeugt zu sein als von etwas Positivem. Davon also, dass wir etwas *nicht* können, anstatt davon, dass wir etwas *gut* können. Wenn wir wirklich überzeugt sind, etwas zu können, sollten wir eigentlich mit Zuversicht auf vor uns liegende Aufgaben schauen können. Wenn wir dagegen auf das Negative, auf das Defizit fixiert sind, werden uns kommende Aufgaben eher ängstigen. »Angst essen Seele auf«, heißt ein Film des deutschen Regisseurs Rainer Werner Fassbinder, einer seiner bekanntesten Filme. Ich leihe mir das hier mal kurz für unsere Zwecke, ergänze den Satz mit einer »gefassbinderten« Formulierung, was Druck mit uns machen kann, und schließe ihn mit einem echten »Trapattoni«: »*Angst essen Seele auf, Druck machen platt, wir haben fertig.*« Beides, die Angst und der Druck, kann uns fressen, uns plattmachen, uns ruinieren.

Hier geht es nicht um Angst im Sinne etwa von »Todesangst« oder um Ängste im pathologischen Sinne. Ich spreche von der Angst, deren Gegenmittel der Mut, besser noch die Zuversicht, am besten aber das Vertrauen in sich selbst ist. Ich spreche nicht von der Angst, zu deren Überwindung es Gegenmittel wie Tollkühnheit, Todesmut oder gar Todesverachtung bräuchte. Oder einen Therapeuten oder Psychiater.

Es geht hier um die Angst vor dem Scheitern, die Angst, etwas nicht hinzukriegen, etwas nicht zu stemmen, sich zu blamieren. *So* verstanden müsste es die Angst nicht geben – die anderen Ängste, fundamentale Ängste, müsste es allerdings (vermutlich) auch nicht geben, jedenfalls soweit sie nicht dafür zuständig sind, Schutz- und Überlebensmechanismen zu aktivieren. Bei uns geht es um die »erfolgsrelevante Angst«, also die Angst, die unseren Erfolg behindern oder ihn uns sogar nehmen kann. Und um das Umgekehrte: die Angst, die uns anfeuert. Denn beides, die Angst und der Druck, kann uns auch helfen, uns anschieben, uns motivieren – wenn wir es lernen, mit der Angst umzugehen und weder die Angst noch den Druck zu groß werden zu lassen.

Die Angst, von der ich hier spreche, ist die Angst, die man fühlt oder die uns »anfallen« kann, wenn es um Themen geht, die unsere Zukunft betreffen. Es ist die Angst des *»Kann ich das?«*, des *»Schaffe ich das?«*, des *»Gelingt es mir?«*; und es ist die Angst des *»Kann mir jemand schaden?«*, des *»Wird mir jemand schaden?«*, des *»Will mir jemand schaden?«*. Es gibt nur zwei Phänomene, die diese Angst wachrufen: Das eine Phänomen nenne ich die »alten Muster«, das andere Phänomen das des »rückwärts gewandten Denkens«.

Zum Phänomen Nummer 1 gehört die Erziehung, die Prägung, das soziale Umfeld, sogar die Kultur, in der wir aufgewachsen sind. Gebote, Verbote, Mahnungen, Warnungen, Regeln, Leitsprüche und was Ihnen sonst noch an Begriffen einfällt für alles, was mit *»Du darfst nicht ...«* oder *»Du sollst ...«* oder *»Du musst ...«* beginnt. Lauter Ballast dieser Art gehört dort hinein.

Das Phänomen Nummer 2 sind all die Erkenntnisse, mit denen wir unsere Vergangenheit gestaltet haben. Selbst die Erkenntnisse, mit denen wir unsere Vergangenheit *erfolgreich* gestalten konnten. Auch wenn ich dauernd dieselben Leute zitieren muss, Lincoln hat so etwas gesagt – ich hab's nicht wörtlich parat – wie: *Die Regeln, nach denen wir unsere Vergangenheit gestaltet haben, sind nicht die richtigen Regeln, um unsere Zukunft zu gestalten.*

Das vor uns Liegende an sich ist neutral, und das Neutrale kann nichts sein, wovor wir uns fürchten müssten. Angst zu haben vor etwas, das vor uns liegt, ist also nur dann möglich, wenn wir entweder selber in der Vergangenheit schlechte Erfahrungen gemacht haben oder wenn uns schlechte Erfahrungen aus einem allgemeinen Erfahrungsschatz in Form von Regeln, Geboten und Verboten antrainiert wurden.

Es ist kein Wunder, wenn wir das Künftige, die Aufgabe, die vor uns liegt, scheuen, solange wir mit unserem Denken und unserer Aufmerksamkeit im Vergangenen dümpeln. Jetzt wird, glaube ich, auch klar, warum wir überhaupt Angst haben können vor einer Niederlage. Warum wir fürchten zu versagen. Warum wir Angst haben vor Kritik. Diese Ängste entstehen, weil wir permanent das, was vor uns liegt, mit negativen Assoziationen, mit negativen Prägungen, mit negativem Erlernten und mit negativen Erfahrungen abgleichen – oder zutreffender noch: das Bevorstehende damit überziehen. Das ist natürlich falsch, denn das Bevorstehende steht ja eben gerade erst bevor, es hat sich noch nicht ereignet. Es ist noch nicht existent. Wie könnte es also bereits irgendetwas *sein*, irgendeine *Form haben* oder *annehmen*, auf irgendeine Weise *gewertet werden*, wo es doch noch gar nicht stattgefunden hat? Es ist noch nicht gewesen, also kann es weder schlecht noch gut sein, weder verloren noch gewonnen worden sein. Verstehen Sie, was ich meine?

Wenn wir aber Angst davor haben, weisen wir dem noch nicht Geschehenen bereits erste Eigenschaften zu. Und *indem* wir Angst haben, weisen wir dem vor uns Liegenden offensichtlich *negative* Eigenschaften zu, denn warum sollten wir es sonst fürchten? Spätestens jetzt wird klar, wie falsch es ist, was wir da tun: Wir geben dem noch nicht Existierenden selbst und freiwillig eine negative Gestalt. Kann *das* gut sein?

Also gut, an Vergangenes nicht mehr denken, sich ruhig und entspannt konzentrieren auf das, was vor uns liegt. So könnte es tatsächlich klappen. Aber ich habe darüber hinaus noch einen ganz konkreten Vorschlag für Sie parat. Ein regelrechtes »Werkzeug« für den richtigen Umgang mit Angst und Druck: das »starke Denken«. Was ist das, starkes Denken? Starkes Denken ist vor allem einfaches Denken. Sich frei und klar machen im Kopf. Das Wort »stark« gibt es auch in der englischen

Der Power Cube
(der Drei-Kräfte-Würfel).

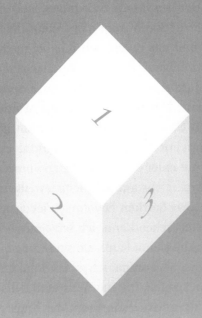

*Schreiben Sie auf jede der drei Seiten des Würfels eine Ihrer echten
Stärken und fokussieren Sie sich dann in Ihrem täglichen Tun auf diese
drei Stärken. Behalten Sie die drei Stärken im Auge, und überprüfen
Sie sich ständig, ob Sie sie tatsächlich nutzen.*

Sprache, dieselbe Schreibweise, s-t-a-r-k, »stark«, ins Deutsche übersetzt heißt der Begriff etwa »rein«, »sachlich«, »gänzlich«, »völlig«. »Stark Thinking« ist also »das reine Denken«. Starkes Denken ist für mich sowohl »Powerful Thinking« wie »Stark Thinking«, es ist das »kraftvolle« und das »reine« Denken.

Um das starke Denken fassen zu können, stelle ich mir einen Würfel vor. Von einem Würfel kann man nicht mehr als maximal drei Seiten gleichzeitig sehen, und das mache ich mir bei meiner Technik des starken Denkens zunutze. Die Zahl »Drei« finde ich eine funktionale Größe. Die Zahl »Drei« ist *groß* genug, um eine gewisse Vielfalt zuzulassen (bei »zwei« zum Beispiel hat man immer nur die Wahl zwischen dem *einen* oder dem *anderen*). Und sie ist *klein* genug, um überschaubar zu bleiben. In meinem Würfelmodell geht es nun darum, jede der drei sichtbaren Seiten des Würfels mit einer echten Stärke zu »besetzen«, ich zeichne mir den Würfel und schreibe mir auf jede Seite jeweils wirklich eine konkrete Stärke drauf. Diese drei Stärken behalte ich jetzt im Auge, so wie ich die drei Seiten des Würfels sehen kann. Ich setze mir einen bestimmten Zeitraum dafür, ich behalte sie im Kopf, sie sind mir präsent, sie sind in meinem ständigen Fokus. So komme ich zu starkem Denken. Die drei Stärken, auf die ich mich mit Hilfe des Würfelmodells konzentriere, leiten mich in die Zukunft und nehmen mir die Angst vor bevorstehenden Herausforderungen.

Ich möchte das Denkmodell »Angst aus Erfahrung« beziehungsweise der erlernten Angst noch an zwei kurzen Beispielen illustrieren. Im ersten Beispiel halte ich mich ein weiteres Mal an einen Film, nicht von Fassbinder, sondern von John Sturges, »Die glorreichen Sieben«. Es geht darum, dass ein mexikanisches Dorf sich gegen einen Despoten auflehnt, der das Dorf und seine Bewohner seit Langem tyrannisiert. Sie schaffen das Auflehnen mit Hilfe eben der »glorreichen Sieben«, wilder, aber aufrichtiger Kerle, Revolverhelden, die einer inneren Anständigkeit folgend

den Dorfbewohnern zu Hilfe kommen. Die Revolverhelden werden an-
geführt von dem im Wortsinne »glorreichen« Yul Brynner. Weil keiner
der Revolverhelden eigentlich wirklich versteht, warum die Dorfbewohner sich nicht von sich aus verteidigen wollen, erklären diese:

> *Wir sind Feiglinge, Señor. Unser ganzes Leben besteht aus Angst.*
> *Wir werden mit Angst geboren, und wir sterben mit Angst.«*

Natürlich ist es nur ein Film, Fiktion, aber ich bin überzeugt, dass jeder
Film Ideen des menschlichen Denkens zeigt, sie in Szenen verdichtet und
so unser Empfinden sichtbar macht. Die »glorreichen Sieben« haben es
mit »mutlosen Würstchen« zu tun, die so sehr von dem ausgehen, was
sie von sich denken, was sie gelernt haben und wie sie in ihrer Gemeinschaft sozialisiert wurden. Alles, was sie von sich kennen, ist die Angst.
Es ist die Angst, dass es nicht machbar ist, nicht zu leisten, nicht zu
schaffen, vielleicht auch davor, dass es gar nicht anders sein *kann*, weil
nicht sein kann, was nicht sein *darf*. Da ist auch die Angst vor dem
Verbotenen drin, die Angst davor, man könnte es am Ende sogar schaffen, und dann …? Wo es doch verboten ist? Das zweite Beispiel ist wirklich aus dem Leben gegriffen, ein Zitat. Es lautet:

> *»The only thing we have to fear is fear itself.«*
> *»Das Einzige, wovor wir uns fürchten müssen, ist die Furcht selbst.«*

Das ist von Franklin Delano Roosevelt, dem amerikanischen Präsidenten
von 1933 bis 1945, der Zeit der Großen Depression und des Zweiten
Weltkriegs. Roosevelt sagte diesen Satz, um seine Landsleute aufzurütteln.
Das ist die Angst des Erlernten, es ist das Wissen und die Erfahrung,
dass die alten Regeln, die man Jahre oder Jahrzehnte lang angewandt
hat, nicht mehr funktionieren. Weil sie nicht mehr zu der Welt passen,

zu der sich die große blaue Kugel inzwischen entwickelt hat. Roosevelt wollte seine Mitbürger damit motivieren, neue Regeln zu finden und zu erfinden und sich mit ihrer Hilfe und mit aller Kraft und Macht gegen die Wirtschaftskrise und den Krieg zu stemmen, anstatt mutlos und ängstlich an der Situation zu verzweifeln.

Das Modell der erlernten Angst ist nur »gebaut« mit der Absicht, das Phänomen der Angst in unserem Sinne verständlich und auflösbar zu machen. Das, was Roosevelt hier anspricht, hat einen wissenschaftlichen Namen. Es ist die »Phobophobie«. Sie kann zu einem *ausgeprägten Vermeidungsverhalten und sozialer Isolation* führen (Wikipedia, wie immer). Wenn das nicht exakt das Verhalten der Dorfbewohner in den »glorreichen Sieben« ist! Schau'n Sie sich den Film mal an.

Ich habe keine Angst. Ich mach mir nur grad in die Hosen.

Niederlagen entstehen »gerne« dann, wenn wir uns mit dem Scheitern und seinen Konsequenzen schon auseinandersetzen, bevor wir überhaupt erst angetreten sind. Ich habe Ihnen schon gesagt, dass das ein Fehler ist. Was ich Ihnen bisher vorenthalten habe, ist, dass man sich nicht zu schämen braucht. Weder für die Niederlage noch für die Angst davor. Ich hoffe, ich kann damit ein bisschen dazu beitragen, dass Sie aufhören, Ihre Ängste zu unterdrücken. Oder sie mit allen möglichen Tricks zu umgehen. Auch die Angst ist ein wichtiger Teil der Persönlichkeit. Die Kunst liegt nicht darin, keine zu haben, sondern zu lernen mit ihr umzugehen. Nicht mit ihr zu leben, damit wir uns nicht missverstehen. Das Ziel ist durchaus der angstfreie Mensch, meines jedenfalls. Aber angstfrei wird ja niemals heißen, dass es einfach keine Angst mehr gibt. Es wird immer wieder »frische« nachkommen. Angstfrei wird also heißen müssen: die Angst jederzeit bewältigen und abbauen zu können.

Gesetzt den Fall, es ist also wirklich etwas »angebrannt«, wir haben etwas versiebt. Jetzt geht es darum, den Vorfall in uns zu verarbeiten, damit er nicht größer und größer wird, mehr und mehr Platz in uns beansprucht. Und wir ihn schließlich nicht mehr loswerden, sich das Geschehene nicht mehr von unserer Person trennen lässt. Hierzu möchte ich Ihnen zwei super Methoden anbieten.

Die Methode »Was ist das Gute am Schlechten?«.

Bei dieser Methode geht es darum, eine neue Bewertung für etwas Negatives zu finden, was mir widerfahren ist. Auf der Suche nach dieser neuen, positiven Bewertung sollte man sich die Frage stellen: »Was ist gut daran, dass etwas schlecht gelaufen ist?«

Wenn Sie sich eine solche Frage noch niemals gestellt haben, werden Sie vielleicht abwinken, »So ein Quatsch, was soll schon gut daran sein, dass ich ...«. Auch ich habe die zentrale Frage dieser Methode sofort erst einmal angegriffen, als ich sie mir das erste Mal stellen sollte.

Es ist das Beste, diese Methode zusammen mit einem Menschen seines Vertrauens anzuwenden. Denn gerade bei gravierend schiefgelaufenen Dingen stecken wir selbst so tief drin in der Sache, wir sind so tief enttäuscht, verletzt, verzweifelt, dass es uns nicht gelingt, selbst noch so offensichtliche Vorzüge, die sich daraus ergeben können, zu erkennen oder sie überhaupt wahrnehmen zu wollen.

Wenn Sie es unbedingt alleine versuchen wollen: Hilfreich ist häufig das Suchen nach Vergleichen. Im Umfeld. In guten Büchern. In der Zeitung. Sie müssen schon suchen. Gerade in der Presse findet man viele Geschichten über Menschen, bei denen sich eine Katastrophe völlig überraschend in etwas Positives entwickelt hat. Nicht selten sogar, dass die Katastrophe überhaupt erst nötig war, damit das Positive sich hat entwickeln können. Ich selbst habe Ihnen schon mehrere Geschichten erzählt, Sie erinnern sich? Das Verlieren des Champions-League-Finales 1999, das den Gewinn der Meisterschaft 2001 und das Erringen des Champions-League-Titels 2001 erst möglich machte.

Die Methode »Schönwetter gegen Schlechtwetter«.
Ob es uns passt oder nicht, es kann immer mal passieren, dass wir mit Situationen konfrontiert werden, auf die wir einfach keinen Einfluss haben. Zu deren Entwicklung wir also nichts beitragen können – wir können dabei so gut sein, wie wir wollen, es uns noch so sehr wünschen. Hier, in solchen Fällen, sind wir im »Schlechtwettergebiet«. Das ist immer dann der Fall, wenn Umstände eintreten, die es uns unmöglich machen, unser Ziel zu erreichen. Und wenn die Umstände durch uns nicht veränderbar sind. »Schönwettergebiete« sind, im Gegensatz dazu, all die Situationen und Bereiche, auf deren Umstände wir direkten Einfluss nehmen können.

Das Tolle an diesem Modell ist, dass die Möglichkeit, dass wir es in einer bestimmten Situation mit einem Schlechtwettergebiet zu tun haben, noch lange nicht heißt, dass da nichts mehr zu retten ist. Im Gegenteil. Indem wir glasklar analysieren, welche Aspekte oder Bereiche einer Situation sich definitiv unserem Einfluss entziehen, bewahren wir uns davor, unsere Zeit und Kraft gerade dort zu verschwenden, wo wir ohnehin nichts ausrichten können. Stattdessen konzentrieren wir uns darauf, die Bereiche zu analysieren, in denen wir Wirksamkeit haben oder entwickeln können. Wir denken damit aus dem System der Unwirksamkeit heraus und begeben uns in Systeme der Wirksamkeit.

Besonders wirksam kann es hier sein, ein neues Ziel ins Auge zu fassen. Ich habe das zum Beispiel getan, als ich mich dafür entschieden habe, die Weltmeisterschaft auch als Ersatztorwart mitzumachen. Das Entscheidende war, dass ich es nicht als Niederlage begriffen habe, sondern als eine komplett neue Herausforderung, an der ich wachsen konnte und wollte. An der Situation, dass ich nicht mehr der erste Torhüter war, konnte ich nichts ändern, aber ich konnte für mich und die Mannschaft das Beste daraus machen, indem ich angefangen habe, diese neue Situation mitzugestalten.

10.

»Was Glück ist? Ein freier Geist und großes Vertrauen in sich selbst.«
(Paul Smith)

10. Das Wissen, wie auch nicht:

Erfolg.

Erfolg kommt von »erfolgen«. Jedem Erfolg geht also ein Tun voraus. Erst dadurch wird ein Ergebnis möglich, im Idealfall ein erfolgreiches. Wenn Erfolg zur Starre führt, ist kein Erfolg mehr zu haben. Starre tritt ein, wenn man das Tun an sich einstellt. Oder auch, wenn man zu viel tut. Wer erstarrt, so oder so, kann vielleicht von den Früchten des Erfolgs eine Zeit lang zehren. Aber das reine Zehren vom Erfolg wird auch am Menschen »zehren«. Es wird nagen, bis nichts mehr übrig ist, vom Erfolg und vom Menschen.

Oben. *Erfolg, ein zweischneidiges Schwert.*

»*Oben, endlich oben! Erfolg, endlich da!*« Bei allem Jubel, eines muss klar sein: Erfolg hat seine Schattenseiten. Auf die will ich hier hinweisen. Auf das, was passieren kann, wenn man zu hoch fliegt, im Jubel, aber auch schon vorher, im Streben nach Erfolg und immer mehr Erfolg. Auf das, was passieren kann, wenn man zu viel will. Aber bevor ich zu den Kehrseiten komme, will ich nicht verschweigen, dass Erfolg natürlich auch seine angenehmen Seiten hat.

Ich, Oliver Kahn, bin ein bodenständiger Mensch und eigentlich sparsam. Natürlich habe ich als Profifußballer gut verdient. Und mein Verein hat gut *mit mir* verdient. In meinen Ansprüchen bin ich »normal«. Ich mag schöne Autos, habe ein weißes, ein rotes und ein fast schwarzes. Außerdem steh' ich auf Armbanduhren, mich begeistert die Technik – und die Tatsache, dass Armbanduhren zu den wenigen seriöseren Möglichkeiten für einen Mann zählen, Schmuck zu tragen. Ich fahre gerne schön in Urlaub und miete mir ein Boot. Ich habe *kein* eigenes Boot, *keine* Yacht und sowieso *kein* Flugzeug. Allerdings fliege ich gerne und hab' auch schon mal einen Learjet von innen gesehen. Ach ja, und ich spiele Golf.

Ein letztes, vielleicht ein vorletztes Mal komme ich Ihnen mit Neil Armstrong. Als er vom Mond zurück war, traf er auf einem der vielen Empfänge, die er über sich ergehen lassen musste, Charles Lindbergh, den Mann, dem es als erstem Menschen gelungen war, in einem Nonstop-Flug den Atlantik zu überfliegen. Ich weiß nicht, ob sie viel gesprochen haben auf dem Empfang, aber als man sich verabschiedete, fragte Lindbergh: »*Darf ich Ihnen einen Rat geben ...?*«, offensichtlich besorgt darüber, dass Armstrong mit seinem Ruhm nicht zurechtkommen, die »Ausmaße des Erfolgs« unterschätzen könnte, und fuhr fort: »*Unterschreiben Sie keine Autogrammkarten. Niemals.*«

Was meinte er wohl mit dieser kryptischen Bemerkung? Für mich ist es klar, er wollte sagen: *Nehmen Sie sich in Acht vor der Öffentlichkeit.* Die Fete, auf der sich der Gigant der Lüfte und derjenige des luftleeren Raums trafen, fand 1969 statt, insofern wäre es nicht gerecht, würden wir Lindberghs Öffentlichkeitskritik belächeln. Wir sind da heute »weiter«, weiter im Sinne von erfahrener oder abgebrühter. Wer in unseren Tagen Erfolg hat, ich meine den »fetten« Erfolg, den Erfolg, der die Öffentlichkeit interessiert, der hat ganz andere »Probleme«, als Autogrammkarten zu schreiben oder es bleiben zu lassen.

Ich habe die Lindbergh-Geschichte erwähnt, nicht weil Lindberghs Bemerkung so brillant wäre – ist sie ja gar nicht, und zeitgemäß ist sie sowieso nicht mehr. Ich habe sie erzählt, weil sie zeigt, wie schwer es ist, Empfehlungen zu geben, wie mit Erfolg richtig umzugehen ist. Ich versuch's trotzdem mal oder gerade deswegen.

Erfolg ist immer der Augenblick, in dem etwas Altes endet – und etwas Neues beginnt. Darauf sollte, darauf *muss* man vorbereitet sein. Erfolg ist immer ein Erreichen, ein Erreichthaben von Zielen, und damit ein Enden. Wenn man es so sieht, steckt da schon ein erster Hinweis drin, dass irgendetwas nicht ganz stimmen kann, wenn man einfach nur am Ziel angekommen ist. Wenn einfach nur etwas erreicht und vorbei ist, ohne dass wenigstens eine Ahnung davon in der Luft liegt, was danach kommen soll. Was etwas Nächstes, ein Folgeprojekt sein könnte. Der »Oberguru« des Managements, Peter F. Drucker, hat gesagt, das Erreichen eines Zieles sei kein Grund zum Feiern. Es sei Grund, sich Sorgen zu machen, und Anlass zu neuer, harter Arbeit.

Aristoteles, der Philosoph, sagt etwas Ähnliches. Er meint, wir müssten unterscheiden zwischen einem höchsten Ziel, das nicht zu übertreffen ist, und Zwischenzielen, die auf dem Weg zum höchsten Ziel liegen. Das höchste Ziel ist für Aristoteles ein höchstes »Gut«, also *nicht* zum Beispiel Reichtum. Oder eine Position. Oder ein Ansehen, das man genießt. Bei Aristoteles ist das höchste Ziel das Glück. Der Weg zum Glück ist für ihn etwas sehr Konkretes. Der Weg dorthin, sagt er, ist das erfüllte Tun. Also das, was man *gerne* macht und *so gut,* wie man es nur irgendwie kann.

Das höchste Ziel ist es, etwas zu tun zu haben, worin wir einen Sinn sehen, etwas, das wir gut können und in dem wir regelrecht Meisterschaft erreichen wollen, und natürlich etwas, das uns Spaß macht. Ist ein Ziel erreicht, fällt der Spaß weg. Und mit ihm der Sinn. Und das Glück. Das ist das Problem. Das ist der Grund, warum wir, am Ziel angekommen, Grund haben, uns Sorgen zu machen.

Beide, Aristoteles und Drucker, sagen auf ihre Weise, dass Ziele allein und ihr Erreichen nicht glücklich machen. Drucker sagt, dass es bereits rechtzeitig vor dem Erreichen eines Ziels gilt, ein neues Ziel anzupeilen. Und Aristoteles mahnt, dass Ziel an Ziel zu reihen ein *»Schreiten ins Endlose, somit ein leeres und sinnloses Streben«* darstellt, wenn wir nicht wissen, was das höchste Gut ist, das wir verfolgen. Was mir daran gefällt, Aristoteles und Peter F. Drucker »in einen Topf« zu werfen? Beide stellen die entscheidende Frage: Weißt du überhaupt, was du da tust?

Quick Check!

- *Erfolg heißt immer, dass etwas Altes endet und etwas Neues anfängt.*

- *Erfolgreich sein heißt, ein Ziel zu erreichen und das nächste bereits zu kennen.*

- *Glück heißt, den Grund zu kennen für das, was man tut.*

- *Vergegenwärtigen Sie sich, was Sie erreicht haben.*

2002 war ich auf dem Gipfel meiner sportlichen Karriere angekommen. Zum dritten Mal Welttorhüter des Jahres. Bester Spieler der WM 2002, noch nie zuvor war das einem Torhüter gelungen. Wo sollte es jetzt noch hingehen? Ich musste mir also wieder mal zwei Fragen stellen: Weißt du eigentlich noch, was du da tust? Und: Was ist dein nächstes Ziel?

Vorwärts. *Aber wer zum Teufel ist Frank Lloyd Wright?*

Natürlich ist es erlaubt, den Erfolg zu genießen. Und es ist auch erlaubt, stolz zu sein auf das, was man geschafft hat. Und sowieso ist es erlaubt, zu regenerieren. Aber dann geht die Arbeit los. Das *Wichtigste* am Erfolg ist jetzt die Klärung der Frage, warum ich den Erfolg haben wollte. Was hat mich daran wirklich interessiert? Und das *Unwichtigste* ist: Warum habe ich es erreicht?

Frank Lloyd Wright war einer der größten Architekten des 20. Jahrhunderts. Sein bekanntestes Gebäude ist das Guggenheim Museum in New York, Sie kennen es vielleicht: außen eine weiße Schüssel, innen eine weiße Schüssel mit Gewindegang. Von Frank Lloyd Wright wird behauptet, er habe aus seinen Wagen grundsätzlich die Rückspiegel entfernen lassen, mit der Begründung: *»Ich schaue nur nach vorne – was hinter mir liegt, interessiert mich nicht.«* Selbst wenn das nur eine erfundene Geschichte wäre, es wäre jedenfalls eine gute erfundene Geschichte. Als Denkmodell, vor allem als Überprüfungsmodell des eigenen Denkens, finde ich sie gut.

Ein Phänomen, das bei großen Erfolgen häufig auftritt, ist das Gefühl, nicht dabei gewesen zu sein, obwohl man mitten drin war. Oder nicht die Zeit gehabt zu haben, es richtig zu genießen. Lindbergh zum Beispiel fragte Armstrong, ob er auf dem Mond auch gerne mehr Gelegenheit gehabt hätte, sich umzuschauen, und sagte, wie sehr er es bedauerte, dass er 1927, nach über 33-stündigem Alleinflug endlich auf dem Flughafen von Paris gelandet, nicht mehr von der Atmosphäre seines Triumphes habe in sich aufsaugen können. Buzz Aldrin, der »zweite Mann« hinter Armstrong auf dem Mond, sagte zu seinen beiden Crewmitgliedern, als sie sicher auf der Erde zurück waren: »*I think we've missed the whole thing…*« – »*… wir haben von der ganzen Sache nichts mitbekommen*«.

Und noch ein drittes, harmloses, aber ich finde umso netteres Beispiel will ich Ihnen geben. Es ist noch nicht mal ein reales, es ist wieder mal aus einem Film: »Hatari!«, mit John Wayne und Hardy Krüger, ich weiß nicht, ob Sie ihn kennen. Der Film ist aus den 60er-Jahren, er spielt in Afrika und es geht um eine Gruppe von Männern (und zwei Frauen), die irgendwo in der Savanne Tiere fangen für die Zoos der Welt. Die Männer erhalten den Auftrag Affen zu fangen, die in dieser Gegend jedoch die alles erschwerende Angewohnheit haben, auf riesigen, frei in der Steppe stehenden Bäumen herumzuturnen. Einer der Männer, ich nenne ihn mal Joe (keine Ahnung, wie er im Film heißt), lässt sich etwas einfallen. Er rechnet und konstruiert und rechnet und konstruiert – und kommt schließlich mit einer ziemlich stattlichen Rakete daher, mit einem reichlich gewaltigen Netz daran, und es gelingt ihm tatsächlich, mit Hilfe der Rakete das Netz über den gesamten Baum zu ziehen. Es ist wie ein riesiges Freiluftgehege mit einem gigantischen Baum darin. Seine Freunde brauchen die Affen nur noch herauszusammeln.

Das Blöde für Joe ist daran, dass er vor lauter Aufregung nicht hingesehen hatte, als es geschah: wie die Rakete abging, wie sie das wirklich unglaublich große Netz in elegantem Bogen in die Luft zog und es sanft über den Baum fallen ließ (auch wenn es nur ein Film ist, die Szene selbst ist wirklich irre, sie ist echt, kein Trick). Jetzt bin ich da, wo ich eigentlich hinwollte: Abends, beim gemütlichen Beisammensein der Freunde in der schicken Lodge, bei Kaminfeuer und Whiskey, ist Joe außer sich vor Enttäuschung, dass er den Moment seines großen Erfolgs nicht mit eigenen Augen gesehen hatte. Wieder und wieder will er von den inzwischen sichtlich genervten Freunden hören, wie es denn nun genau war, als seine Raketenkonstruktion so erfolgreich funktionierte.

So gesehen ist es verständlich, noch einmal zurückschauen zu wollen, auf alles, das war, und darauf, *wie* es war. Und natürlich ist noch eine zweite Perspektive des Zurückschauens wichtig. Es ist die Perspektive des »Debriefings«, der Analyse des Erreichten und des Wegs dorthin:

- *Was war richtig, so wie wir es gemacht haben, und warum war es richtig?*
- *Was war falsch, so wie wir es gemacht haben, und warum?*
- *Wie haben wir erwartet, dass es sein würde: der Weg, der Prozess, die Hindernisse?*
- *Und: Wie ist es in Wirklichkeit gewesen?*

Also der emotionale »Blick zurück« und der analytische. Alles andere ist Humbug. Für alles andere lassen Sie besser den Rückspiegel ausbauen aus dem Wagen Ihres Erfolgs, falls Sie es sich nicht verkneifen können, immer wieder mal reinzuschielen. In diesem Zusammenhang ist mir ins Auge gesprungen, was ein Künstler über seine Arbeit gesagt hat. »*Mich interessiert der Vorgang der Malerei, nicht ein Bild.*« Er meint, es ist der Prozess, in dem etwas entsteht, nicht das fertige Produkt, aus dem wir wahre Befriedigung schöpfen können. Es ist das Tun, etwas zu schaffen, nicht der Rückblick auf des Geschaffene, was den Wert darstellt. Dass sich der Künstler als »Action Painter« bezeichnete, gefällt mir natürlich obendrein. Die »Action« ist »das Entstehen« des Bildes, das fertige Bild dagegen ist eingefrorene Action, es ist Stillstand. Vielleicht ist es: Geschichte.

Zappeln vergeblich: Gefangen in der Extrinsik-Falle.

Wissen Sie, was das Blöde am Nordpol ist? Das Blöde am Nordpol ist, dass dort kein Kompass mehr funktioniert. Das liegt am Magnetfeld der Erde, alle Kraftlinien laufen hier oben zusammen. Je weiter man nach oben kommt, umso schwächer (oder unklarer) wird das Magnetfeld, und oben angekommen zeigt der Kompass nichts mehr an. Kein Norden mehr, keine Richtung mehr, keine Orientierung mehr. Das ist eines der Bilder, die ich mir über den Erfolg gemalt habe.

Wir haben uns bereits mit den Denkmodellen der intrinsischen und der extrinsischen Motivation beschäftigt. Die intrinsische Motivation meint den Antrieb, der in uns selbst liegt: unsere eigenen Interessen, unsere eigenen Werte, unsere eigenen Ideale, die uns zu Leistungen anstacheln. Diese intrinsischen Kräfte sind für uns das, was das Magnetfeld für die Erde ist. Sie sind unser eigenes Kraftfeld. Je weiter wir »nach oben« kommen, also Erfolg haben, umso schwächer werden – wie bei der Erdkugel auch – diese Kräfte.

Für uns Menschen gesprochen finde ich es angemessen zu behaupten, dass *unser* intrinsisches Magnetfeld, je mehr es schwindet, zunehmend durch extrinsische Kräfte ersetzt wird. Ich sage bewusst ersetzt, nicht ausgeglichen, denn es findet hier kein Kräfteausgleich im positiven Sinne statt, sondern eine Verzerrung, eine Schwächung und eine Gefährdung. Kein extrinsischer Antrieb kann einen intrinsischen, einen inneren Antrieb ersetzen. Weil nur intrinsisch motivierte Leistung sinnstiftend ist und nur der auf intrinsische Motivation hin erzielte Erfolg glücklich macht.

In der Praxis sind Intrinsik und Extrinsik nicht so leicht auseinanderzuhalten, wie es in der Theorie den Anschein hat. Oder sollte ich sagen: In der Praxis sind sie noch schwerer auseinanderzuhalten als in der Theorie? Zum Beispiel ist jede Form von Belohnung reinste Extrinsik. Preise, Titel, Positionen, alles extrinsisch. *Ich* wollte ja aber »der Beste«

»Extrinsischer« Quick Check!

- *Für wen tun Sie das, was Sie tun?*

- *Wem wollen Sie etwas beweisen?*

- *Wollen Sie Ihr Selbstwertgefühl durch äußere Erfolge, durch »Ranks and Titles« stärken?*

- *Ist Ihr Antrieb finanzieller, also materieller Natur?*

- *Oder sind Sie einfach auf der Suche nach Anerkennung?*

Wenn Sie so denken: Gratuliere. Sie werden (möglicherweise) viel Kraft entwickeln, aber wenig Ausdauer. Extrinsische Antriebsmomente sind wichtig und richtig, keine Frage. Aber sie können einen intrinsischen, einen inneren Antrieb nicht ersetzen.

werden, und natürlich gehört da neben dem eigenen Empfinden, wirklich super oder gar der Beste zu sein, auch dazu, dass es jemand offiziell bestätigt. Wenn ich also rein intrinsisch motiviert wäre, könnte ich zum Beispiel sagen: *»Wissen Sie was? Der Champions-League-Titel (= die extrinsische Bestätigung) kann mir gestohlen bleiben, ich habe nämlich nicht so perfekt gespielt im Finale, wie ich selbst es von mir erwarte (= der intrinsische Antrieb).«* Oder: *»Die Wahl zum besten Spieler der WM 2002 (= die extrinsische Bestätigung) lehne ich ab, weil mir doch ein schwerer Fehler im Endspiel unterlaufen ist (= der intrinsische Antrieb).«* Das wäre in der Tat »sehr« intrinsisch, es wäre *zu* intrinsisch. Es wäre *realitätsfremd.* Die Realität lebt von »Ranks and Titles«; im Sport

»Intrinsischer« Quick Check!

- *Würden Sie sagen, Ihr Antrieb entsteht aus der Leidenschaft zu dem, was Sie tun?*

- *Würden Sie sagen, der Anreiz für Ihr Tun liegt also in Ihnen selbst?*

- *Würden Sie sagen, Ihr Antrieb kommt von innen?*

- *Würden Sie sagen, es ist Ihnen wichtig zu lernen, sich zu entwickeln, zu wachsen?*

- *Würden Sie sagen, Sie tun die Dinge für sich selbst, nicht für andere?*

- *Würden Sie sagen, Sie tun die Dinge nicht, um irgendjemand anderem etwas zu beweisen?*

- *Würden Sie sagen, Sie sind unabhängig von äußerer Anerkennung?*

- *Würden Sie sagen, dass Sie es nicht zulassen, dass Ihr Selbstwert von außen bestimmt wird?*

Wenn Sie so denken: Gratuliere diesmal wirklich. Sie werden wirklich viel Kraft entwickeln, und die Kraft für Ihr Tun wird Ihnen erhalten bleiben. Weil es die intrinsische Motivation ist, die sinnstiftend ist – auf Dauer. Sie ist die Voraussetzung dafür, erfolgreich zu bleiben.

gibt es keine »Hidden Champions«. Das Klappern gehört zum Handwerk; wer Wirksamkeit erreichen will, muss auch an die entsprechende Position kommen, von der aus er die größtmögliche Wirkung entfalten kann.

Sie gehören also durchaus zusammen, der innere Antrieb und die Bestätigung von außen. Innen und außen bilden ein Ganzes, das, wenn nicht im Gleichgewicht, so zumindest im Verhältnis stehen muss. Ich glaube jetzt wird deutlich, was mit jemandem passiert, der in die Extrinsik-Falle gerät: Er verliert die Verhältnismäßigkeit von innen und außen. Er verliert die Fähigkeit, sein inneres Kräftesystem zu aktivieren. Er kann sich der wahren Motive seines Tuns nicht mehr entsinnen. Es gelingt ihm nicht mehr, Sinn in dem zu sehen, was er tut. Nicht völlig ausgeschlossen ist auch, das will ich nicht verschweigen, dass er (jetzt erst) erkennt, bisher gar keine inneren Motive gehabt zu haben, sondern nur extrinsischen Motiven gefolgt zu sein. Ich habe es ja schon gesagt: Sinn zu empfinden in dem, was man tut, ist *nicht* die Voraussetzung dafür, »einmal« Erfolg zu haben. Aber es ist die Voraussetzung dafür, erfolgreich zu *bleiben*.

Feuer aus. *Kein Licht mehr am Ende des Tunnels.*

Auch auf die Gefahr hin, dass Sie sich jetzt vielleicht wundern – ich würde heute sagen: Ich war eigentlich nicht perfekt dafür geeignet, dieses Spiel zu spielen, diesen Erfolg zu haben. Beides, das Spiel und den Erfolg, auszuhalten. Es auf Dauer durchzustehen. Bevor Sie jetzt frustriert das Buch zuschlagen: Besinnen Sie sich eines Besseren! Das ist nicht schlecht, schade, bedauerlich, demotivierend oder sonst was Nachteiliges, wenn ich sage »*Es lag mir eigentlich nicht*«. Im Gegenteil: Es ist sehr gut, es ist toll, es ist ausgesprochen motivierend, dass es so ist. Es zeigt:

Man braucht nicht der perfekte Mensch, das Supertalent oder was weiß ich zu sein, um Erfolg zu haben.

Zum Beispiel glaube ich heute, dass mein Bild des Tunnels nicht die ideale Lösung dafür ist, langfristig Erfolg zu haben. Die Tunneltechnik ist eine gute Technik, um sich in schwierigen Situationen zu konzentrieren und sich nicht ablenken zu lassen. Diese Technik passte genau auf mein Anforderungsprofil. Mir hat das Tunnelmodell geholfen, meine Ziele zu erreichen. Aber es hat mich eben auch viel gekostet. Es hat mich nicht davor bewahrt, auszubrennen. Im Gegenteil, es hat dazu beigetragen. Denn es ist mir für eine ganze Weile nicht mehr gelungen, aus dem Tunnel wieder herauszukommen.

Im Tunnel ist man ja gerade abgeschottet von äußeren Einflüssen, abgeschottet vom Ausgleich, abgeschottet vom Leben. Man ist abgeschottet von der Familie, den Freunden, auch dem Genießen. Ich habe mich darauf eingelassen, weil ich mir die Chancen nicht nehmen lassen wollte, an die »ganz großen Dinge« heranzukommen. Weil ich der Überzeugung war, dass es die Gelegenheit dazu nur einmal geben würde. Und auf meinen Sport bezogen war das ja auch richtig. Für mich waren die großen Dinge immer die Welt- und Europameisterschaften, die Finalspiele und die entscheidenden Phasen der Deutschen Meisterschaft. Während dieser Phasen blendete ich nahezu alles aus, ich zog mich zurück in meinen Tunnel, und es gab nichts anderes als die totale Konzentration auf dem Weg zum Ziel.

Ich hatte mich in meinen Tunnel zurückgezogen, weil ich glaubte, der Unterschied zwischen *guten Leistungen* und den *Weltklasseleistungen* sei genau an diesem Punkt zu suchen. Weil es mein inneres Bild, meine innere Überzeugung war, dass es genau die Bereitschaft ist, auf alle Lebensqualität zu verzichten, die den Unterschied macht; die die letzten paar Prozent bringt für die absolute Weltklasse. Das war mein Leitsatz: »*Wenn der Wettkämpfer in solchen Phasen nicht bereit ist, alle Entbeh-*

rungen in Kauf zu nehmen, was einfach erforderlich ist, um Spitzenleistungen zu bringen, dann sind genau das die Prozente, die ihm zur absoluten Weltklasse fehlen.« Jetzt wendete ich jegliche verfügbare Energie (und sogar mehr als die verfügbare) für mein Ziel auf. Ich verbrauchte mehr als das, was da war. Ich bestand nur noch aus Training, Essen, Training, Schlafen, Training, Spiel und wieder Training.

Ich will nicht jammern, aber niemand wird sich den wahren Grad der Monotonie eines solchen Lebens vorstellen können. Ich habe mich mit Managern unterhalten, die meinten, es müsse doch ein Vorteil für den Sportler sein, dass sich sein Beruf eben gerade im Körperlichen abspiele; dass er also in der Ausübung seines Sports auch schon die Möglichkeit »mitgeliefert« bekommt, seine Spannungen, seinen Stress abzubauen und so immer leistungsfähiger zu werden. Während sie, die Manager, nach getaner Arbeit erst mühselig sich um Ausgleich bemühen müssten, um am nächsten Tag wieder leistungsfähig oder noch leistungsfähiger zu sein. Auch wenn ich viel Sympathie für diese Theorie hege: Sie ist trotzdem falsch. Leistungssport, so wie ich ihn betrieben habe, ist Vollpower, permanent. Die Gefahr des so praktizierten Sports liegt darin, dass die »Körperarbeit«, so gut und wertvoll sie für den nicht sportlich arbeitenden Menschen ist, für den Leistungssportler wegen des hohen Leistungsniveaus nur noch auslaugende Wirkung haben kann und dann keine rekreativen Effekte mehr möglich macht. Es findet dann kaum noch Ausgleich statt.

Dazu kommt die psychische Belastung. Auch sie ist nicht mehr wegzukriegen durch ein *»Ich mach jetzt mal 'nen Waldlauf, danach geht's mir bestimmt besser…«.* Ich bekomme eine Gänsehaut, wenn ich versuche, das nachzuempfinden, was in einem Fußballer wie Ronaldo, auch er dreimaliger Weltfußballer des Jahres, vorgehen muss. Er verletzte sich Anfang 2008 zum wiederholten Mal schwer am Knie, und es war klar, dass es, von der Operation und den direkten Folgen des Eingriffs einmal abgesehen, mindestens neun Monate Rehaprogramm und dann härtestes

Training bedeuten würde, wollte er die Sache erneut durchstehen und versuchen, an sein altes Leistungsniveau heranzureichen. Er sagte selbst: »*Mein Herz will, dass ich weiterspiele, aber mein Körper sendet mir Signale der Erschöpfung.*« Das dürfte moderat ausgedrückt gewesen sein.

> *Schon 1999 war ich an meinem Ziel angekommen. Eigentlich wurden wir in diesem Jahr »nur« Deutscher Meister, den DFB-Pokal hatten wir verpasst, und das Champions-League-Finale war auf so unbeschreiblich brutale Weise verloren gegangen. Aber etwas anderes hatte ich geschafft: In diesem Jahr erhielt ich, zusammen mit den Titeln »Deutschlands Torhüter des Jahres« und »Europas Torhüter des Jahres«, den Titel »**Welttorhüter des Jahres**«. Endlich! Angekommen! Das war alles, was ich wollte. Das war der Traum, der ganze Traum. Nach jahrelanger harter Arbeit. Alles hatte sich gelohnt, alle Entbehrungen und Schindereien. Ich wusste: Jetzt bin ich endlich glücklich und zufrieden.*
>
> *Aber war es so? Das Gegenteil war der Fall. Im August 1999 ging es plötzlich los. Ich fühlte mich völlig leer, ausgepumpt, ausgebrannt, innerlich elendsmüde. Mit einem Mal konnte ich nichts mehr empfinden. Schon wenn ich die Treppe zum Schlafzimmer hochging, war ich völlig fertig. Ich konnte mich morgens nicht mal mehr richtig anziehen, ohne mich nicht kaputt zu fühlen. Nichts machte mehr Spaß. Dabei war ich jetzt doch der beste Torhüter der Welt?! Ich war doch am Ziel angekommen?! Ich musste mich doch großartig fühlen?!*

Ich hatte einen Preis bezahlt. Den Preis für mein Tunnelleben. Den Preis für meine Besessenheit. Es war der komplette Burn-out. Körper ausgepumpt,

Geist leer. Ich war eine Maschine gewesen, ein Motor, der ununterbrochen im roten Drehzahlbereich jubelte. Ob sich das noch mal reparieren lässt? Was war falsch? Funktioniert die Zielsetzungsmethode also gar nicht wirklich? Waren die Modelle des »Niemalsaufgebens«, des »Immerweitermachens« und des »Immer-den-größtmöglichen-Erfolg-Anstrebens« vielleicht sogar kontraproduktiv gewesen?

10.00 Uhr vormittags. Trainingsbeginn. Heute steht Torwart-Spezialtraining auf dem Programm, das geht über 90 Minuten. Gestern war ich nicht zufrieden mit mir. Überhaupt bin ich eigentlich kaum noch mit mir zufrieden, die letzte Zeit. Es muss noch besser gehen. Ich muss meine Grenzen wieder mal nach oben verschieben. Die Latte höher hängen. Noch mehr, noch höher, noch weiter. Ich will der Beste werden.

11.30 Uhr. 90 Minuten sind rum. Es reicht mir aber nicht. Ich mache weiter. Es geht noch was. Ich will mich total kaputt fühlen. Erst dann bin ich zufrieden, dann habe ich alles getan, um meinem Ziel näherzukommen. Also weiter geht's. Sepp Maier, mein Trainer, kennt das. Er schießt und wirft und schießt und wirft, er flankt, ich fliege, halt, da muss noch eine Hürde hin, zum Drüberfliegen. Nee, Sepp, nimm die höhere. Jetzt Reaktionstraining, ich mit dem Rücken zum Sepp, Gesicht auf mein Tor. Sepp fünf Meter hinter mir. Haut die Bälle auf mein Tor. Ich wirble erst herum, wenn ich das Schussgeräusch von Sepp höre. Es bleibt mir eine Hundertstelsekunde, um zu sehen, wo der Ball hin will, und zu versuchen, mit einem Reflex an ihn heranzukommen und ihn abzuwehren. Jetzt das Ganze noch mit Hindernis, dann bin ich zufrieden. Für den Vormittag.

12.00 Uhr. 120 Minuten – zwei volle Stunden spezifisches Torwarttraining – sind rum. Eine Tortur für den Körper. Ist mir egal. Während des Trainings spüre ich den Schmerz nicht. Und danach gehe ich eben zum Arzt, der hilft mir schon weiter. Nach dem Training tatsächlich Rückenschmerzen. Termin bei unserem Vereinsarzt. Auf dem Weg dorthin ruft mich ein Freund an. Ob ich Lust habe abends auf Kino oder Abendessen. Nee, kann leider nicht. Habe heute noch ein zweites Training und am Samstag ein schweres Spiel.

13.00 Uhr. Dr. Müller-Wohlfahrt gibt mir eine Menge Spritzen in meinen Rücken, aufbauende homöopathische Mittel. Danach gehe ich was essen.

15.00 Uhr. Stehe wieder auf dem Trainingsplatz. Torschusstraining, die Mannschaft ballert wild aufs Tor, aus jeder Richtung und Nähe. Ich will alles halten. Jeder Treffer eine Beleidigung. Jetzt spüre ich meinen Rücken auch während des Trainings, zum Ausgleich sind noch die Schmerzen der Spritzen dazugekommen. Egal. Ich will der Beste werden. Keine Schwäche zeigen. Schmeiß dich in den Dreck. Rechts, links, wieder rechts. Schüsse aus kurzer Distanz, auch mal ins Gesicht oder in den Unterleib. Macht nichts. Hauptsache nicht im Tor. Alles halten, auch die Unhaltbaren. Es ist wie ein innerer Zwang, auch die Bälle zu halten, die man eigentlich gar nicht halten kann. Heute gelingt mir das ein paar Mal. Leichte Zufriedenheit macht sich breit.

17.00 Uhr. Schluss mit dem Training. Ich muss noch in den Kraftraum. Hanteln stemmen, Sit-ups für die Bauchmuskulatur. Vielleicht trainierst du ja zu viel? Scheißegal. Ich will der Beste werden. Der Körper ächzt und stöhnt. Oder ist es die Seele, die nach Pause oder nach Ruhe schreit?

Keine Ahnung, auf meine Seele höre ich schon lange nicht mehr.

18.00 Uhr. Wirklich Schluss mit dem Training. Der Freund ruft wieder an, ob ich nicht doch noch Lust auf Kino habe? Nee, zu müde. Nee, viel trainiert. Nee, gehe lieber ins Bett. Nee, morgen wieder das gleiche Programm.

19.00 Uhr. Komme heim. Meine Frau begrüßt mich freudig, »Wie war dein Tag?«. War anstrengend. Ob ich daran gedacht habe, dass wir eine Einladung haben heut Abend? Nee, vergessen, tut mir leid, geh du mal allein hin. Bin zu kaputt. Das muss sie einfach akzeptieren! Wo ich doch der Beste werden will.

Das Spiel am Samstag läuft sehr gut, wir gewinnen 3:1. Und es läuft sehr schlecht: Das eine Gegentor macht mich verrückt. Warum dieses Gegentor? Die Frage bohrt in mir. Ich habe sehr gut gespielt, aber das Gegentor kann ich nicht akzeptieren. Ich bin schlecht gelaunt. Meine Frau kriegt es ab, die Freunde auch. Dass meine Umwelt ihre eigenen Probleme hat, ich merke es kaum. Ich nehme nichts mehr wahr. Nächste Woche muss ich noch härter trainieren. Ich will der Beste werden.

Das war im Februar 1998.

Das nenne ich besessen. Mit dieser Einstellung kann man vermutlich alles erreichen, was man sich vorgenommen hat. Und mehr – man wird sich ruinieren. Es ist vielleicht der Weg zum Ruhm. Aber es ist nicht der Weg zur Zufriedenheit und zum Glück. Und es ist der absolut sichere Weg in die Selbstzerstörung.

Ich will alles. Jetzt. Burn-out.

Das ist die Hölle. Es ist die *innere* Hölle.

> *Erfolgreich zu sein ist eine anstrengende Sache. Erfolg ver-*
> *langt ein hohes Engagement, permanente Leistungsbereit-*
> *schaft und den unbedingten Willen, zu jedem Zeitpunkt*
> *alles aus sich herauszuholen. Erfolg bedeutet Verzicht, hohe*
> *Disziplin und die ständige Konfrontation mit der Konkur-*
> *renz. Oftmals geht es um viel Geld, viel Ruhm und viel*
> *Anerkennung, und entsprechend gnadenlos wird die Öffent-*
> *lichkeit mit dem Wettkämpfer umgehen, wenn der Erfolg*
> *einmal ausbleibt.*
>
> *Beim Sportler kommen noch die sehr hohen körperlichen*
> *Anstrengungen dazu. Der Wettkämpfer stellt sich immer*
> *wieder diesen Anforderungen, und es bedarf eines hohen*
> *mentalen Aufwands und einer großen Stressresistenz, sich*
> *den geistigen und körperlichen Belastungen immer wieder*
> *aufs Neue zu stellen. Immer der Beste sein zu wollen ist eine*
> *Herkulesaufgabe, denn die Konkurrenz lauert schon, und*
> *sie will einem diese Position sofort streitig machen.*
> *Schwächen kann sich der Wettkämpfer auf diesem Niveau*
> *nicht leisten.*

So habe ich das früher mal empfunden. So fand ich es zutreffend. Wenn ich damals von einer Herkulesleistung sprach, würde ich das so Beschriebene heute eher eine Sisyphos-Aufgabe nennen. Sie wissen schon, Sisyphos, das ist der traurige Held der griechischen Mythologie, der einen Stein den Berg hochwälzt, wo er ihm schließlich entgleitet. Der Stein donnert zu Tal, und der Arme fängt wieder von unten an.

Da wir nun mal keine »Herkulesse« sind, werden wir mit dieser Einstellung an einen Punkt kommen, an dem wir dem permanenten Anforderungsdruck nicht mehr gewachsen sind. Wir werden uns überfordern. Wer so denkt, wird allerdings auch die Warnsignale überhören, die Körper und Geist vorsichtshalber eingerichtet haben. Es ist ein Kreislauf, verhängnisvoll wie bei Sisyphos, denn wer so denkt, hat es ja gerade gelernt, sich zu überwinden, also die Sicherheitsvorkehrungen und Warnschüsse zu ignorieren.

Ermüdung und Erschöpfung werden in Kauf genommen, es wird schon wieder irgendwann eine Möglichkeit zur Erholung geben. Die Erholungsphasen, wenn sie denn kommen, führen aber immer weniger zu wirklicher Regeneration, sie werden als viel zu kurz empfunden. Man beginnt zu verlernen, wie es geht, einmal wirklich abzuschalten und neue Energien zu tanken.

Der gesamte Fokus verlagert sich auf den Beruf, alle anderen Bereiche des Lebens verlieren an Bedeutung. Der Erfolg steht im Mittelpunkt, die Arbeit ist zum wichtigsten Lebensinhalt geworden. Man brennt vor Ehrgeiz, wird angetrieben von immer neuen Zielen und Erfolgen, erhöht die Anstrengungen immer weiter. Man merkt nun gar nicht mehr, dass jeder weitere Erfolg kaum noch wirklich ein Gefühl der Zufriedenheit vermittelt, und beginnt, den Zugang zu seinen Mitmenschen zu verlieren. Und zu sich selbst. Erfolg wird zur Droge, man wird süchtig danach. Wie bei einer »echten« Sucht isoliert man sich immer mehr von seiner Umwelt. Und alles dreht sich immer schneller, man ist gefangen im Hamsterrad.

Man hängt mittlerweile vollständig von seinem Beruf ab, jegliches Selbstwertgefühl ist darauf ausgerichtet. Wenn es nun zu Misserfolgen kommt, wird es kritisch. Es bleibt gar nichts anderes, als die Anstrengungen weiter zu erhöhen, obwohl Körper und Seele längst durchgehende Warnsignale senden. An- und Entspannungsphasen sind völlig aus dem

Gleichgewicht geraten, man holt sie sich nicht, man gönnt sie sich nicht, man nimmt die Bedürfnisse von Körper und Seele ja kaum mehr wahr.

Erschöpfung und Müdigkeit werden zum Dauerzustand. Kopfschmerzen, Angst, Spannung, Reizbarkeit, Schuldgefühle werden zu ständigen Begleitern. Frustrationen, wenn der Erfolg ausbleibt. In der »letzten Phase« beginnen einen Gefühle der Verzweiflung und Sinnlosigkeit heimzusuchen, und die Erschöpfung tritt schon bei kleinsten Anstrengungen ein. Nun beginnt der totale Rückzug. Jetzt allerspätestens gehört professionelle Hilfe her.

Es läuft die Saison 1999/2000. Unruhig liege ich auf meinem Hotelbett. Ich finde keine Ruhe mehr. Die Gedanken rasen durch meinen Kopf und lassen sich kaum noch kontrollieren. Nur noch wenige Stunden bis zum Champions-League-Spiel gegen den FC Valencia.

Ich fühle mich unendlich leer, ausgebrannt, müde. Wieder liegt eine lange Saison vor mir, unzählige Spiele mit dem FC Bayern München und der Nationalmannschaft. Wieder muss ich Topleistungen bringen, schließlich bin ich gerade erst zum besten Torwart der Welt gewählt worden. Eine enorme Auszeichnung. Ein enormer Anspruch. Dem muss ich doch gerecht werden. Ein enormer Druck.

Und es reicht noch nicht mal, dass ich von mir selbst Leistungen auf dem denkbar höchsten Niveau verlange. Jetzt kommen all die anderen, die was von mir wollen. Die Medien, die Fans, natürlich auch der Verein, er braucht mich ja nicht nur zwischen den Pfosten, ich muss für ihn auch in der Öffentlichkeit präsent sein. Und ich muss gut sein. Allen muss ich gerecht werden. Immer der Beste sein. Der innere Zwang quält meine Seele, lässt mich nicht mehr zur Ruhe kommen.

Gleich geht's gegen Valencia, in drei Tagen schon wieder Bundesliga, wieder drei Tage später die Nationalmannschaft. Ab jetzt wird so gut wie ununterbrochen gespielt, bis in den Dezember, kurz vor Weihnachten. Ich muss durchspielen. Ich muss fehlerlos sein. Ich muss durchhalten. Sechzig, siebzig Spiele die Saison. Was, wenn ich es nicht mehr schaffe? Wenn ich nicht mehr die unhaltbaren Bälle halte? Den wichtigen Spielen nicht die entscheidende Wendung geben kann? Oder sogar eins versaue? Was, wenn ich nur noch Durchschnitt bin?

Abschalten! Warum kann ich nicht mehr abschalten? Ich liege doch hier auf meinem Hotelbett, das Spiel ist erst heute Abend. Genug Zeit. Mein Kopf fühlt sich irgendwie dumpf an. Mein Körper ist schweißgebadet. Versuche deine Gedanken zu kontrollieren! Die Entspannungstechniken, die verdammten, müssen doch helfen! Die müssen's richten. Die Gedanken rasen unaufhörlich im Kopf. Wie Gewitter. Es ist wie Blitz und Donner in meinem Kopf. Beruhig dich! Beruhig dich doch wieder! Geht nicht. Angst, Panik machen sich in mir breit. Ich kann es nicht aufhalten. Mein Gott, dann hör doch auf mit diesem Job. Wenn du den Anforderungen nicht mehr gerecht werden kannst! Nein. Niemals. Ich muss weitermachen! Ich muss mit diesem Stress fertig werden. Ich muss mit ihm umgehen lernen.

Schon wieder ist eine Stunde weg. Es ist schon Nachmittag. Und ich bin keine Sekunde zur Ruhe gekommen. Kaum mehr Zeit jetzt. Diese wahnsinnige Anspannung hält mich wach. Mir ist schlecht, schwindlig. Ich fühle überhaupt nichts mehr außer Anspannung und Angst. Quälende Angst. Ich muss da durch. Wenn die Erfolgshatz diesen

Preis, das Opfer verlangt, muss ich durch. Hoffentlich merkt es niemand, wie es in mir aussieht. Wenn ich zur Mannschaft gehe.

Irgendwie fühle ich mich völlig hilflos. Wo ist mein Wettkampf-Ich geblieben? Wo sind all die gloriosen, positiven, produktiven, selbstbewussten Gedanken? Alles wirkt nur noch hoffnungslos und bedrohlich. Was ist geschehen? Ich habe doch alles, was ich mir erträumt habe. Ich habe Erfolg, Geld, ich bin auf der ganzen Welt bekannt. Wo ist die Zufriedenheit? Vielleicht gibt es das gar nicht: Ist keine Zufriedenheit zu haben für Menschen, die unter Dauerdruck stehen? Für Menschen, die dauernd Erfolg haben müssen? Aber wo kommt diese Scheiß-Anspannung her? Was setzt mich so wahnsinnig unter Druck, was schnürt mir die Kehle zu? Mache ich mir den Druck selber, oder sind andere daran schuld? Nur Fragen, keine Antworten im Schädel, so lässt es ja nie nach, dieses Gefühl der Daueranspannung.

Ich bin in der Kabine des FC Valencia angekommen. Gut – niemand scheint zu merken, wie es mir geht. Ich spüre überhaupt nichts mehr außer einer furchtbaren Angst. Aber vor was? Angst vor dem Versagen? Angst davor, den Ansprüchen nicht mehr gerecht zu werden? Angst vor der Niederlage? Angst vor Kritik? Oder ist es die Angst, noch einmal solch ein Trauma erleben zu müssen wie vor ein paar Monaten im Endspiel der Champions League gegen Manchester United? Als wir in den letzten Minuten alles verloren?

Es gibt keine Antworten. Noch nicht. Ich muss raus zum Aufwärmen. Wie soll das gehen? Ich kann nicht mehr atmen, alles dreht sich um mich herum. Ich muss da raus. Keiner darf irgendetwas merken. Was ist nur los mit mir?

Vielleicht habe ich die Schraube einfach überdreht. Die Schraube des unbändigen Ehrgeizes, des maßlosen Ehrgeizes, des unaufhörlich antreibenden Ehrgeizes. Höchstleistung liefern, Superprofi sein. Ist es unausweichlich, muss das in solch einen fatalen Zustand führen?

Die ersten Bälle beim Aufwärmen halte ich, sicher wie immer. Aber schon nach nicht einmal zehn Minuten fühle ich mich immer schwächer. Keine Kraft, keine Power. Mein Herz beginnt zu rasen, mein Puls trommelt wie wahnsinnig. Das ist die Hölle. Eine innere Hölle. Meine innere Hölle. Ich kann nicht mehr!

Ich kann nicht mehr? Niemals. Ich werde dieses Spiel durchziehen. Zurück in die Kabine. Raus aus den Trainingsklamotten, Trikot fürs Spiel an. Meine Routine tickt runter wie immer. Mein Countdown läuft wie gewohnt. Die anderen Spieler kommen, wünschen mir viel Glück – und sogar viel Spaß! Der blanke Hohn, so empfinde ich es in diesem Augenblick. Aber sie können es ja nicht wissen, wie es in mir aussieht. Und an sich haben sie ja recht.

Ich laufe in mein Tor. Die Zuschauer pfeifen. Der Lärm bohrt sich seinen Weg, in den Kopf. Unglaublich, dass ich in diesem Zustand versuche, ein vernünftiges Spiel zu machen. Ich schaue übers Feld, zum Anstoßkreis. Ich sehe nichts. Das Stadion dreht sich. Mein Herz rast. Das Flutlicht blendet, tut richtig weh in den Augen. Alles nur Einbildung? Deine Psyche spielt dir einen Streich! Vielleicht bist du krank, todkrank? Das ist es, das muss es sein, die einzige Erklärung, die ich im Moment finde.

Das Spiel beginnt. Wie eine Maschine spule ich mein Programm ab. In mir ist scheinbar jedes positive Gefühl abge-

storben. Aber ich funktioniere noch. Es gelingt mir, in diesem Spiel eine fantastische Leistung zu bringen. Mein Wille bringt mich durch diese innere Hölle. Es ist eine reine Willensleistung.

Das sind die letzten Reserven in mir, die ich mobilisieren kann. Was, wenn selbst diese Reserven aufgebraucht sind? Wo soll das noch hinführen? Wie lange kann ich diesen Zustand noch aushalten?

Ausgebrannt:
Heldentum vergänglich. Ruhm verblasst. Monster tot.

Man reitet auf einer Welle. Man glaubt, von ihr getragen zu werden, man glaubt, von ihr angetrieben zu sein. Man glaubt fast, ein Perpetuum mobile zu sein – man glaubt, dass es weiter und weiter geht, ohne Energie zu kosten. Das ist das Gefühl auf dem Erfolgstrip. Es ist aber eine künstliche Welle, auf der man da reitet. Und das Fatale ist: Die Welle speist sich aus unseren eigenen Energiequellen. Ohne dass wir es merken, werden die Energiereserven immer kleiner.

Das ist meine »Theorie der künstlichen Welle«. Wenn die Woge des Erfolgs einmal abreißt, kann mehr passieren, als dass man ins Wasser fiele, wo man einfach auf die nächste Welle wartet. Der »Held« kann viel tiefer abstürzen, nicht nur bis auf die Wasseroberfläche. Man fällt durch bis auf den Grund, wo man hart aufschlägt.

Für jeden Menschen geht es nach einer extremen, intensiven Arbeitsphase darum, runterzukommen. Es geht darum, vorbereitet zu sein: auf die Leere, die sich einstellen kann, wenn einem bewusst wird, dass man am Ziel angekommen ist; auf das paradoxe Gefühl, trotz allem nicht gut genug gewesen zu sein; auf das ebenso paradoxe Gefühl, trotz allem nicht genug getan zu haben; auf das Gefühl, nicht genügend Resonanz erzeugt oder gefunden zu haben; auf das Gefühl, nicht mehr gebraucht zu werden; und sogar gefasst zu sein auf das sonderbare Gefühl der Enttäuschung, dass man vom eigentlichen Ziel, vom Erreichen des Ziels, vom Augenblick des Triumphs gar nichts gehabt hat.

Roger Federer, die langjährige Nummer eins im Tennis, hatte das Halbfinale der Australian Open 2008 überraschend verloren. Der Niederlage war eine überragende Siegesserie vorausgegangen. Es war aber genau dieses Siegesserie, die für ihn zur Belastung wurde. Er sagte: »*Ich habe ein Monster geschaffen ...*«, und »*... zuletzt wurde mir bei jedem Satzverlust eine Krise angedichtet*«. Die Zeitungen kommentierten: »*Er klang fast erleichtert, dass es vorbei war.*«[27] Die Geschichte ist wertvoll, denn es steckt viel Verkehrtgemachtes drin. Zunächst ist es, wie so oft, das *Formulieren*. Es kann nicht gut sein für den eigenen Erfolg, wenn man beginnt ihn als ein »Monster« zu bezeichnen – kein Wunder, wenn Federer dann auch beginnt, sich davor zu fürchten. Weiter ist es das gedankliche *Aufeinandertürmen der Erfolge*. Wo in Gedanken Erfolg auf Erfolg geschichtet wird, kann das Bauwerk schnell die Balance verlieren. Ich persönlich habe mir nie etwas daraus gemacht, was Interviewpartner so häufig wissen wollen: »*... ist Ihnen klar, dass Sie bereits seit soundsovielen Spielen ohne Gegentreffer sind ...?*«, »*... dass Sie seit soundsovielen Spielen ungeschlagen sind ...?*«, »*... dass Sie bisher die meisten Auswärtssiege errungen haben ...?*«. Ich sage dann immer: »*Statistiken interessieren mich wenig ...*« und schütze mich auf diese Weise davor, an solchen einsturzgefährdeten Gedankentürmen des Erfolgs mitzubauen. Und schließlich ist es das *Daraufhören*, was einem von anderen angedichtet wird. Das ist das Schlimmste, ich habe es schon oft gesagt. Es ist nicht leicht, *nicht* hinzuhören, weil es oft so laut geplärrt wird. Und doch muss man es schaffen. Es gibt kein echtes Rezept dagegen, wie man es vermeiden kann – es ist eine Summe aus allem, was man

an »Intrinsik« aufbringen kann. Es ist ausschließlich das »hören auf sich
selbst«. Auf seine innere Stimme. Auf sein Bauchgefühl. Es ist fast schon
ein meditativer Akt, ich weiß, dass es nicht leicht ist, gerade wegen des
»Lärms«, der einen im Erfolg umgibt.

Das Irre ist, dass man selbst im Augenblick der reinen Erschöpfung
sich nicht zwangsläufig daranmacht, etwas dagegen zu unternehmen.
Etwa eine Pause zu machen. Abstand zu gewinnen. Oder gar ganz auf-
zuhören. Mein langjähriger Trainer und – man muss fast sagen – *Weg-*
gefährte durch viele Triumphe und Niederlagen, Ottmar Hitzfeld, hat es
mal perfekt auf den Punkt gebracht. Er sprach von der Schicksalsgemein-
schaft der »Gezeichneten«, der »Ausgelaugten«, nicht ohne aber gleich
hinzuzufügen: der »Besessenen«. Da ticken wir beide absolut synchron:
Wenn wir in der Position waren, die Hand nach *drei* Titeln innerhalb
einer Saison auszustrecken, dann wollten wir die Dinger auch heimfah-
ren. Selbst wenn wir längst auf Reserve liefen. Selbst wenn wir den
Karren dazu hätten kilometerweit schieben müssen, barfuß oder auf den
Knien oder überhaupt nur noch auf dem Boden robbend. Und wir hatten sogar noch Spaß dabei, unbedingten Spaß. Es ist toll, aber es ist nicht
gut – ein Widerspruch? Es ist ein bisschen wie mit einem Waldbrand. Ein
Funke, und man brennt, lichterloh. Das Bild stimmt vollumfänglich:
Man droht dabei auch abzubrennen. Es bleibt dann nicht viel über.

Der Vorgang des Ausbrennens, des Burn-outs, ist ein komplexer, vielschichtiger Prozess, dessen Verlauf stark von den individuellen, den bio-
logischen, aber auch den biografischen Voraussetzungen des einzelnen
Menschen abhängig ist. Ich will hier nur kurz auf einige Aspekte des
Burn-outs eingehen.

Der Burn-out-Prozess entsteht immer aus einem Überengagement. Der
Beruf, die Idee, das Ziel werden zum zentralen, wenn nicht sogar zum
einzigen Lebensinhalt. Dieses Überengagement erzeugt ein Missverhältnis
zwischen den Phasen der Anspannung und der Entspannung. Ein emp-

findliches Gleichgewicht wird gestört, ohne das man aber nicht rekreieren und wieder zu Kräften kommen kann. Es entsteht ein Kreislauf, der tiefer und tiefer in die Erschöpfung führt.

Ein zweiter Effekt des Überengagements liegt in der Desozialisierung. Wir hören auf, in ein soziales Netzwerk eingebunden zu sein. Das ist mindestens so fatal wie das Missverhältnis aus Anspannung und Entspannung. Denn gerade das (intakte) soziale Netz, das, was man als »das Leben« bezeichnen könnte, ist in der Lage, jede Form von Belastung auszugleichen. Wird ein bestimmter Knotenpunkt des Netzes belastet, weil man in einem Tätigkeitsbereich unter Druck steht, wird dieser Druck über das gesamte Netz abgeleitet. Jeder weitere Knotenpunkt des Netzes und jede Verbindung zwischen ihnen trägt zum Ableiten des Drucks und der Spannungen bei.

Natürlich ist auch der Beruf selbst ein wichtiger Knotenpunkt im Netz. Daneben gibt es, wir haben schon davon gesprochen, etwa die Knotenpunkte der Partnerschaft und der Familie, sie bieten Geborgenheit im engsten Sinne. Es gibt die Knotenpunkte des persönlichen Netzwerkes aus Freunden und Bekannten. Es gibt die Knotenpunkte der Freizeitaktivitäten und der Hobbies. Und es gibt natürlich die Knotenpunkte der physischen Existenz, das Essen, das Trinken, das Genießen, und auch hier das Ruhen, das Schlafen. Im intakten Netz kann jeder Energieverlust in *einem* Teilbereich des Lebens durch die »Reserven« in den anderen Bereichen aufgefangen werden. Ich muss Ihnen nicht erklären, was passiert, wenn das Netz brüchig wird oder gar einzelne Knotenpunkte vollständig »herausfallen«.

Der Weg zurück nach oben: Wieder Kontakt zu Major Tom.

Nach meinem Burn-out war ich klüger. Ich begann zu verstehen, dass es im Leben noch andere Dinge gibt. als seinen Zielen hinterherzuhecheln. Jetzt versuchte ich, einen Rhythmus zu finden zwischen totaler Hingabe für meine Ziele und der Entspanntheit, wie sie eben auch zum Leben gehört. Ich fing an, mich zu belohnen, wenn ich einen »Feldzug« beendet hatte. Ich fing an, mich *umzusehen*, nicht im Sinne eines Zurück-schauens, sondern im Sinne des Um-sich-herum-Schauens. Anybody out there? Ist da sonst noch jemand?

Ich muss entschieden sagen, dass ich auch diese Phase, diese für mich so neue Einstellung zum Leben, nach dem Prinzip Trial and Error anging: etwas versuchen, Fehler machen, lernen, wieder versuchen. Da ja zu meinem neuen Konzept auch der Baustein »Leben« gehörte, habe ich auch das getan: gelebt. Das hat zu einigen Irrwegen geführt. Man könn-te es aber auch milder ausdrücken. Ich erinnere mich an ein Buch des Kunstsammlers Heinz Berggruen, es hieß »Hauptweg und Nebenwege«. Das habe ich mir gemerkt, weil ich es für ein sehr vernünftiges Bild halte. Ich wollte ja gerade aufhören, mich fortwährend zu geißeln. Also sollte auch mein neues Leben nicht aus »Hauptwegen und Irrwegen«, sondern nach Berggruen aus »Hauptwegen und Nebenwegen« bestehen. Ich habe aber auch neue, echte Qualitätswege eingeführt.

Ich habe entdeckt: Es braucht ein ganz neues Denken. Spätestens jetzt, spätestens zum Zeitpunkt des Erfolgs, aber auch des Ausgebrannt-seins, geht es darum, sich zurückzubesinnen, was der Kern der Idee war, warum man das Ganze überhaupt »vom Zaun gebrochen«, warum man es angefangen hat. Das bedeutet nicht zwangsläufig, mit dem Alten abzuschließen und mit etwas ganz Neuem zu beginnen. Als ich mit dem FC Bayern München die Champions League gewinnen konnte, war ich 31 Jahre jung – zu jung, um ans Aufhören zu denken. Zumal für einen

Torhüter, da geht es jetzt erst richtig los. Auch für mich musste es heißen, daran hatte ich nie wirklich gezweifelt – oder ja, ich habe gezweifelt, aber der Zweifel ist nie vorgedrungen bis in mein Herz. Für mich musste es also heißen: zurück in den Matsch, den ich so liebte, Sie erinnern sich. Es musste heißen, die Essenz meines Sports, meiner Spielposition wieder zu entdecken, die Lust an der megaintensiven Auseinandersetzung mit der Kunst des Torhütens.

Von Michael Schumacher hieß es, er fährt nicht, um zu gewinnen. Natürlich *wollte* er gewinnen, nichts anderes. Aber das Gewinnen ist für Menschen wie ihn nicht der eigentliche Antrieb. Das Gewinnen ist mehr ein Beiprodukt, es kommt automatisch, mit der reinen Begeisterung, von mir aus mit der »Liebe«, oder *wegen* ihr – wegen der Liebe zu seinem Sport, seinem Beruf, seinem Tun. Lassen Sie es mich noch mal anders sagen: Der Antrieb liegt nicht darin, Erster zu werden. Der Antrieb ist es, die perfekte Runde zu fahren und möglichst viele davon aneinanderzureihen. Wenn das gelingt: Was sonst soll am Ende dabei herauskommen als das Gewinnen?

> *Wie gesagt: Bereits 1999 war ich an meinem großen Ziel angekommen. In diesem Jahr wurde ich gleichzeitig Deutschlands Torhüter des Jahres (zum dritten Mal), Europas Torhüter des Jahres und Welttorhüter des Jahres.*
>
> *Jetzt, nach meinem Burn-out und meinem Wieder-zu-mir-Finden, gelang mir das wieder: Noch drei Mal wurde ich Deutschlands Torhüter des Jahres, noch drei Mal Europas Torhüter des Jahres und noch zwei Mal Welttorhüter des Jahres. Und obendrein bester Spieler einer Weltmeisterschaft.*

Ich weiß, wie man in den Burn-out kommt. Und dass es möglich ist, den Burn-out zu besiegen. Wer im Burn-out steckt, sollte ärztliche Hilfe in

Quick Check!

- *Burn-out ist ein komplexer und vielschichtiger Prozess, dessen Verlauf stark von den individuellen Voraussetzungen der betroffenen Person abhängt. Hören Sie auf Ihren Körper, und nehmen Sie die Signale ernst, die er Ihnen sendet!*

- *Burn-out ist vor allem eine Konsequenz exzessiven Überengagements. Durch das Überengagement wird das empfindliche Gleichgewicht zwischen Anspannung und Entspannung gestört. Dies setzt einen Kreislauf in Gang, der tiefer und tiefer in die Erschöpfung führt.*

- *Wer über längere Zeiträume seine Ziele extrem überengagiert verfolgt, droht in die Desozialisierung zu geraten und damit eine wichtige Quelle des Ausgleichs und des Rekreierens zu verlieren.*

- *Nicht jedes Erschöpfungsgefühl ist automatisch schon ein Burn-out. Wer aber über längere Zeiträume hinweg starke Erschöpfungssymptome zeigt, sollte einen Arzt zu Rate ziehen.*

- *Falls Sie je im Burn-out stecken: Überdenken Sie Ihr Leben, setzen Sie neue Prioritäten, finden Sie eine neue Balance zwischen Spannung und Entspannung.*

- *Und wenn es Ihnen wieder gutgeht: Machen Sie vor allem nicht den Fehler, wieder in Ihre alten Denk- und Überforderungsmuster zu verfallen.*

- *Machen Sie sich klar: Burn-out beginnt immer mit dem falschen Denken.*

Anspruch nehmen. Um wieder runterzukommen und die Anspannung loszuwerden. Ist die Krise überwunden, sollte man beginnen, sein Leben zu überdenken und zu verändern. Es ist wichtig sich bewusst zu machen, dass das Streben nach Erfolg, wenn es dauerhaft exzessiv und zwanghaft betrieben wird, krank machen kann. Man muss lernen, dass der Erfolg nichts bringt, wenn er einen kaputt macht.

Man muss den Erfolg neu definieren. *Neu definiert heißt Erfolg:* neue Reserven zu schaffen. Anstatt alle vorhandenen Reserven aufzubrauchen. *Neu definiert heißt Erfolg auch:* leben, wachsen, sich entwickeln. Die Regeln, die es braucht, um auf diesem neu abgesteckten Feld des Erfolgs zu siegen, sind völlig andere. Es sind Regeln wie: Ruhe. Regeneration, Pause, Reflexion. Demut. Gespräche. Freunde. Alles habe ich recht gut hingekriegt, bis auf die Demut. So bin ich halt. Ich arbeite aber weiter daran.

Nicht nur die sportlichen Erfolge, die nach meinem Burn-out möglich wurden, sind Beleg dafür, welche Wirksamkeit das neue Denken entfaltete. 2007 musste ich mich einer komplizierten Ellbogenoperation unterziehen. Eine lang verschleppte Verletzung, eine Art Berufskrankheit. Ich flog dazu in die USA, zum Mega-Ellbogenspezialisten. Sofort nach der Operation – der Arzt hatte sozusagen sein Werkzeug noch in der Hand – spannte er meinen Arm in einen Bewegungsklapperatismus ein und drückte auf »ON«. Der Klapperatismus klapperte unaufhörlich, Tag und Nacht, und vier (!) Wochen nach meinem Abflug aus München stand ich wieder im Tor.

Das wäre einige Jahre früher nicht möglich gewesen. Ich meine damit nicht die Operationstechnik, auch die ist natürlich sensationell. Ich will damit sagen, *ich* hätte das einige Jahre früher nicht hingekriegt. Für mich zeigte es: Ich war wieder da. Ich war voll belastbar. Es zeigte: Ich hatte etwas dazugelernt. Ich hatte gelernt, wie es geht, alle Aspekte des Erfolgs – es sind die zehn Aspekte dieses Buches – richtig zu managen.

Mein Erfolgs-Schema
(Meine zehn Aspekte des Erfolgs – und die dieses Buches).

1 Das Ich.
2 Ziele setzen.
3 Motivation.
4 Werte.
5 Fähigkeiten und Eigenschaften.
6 Starkes Denken, Körpersprache.
7 Vorbereitung, Disziplin, Perfektion.
8 Umfeld.
9 Scheitern.
10 Erfolg.

Erfolg ist ein Kreislauf. Immer wieder mal passiert man einen dieser zehn Aspekte, jedes Mal auf einem höheren Niveau.

Verdient 'ne goldene Schallplatte: Meine Hitliste des Erfolgs.

Ich habe gelernt Erfolg zu haben und mit Niederlagen zurechtzukommen. Ich habe gelernt, dass es nicht das Rezeptwissen ist, sondern das Experimentieren, auf das es ankommt. Dass es die Schnelligkeit ist und die Wendigkeit, obwohl es manchmal auch nicht schadet, einfach nur stehen zu bleiben – es funktioniert (manchmal) beim Elfmeter, warum also nicht auch im Leben? Ich habe gelernt, dass es eine Frage der Vorstellung ist, wie wir es gerne haben wollen, nicht eine Sache dessen, wie es vermeintlich »tatsächlich« ist. Ich habe gelernt, dass es die Eigenheit ist, die Besonderheit und das Anderssein, was den Unterschied macht. Dass es wichtig ist, den Ball zu halten, ihn nicht zu verlieren (setzen Sie für »Ball« jeden anderen Begriff ein, um den es bei Ihnen geht). Dass es besonders wichtig ist, sich auf den Ball zu konzentrieren – aber das Spiel dabei nicht aus den Augen zu verlieren. Ich habe gelernt, dass Erfolge durch das Toreschießen vorbereitet werden, aber dass es das Verteidigen ist, das den Erfolg schließlich möglich macht.

Ich weiß, dass es nicht fertig ist, es gibt Baustellen. Aber ich weiß, dass ich es kann, dass ich immer und zu jeder Zeit Gas geben und Gas rausnehmen kann. Dass ich mich anpassen kann und dass ich auch den Willen und den harten Schädel habe, mit demselben durch die Wand zu gehen, wenn mir mein Bauchgefühl sagt, dass es fällig ist. Ich weiß, dass ich viel gelernt habe in meinem Profileben, und was immer ich anfangen werde, die nebenstehenden Eigenschaften sind mein wichtigster Erfahrungsschatz. Sie werden mich immer leiten und begleiten. Sie sind sozusagen meine *Hitliste* des Erfolgs.

Dass es jetzt vorbei ist mit dem Profifußballer, das ist nicht das Ende. Es ist ein Beginn, ein Anfang. Es geht immer weiter. Immer. *»It's the beginning, stupid!«* – *Es fängt gerade erst an!*

Meine *Hitliste* des Erfolgs
(Das sind – finde ich – die wichtigsten Eigenschaften).

1.
Die Überzeugung.

2.
Die Kampfbereitschaft.

3.
Die Hartnäckigkeit.

4.
Das Loslassen.

5.
Das Experimentieren.

6.
Das Eigene-Wege-Gehen.

7.
Die Leidenschaft.

8.
Das Gefühl der Überlegenheit.

9.
Das Trotzdem-sich-für-nichts-zu-gut-Sein.

10.
Das Trainieren des Unerwarteten.

11.
Das Erschließen kreativer Handlungsoptionen.

Ich bin der Überzeugung: Erfolg folgt einem Schema. Dieses Schema hat zehn Aspekte. Es sind dies die zehn Aspekte, die ich in diesem Buch beschrieben habe. Beim Erfolg geht es nicht darum, dieses Schema einmal zu durchlaufen und sich die einzelnen Aspekte dabei einzuprägen. Ich sehe den Erfolg als einen Kreislauf, immer wieder mal passiert man einen der zehn Aspekte, aber jedes Mal auf einem höheren Niveau. Denn wir lernen ja ständig dazu. Jedes Mal betrachten wir dabei einen der Aspekte aus einer neuen Perspektive. Und jedes Mal ergibt sich ein neues Bild, eine neue Sichtweise, eine neue Erkenntnis. Und jedes Mal folgt danach ein neuer ...

Start.

Mir ist ja schon viel zugeschrieben worden im Laufe der Jahre. Aber nie so abenteuerlich Positives wie nach meiner Entscheidung, mich bei der Weltmeisterschaft 2006 in Deutschland auf die Bank zu setzen. »Charakter«, »Loyalität«, »Selbstlosigkeit«, »Ritterlichkeit«.[28] Sogar mit einem berühmten Ausspruch eines ebenso berühmten Mannes wurde mein Entschluss in Verbindung gebracht, mein »Ego« zurückzustellen hinter die Interessen unserer Nationalmannschaft: *»Frage nicht, was dein Land für dich tun kann, frage, was du für dein Land tun kannst …«* hat John F. Kennedy, der charismatische amerikanische Präsident, seine Landsleute einmal aufgefordert. Ich freue mich bis heute über die so freundliche Aufnahme einer eigentlich so nahe liegenden Entscheidung – dass sie für mich schließlich »nahe liegend« war, heißt ja noch nicht, dass sie mir leicht gefallen wäre.

Heute glaube ich, es hat sich damals etwas vollendet, was ich einige Jahre zuvor begonnen hatte. Jahre zuvor war Erfolg für mich etwas rein Äußerliches, erreichbar mit allen Mitteln körperlichen Trainings. Natürlich trainierte ich weiter, aber mein Blick begann, sich auch nach innen zu richten. Als ich mich jetzt an die Öffentlichkeit wandte, *»… bin zu dem Entschluss gekommen, trotz der für mich schwierigen Situation, dass ich bei der WM dabei bin …«*, ist er mir erstmals zu hundert Prozent gelungen, der Blick in mich hinein, ein Besinnen auf meine Werte. Jetzt wusste ich, dass meine Entwicklung richtig war. Es war die Bestätigung meiner Erkenntnis, dass der wahre Erfolg aus einer ganz bestimmten Quelle kommt – der wahre Erfolg kommt von innen.

Es war ein milder Tag, der letzte Tag des Juni. Das Thermometer kletterte bis Abends auf über zwanzig Grad.

Ideale Bedingungen für das Viertelfinale – Deutschland gegen Argentinien. Nach 120 Minuten steht es 1:1. Argentinien war durch Ayala kurz nach der Halbzeitpause in Führung gegangen, Klose hatte spät ausgeglichen, in der 80. Minute des Spiels.

Die Mannschaft hatte gut gespielt, besser, als das Ergebnis es ausdrückte. Wir hätten das Spiel schon früher entscheiden können. Aber vielleicht wollten ja in diesem Fall tatsächlich einmal höhere Mächte, dass es ein Elfmeterschießen gibt. Die Mannschaft war gut drauf, wie schon die ganze Weltmeisterschaft über. Ich konnte mich davon in aller Gründlichkeit überzeugen. Ich hatte die Zeit dazu, ich saß ja auf der Bank und war zum Zuschauen »verdammt«.

Es war eine neue Perspektive für mich. Natürlich hatte ich früher schon auf der Bank gesessen, hatte ich früher schon »zugeschaut«, aber damals als derjenige, der einmal die Nummer eins sein würde im Tor der Deutschen Nationalmannschaft. Die Perspektive eines Mannes, der früher einmal die Nummer eins war und zurück musste auf die Bank – die kannte ich noch nicht. Aber ich hatte die Rolle ja bewusst angenommen, ich wollte bewusst etwas daraus machen, bewusst etwas daraus lernen.

Man muss sich das nicht schön vorstellen. Während der ganzen WM auf der Bank zu sitzen. Vollstoff zu trainieren. Immer da, immer bereit, immer verfügbar zu sein. Dabei zu sein und doch nicht dabei zu sein. Und nichts machen, nicht eingreifen, nicht helfen zu können. Eine quälendneue Perspektive für mich.

Schon jetzt, im Viertelfinale, ging es also in die Schlacht um alles. Um den Einzug ins Halbfinale. Um die Frage, ob wir würden weiter mitspielen dürfen in dieser so besonderen Weltmeisterschaft, um den Weltmeistertitel in unserem eigenen Land. War die Mannschaft unruhig, nervös, in Auflösung vielleicht sogar? Nein, die Mannschaft war gesammelt, sie war ruhig, fast war es wie im Auge des Sturmes, man »kennt« es aus Kinofilmen, gerade noch tobt der Orkan, und mit einem Schlag ist es windstill, kein Lüftchen, kein Laut. Man weiß: Jetzt ist die Gelegenheit, jetzt kann es passieren. Jetzt kann etwas starten, etwas los-gehen. Jetzt ist die Gelegenheit, die genutzt werden kann. Und die genutzt werden muss!

In einem solchen Augenblick, im Stadion, auf dem Feld, ist alles wie in Watte gepackt. Jeder scheint sich irgendwie in Zeitlupe zu bewegen. Und doch sind alle hochgespannt, im Wortsinn, wie die Sehne eines Bogen. Jeder ist jetzt in der Lage, mit einem hellwachen Gedanken, einer blitzschnellen Bewegung, einem knallharten Schuss oder einer spontanen Finte alles zu retten, alles zu entscheiden.

Das Stadion lärmt, schreit, feiert, fiebert, es ist so laut hier unten, dass es fast weh tut in den Ohren. Und es ist doch völlig still, kein Ton zu hören. Die Luft riecht nach Fußball, nach Wettkampf, nach Stadion. Ich habe ein gan-zes Profileben lang Zeit gehabt, es mir zu überlegen, und kann es immer noch nicht sagen, ich glaube es riecht nach Metall – oder Rost. Die Spieler sitzen, stehen, liegen, sie sind völlig ruhig und vollkommen konzentriert, so, als würde das

Spiel gerade erst beginnen. Alles schwitzt, alles tropft, alles ist in Bewegung. Es ist eine seltsame Harmonie zwischen den Spielern. Es ist ein menschlicher Augenblick, trotz aller Härte dessen, was jetzt kommen kann. Oder deswegen. Die Spieler sind sich so nah wie nie, keiner hat doch sonst eigentlich viel mit dem anderen zu tun. Es ist etwas in der Luft, etwas zwischen den Spielern, und das mitten in einem Fußballstadion, mit den zigtausend Zuschauern. Es ist ein Gefühl stärker wie Harmonie, es ist jetzt, in diesem Moment, mehr etwas wie Freundschaft. Fast ist es sogar, für einen winzigen Augenblick fühlt es sich so an, etwas wie – Liebe.

Ich liebe dieses Spiel. Obwohl ich zur Höchststrafe ver-urteilt bin, obwohl ich nicht mitspielen darf, ist es auch mein Spiel. Es ist noch nicht das Endspiel. Aber irgendwie ist es das doch: das Endspiel. Der Schiedsrichter macht schon Anstalten, zum Elfmeterschießen zu rufen, es ist so weit.

Plötzlich weiß ich, dass ich etwas gelernt habe. Ich stehe zwischen den Spielern, gehe langsam los, dort hinüber. Jetzt bin ich da, ich stehe direkt hinter ihm, ich kniee mich zu ihm in den Rasen. Und gebe unserem Torwart die Hand.

Danksagung.

Ich bedanke mich bei meiner Frau, ohne die alles, was ich in meiner sportlichen Laufbahn erreicht habe, nicht möglich gewesen wäre, und bei meinen Kindern, ohne die nichts, was ich erreicht habe, einen Sinn machen würde. Besonders danke ich meinen Eltern. Sie sind meine Wurzeln.

Ich danke dem FC Bayern München und, stellvertretend für diesen großen und einzigartigen Verein, Uli Hoeneß dafür, dass er mir die Gelegenheit dazu gegeben hat, meinen Teil zum Erfolg des Vereins beitragen zu dürfen. 14 Jahre lang (!) waren der Verein und ich ein Erfolgsteam – eine Ewigkeit in unserem Sport. Und ich danke Sepp Maier für seine Treue und Beharrlichkeit in der Arbeit mit einem nicht immer bequemen Schüler.

Ich danke meinem Manager und Freund, Dr. Peter M. Ruppert, seiner Frau Elif und seiner Mitarbeiterin Sigrid Engelniederhammer, die mir sowohl in allen Fragen der professionellen und strategischen Betreuung meiner Person wie auch als kompetente und freundschaftliche Ratgeber in persönlichen und privaten Fragen zur Seite standen und stehen.

Ich danke meinem besten Freund, Alexander Hartl, für die unersetzlichen Reflexionen nicht weniger als quer durch alle Fragen des Lebens. Und dafür, dass er mir stets den Rücken gestärkt hat.

Ich danke Bernhard Schlicht, der mir dabei geholfen hat, meine Gedanken zu sortieren und auf so angemessene Weise zu Papier zu bringen. Und ich bedanke mich bei Babette Nilshon, von der ich viel über intrinsische Motivation und persönliches Wachstum gelernt habe.

Besonders danke ich Professor Dr. Florian Holsboer, der mir in schwierigen Phasen meiner Laufbahn geholfen hat. Und ich danke meinen Ärzten, Physiotherapeuten und natürlich meinen Trainern und allen meinen Mitspielern, ohne die die vielen Erfolge nicht möglich gewesen wären.

Ich danke dem Fußball und besonders seinen Fans, dem »zwölften Mann«, ohne die es meinen Sport nicht gäbe.

Die wichtigsten Erfolge.

Vizeweltmeister: 2002
Europameister: 1996
Weltpokalsieger: 2001
Champions-League-Sieger: 2001
UEFA-Cup-Sieger: 1996
Deutscher Meister: 1997, 1999, 2000, 2001, 2003, 2005, 2006, 2008
DFB-Pokal-Sieger: 1998, 2000, 2003, 2005, 2006, 2008
DFB-Ligapokal-Sieger: 1997, 1998, 1999, 2000, 2004, 2007

Die wichtigsten Auszeichnungen.

Bester Spieler der WM 2002 *(Goldener Ball, als erster Torhüter)*
Bester Torhüter der WM 2002 *(Lev-Yashin-Trophäe)*
Bester Torhüter der Welt: 1999, 2001, 2002
Bester Torhüter Europas: 1999, 2000, 2001, 2002
Deutschlands Fußballer des Jahres: 2000, 2001
Fairnesspreis der UEFA: 2001
»Man of the Match« im Champions-League-Finale 2001
Bambi: 2001, 2006
Goldener Ehrenring der Landeshauptstadt München: 2003
Aufnahme in die FIFA 100: 2004 *(eine von der FIFA herausgegebene
Liste mit den 125 besten noch lebenden Fußballern)*
Silbernes Lorbeerblatt mit der Deutschen Nationalmannschaft: 2002, 2006
Goldene Kamera: 2006
Goldener Prometheus: 2007
Goldenes Band (Preis des Verbandes Deutscher Sportjournalisten): 2007

Quellenverzeichnis.

Aus meiner Bibliothek:

Die Geschichte vom Missing Piece, *Shel Silverstein*
Junfermann Verlag, 2005 ....

Eine kleine Geschichte der Ethik, *Nicolas Gfeller*
Diogenes, 1991 ....

First Man, *James R. Hanson*
Simon & Schuster, 2005 ....

Hauptweg und Nebenwege, *Heinz Berggruen*
Nicolaische Verlagsbuchhandlung, 1996 ....

Lincoln, *David Herbert Donald*
Simon & Schuster, 1995 ....

Philosophie des Abendlandes, *Bertrand Russell*
Piper, 2004 ....

Presidential Leadership, *James Taranto, Leonard Leo (Herausgeber)*
Wall Street Journal Books, 2004 ....

The American Presidents, *James M. McPherson (General Editor)*
DK Publishing, 2004 ....

The Daily Drucker, *Peter F. Drucker with Joseph A. Maciariello*
Harper Business, 2004 ....

The Presidents, *Stephen Graubard*
Penguin Books, 2004 ....

Wahrscheinlich guckt wieder kein Schwein, *Friedrich K. Waechter*
Diogenes, 1998 ....

Aus meinem Computer:

Wikipedia, *http://de.wikipedia.org* ....

Von meinem Frühstückstisch:

Süddeutsche Zeitung, *München* ....

The Financial Times, *London* ....

Aus Kino, Fernsehen und meiner Videothek:

Anything Else, *Spielfilm, Woody Allen, 2004* . . . .

Bismarck, Kanzler und Dämon, *Dokumentation, Ch. Weinert, J. Willms, 2007* .

Die glorreichen Sieben, *Western, John Sturges, 1960* . . . .

Das wilde Schaf, *Spielfilm, Michel Deville, 1974* . . . .

Hatari!, *Abenteuerfilm, Howard Hawks, 1962* . . . .

Star Trek: Der Film, *Science-Fiction-Spielfilm, Robert Wise, 1979* . . . .

Was ist mit Bob?, *Filmkomödie, Frank Oz, 1991* . . . .

Aus meiner CD-Sammlung:

The Good Life, *Tony Bennett/Sacha Distel, Jack Reardon* . . . .

Experiment, *Tony Bennett/Cole Porter* . . . .

Zeitungsartikel, auf die ich mich in diesem Buch beziehe:

[1] *Gerd Kröncke:* Oui, Baby
Süddeutsche Zeitung, 14. Januar 2008 . . . .

[2] *Burkhard Müller:* Vom Höhenschwund des Gipfelstürmens
Süddeutsche Zeitung, 12./13. Januar 2008 . . . .

[3] *Reymer Klüver:* Einmal Fegefeuer und zurück
Süddeutsche Zeitung, 10. Januar 2008 . . . .

[4,5] *Peter Bender:* Lebensthema Hitler
Süddeutsche Zeitung, 27. Dezember 2007 . . . .

[6] *Gernot Sittner:* Nur den Yeti fand er nie
Süddeutsche Zeitung, 12./13. Januar 2008 . . . .

[7] *Andreas Burkert und Ludger Schulze:* »Am Ende hat die Vernunft gesiegt«
Süddeutsche Zeitung, 26./27. Januar 2008 . . . .

[8] *Joseph Weizenbaum:* Wir gegen die Gier
Süddeutsche Zeitung, 8. Januar 2008 . . . .

[9] *Bernd Graff:* Bestimmung
Süddeutsche Zeitung, 12./13. Januar 2008 . . . .

[10,11] *Alexander Hagelüken:* Der Gegenspieler
Süddeutsche Zeitung, 23. Januar 2008 . . . .

12   *Klaus Brill:* Der Milliardenzocker, dem der Kapitalismus zu kalt ist
      Süddeutsche Zeitung, 12. Februar 2008 . . . .

13   *Andreas Burkert:* Unterwerfung ohne Keule
      Süddeutsche Zeitung, 18. Januar 2008 . . . .

14   *Harald Freiberger, Alexander Hagelüken*
      »Bei Menschen, die wirklich leben, hört die Pubertät nie auf«
      Süddeutsche Zeitung, 22. Februar 2008 . . . .

15   *Peter Barber:* I need to challenge myself
      Financial Times, 29./30. Dezember 2007 . . . .

16–18 *dpa:* Wie ein Roboter
      Süddeutsche Zeitung, 26. Februar 2008 . . . .

19   *Gerald Kleffmann und Markus Schäflein:* Trinker, Klopper, Fußballgötter
      Süddeutsche Zeitung, 26. Februar 2008 . . . .

20   *Michael Neudecker:* Präsident gegen Kolumnist
      Süddeutsche Zeitung, 19. Februar 2008 . . . .

21   *Andreas Burkert:* Podolski und nicht mehr Poldi
      Süddeutsche Zeitung, 23./24. Februar 2008 . . . .

22   *J. Cáceres:* »Wenn man einen Deppen warnt, bringt man einen Schlauen um«
      Süddeutsche Zeitung, 16./17. Februar 2008 . . . .

23   *Christoph Leischwitz:* König aller Außenseiter
      Süddeutsche Zeitung, 5. Februar 2008 . . . .

24   *Markus Schäflein:* Zu oft vergriffen
      Süddeutsche Zeitung, 26. Februar 2008 . . . .

25   *Andreas Dorschel:* Den Himmel frei zu lassen
      Süddeutsche Zeitung, 6. März 2008 . . . .

26   *Andreas Burkert:* Immer weiter, bald als Guru
      Süddeutsche Zeitung, 17. Januar 2008 . . . .

27   *Milan Pavlovic:* Das Monster weint
      Süddeutsche Zeitung, 28. Januar 2008 . . . .

28   *Philipp Selldorf:* Wer war Kennedy?
      Süddeutsche Zeitung, 10. Juli 2006 . . . .